Brigitte

SO KOCHT ITALIEN

REZEPTE

So kocht
Italien

Von Rotraud Degner

Ein Brigitte-Buch
im Mosaik Verlag

Herausgeberin: Anne Volk
Gestaltung: Dietmar Meyer, Ekkart Blunk
Produktion Burgunde Uhlig;
Styling Günther Meierdierks;
Fotos:
Titel und Kapitelaufmacher Ortwin Möller;

Bildnachweis: Heino Banderob (12);
Wulf Brackrock (1); Achim Deimling (5);
Ulrich Kerth (2); Wolfgang Krüger (7);
Ortwin Möller (28); Bruce Pincard (1);
Hans Joachim Schmidt (1)

Satz: Fotosatz Stummer, München
Reproduktion: Arti Litho, Trento
Druck und Bindung: Egedsa, Barcelona
Copyright 1992: Mosaik Verlag GmbH München
Gruner + Jahr AG & Co. Hamburg / 5 4 3 2 1
Printed in Spain
ISBN 3-576-064974
DLB -648-92

INHALT

Die Rezepte sind – sofern nichts anderes erwähnt – für 4 Personen.
Zubereitungszeiten und Kalorienangaben sind Durchschnittswerte.

VORWORT

Begeistert von der farbenfrohen, aromatischen, kräuterduftenden *cucina italiana* schrieb ich vor 20 Jahren mein erstes italienisches Kochbuch. Es begann mit den Worten: „Die alte traditionsreiche Küche Italiens ist die modernste Küche Europas", und diese Erkenntnis gilt noch heute. Dabei fand in der Zwischenzeit, von Frankreich ausgehend, der Siegeszug der sogenannten *nouvelle cuisine* statt, die mit veralteten Kochmethoden brach und die moderne Kochgeschichte revolutionierte. Kaum jemand bemerkte, daß die so lautstark vorgetragenen Parolen der französischen Köche und Fachjournalisten schon seit Jahrhunderten die Trümpfe der italienischen Küche gewesen waren – sie brauchte von keinem Ballast befreit zu werden. Die Kunst, aus genau aufeinander abgestimmten, stets marktfrischen Produkten mit kurzen Kochzeiten Gerichte von raffinierter Schlichtheit zuzubereiten, hat man in Italien schon immer beherrscht. Die von den Propheten der *nouvelle cuisine* angeprangerten Mehlbindungen und die üppige Verwendung tierischer Fette gab es in der italienischen Küche nie. Das italienische Wort *al dente* für das kernige Kochen der Pasta ist in der ganzen Welt zum Maßstab auch für die ideale Zubereitung von Gemüse und Fisch geworden. Die von der modernen Ernährungswissenschaft geforderte Vollkost, die mehr Fisch und weniger Fleisch empfiehlt, sowie Kohlenhydraten und Gemüsen einen wesentlich wichtigeren Platz auf dem Speisezettel einräumt, ist seit eh und je das Anliegen der italienischen Küche. Und daß regionale Gerichte mit den Erzeugnissen der jeweiligen Landschaft einer nivellierenden internationalen Küche vorzuziehen sind, war angesichts des italienischen *campanilismo*, des Lokalpatriotismus, ohnehin selbstverständlich. So konnten die Hausfrauen und Köche Italiens den Ansturm des neuen Küchenzeitalters gelassen über sich ergehen lassen in dem Bewußtsein, daß ihnen damit nicht viel Neues geboten wurde. Daß Italiens ambitionierte Köche bei den berühmten französischen Meistern hospitierten, diente vor allem ihrer Kreativität. Nun konnten sie mit heimischen Produkten ihre eigene *cucina libera* anbieten, die immer deutlich italienische Akzente hat. In den kleinen Restaurants, Trattorien und Osterien und in den Familien wird weiter traditionsbewußt nach alten Rezepten gekocht.

Auf den vielen Reisen, die ich in den letzten 20 Jahren für große Zeitschriften und für mein Pastabuch unternahm, habe ich die kulturellen und kulinarischen Traditionen dieses von mir so geliebten Landes immer besser kennengelernt. Die erste große Begeisterung hat angehalten und sich sogar noch vertieft. Drei Mitarbeiter einer jüngeren Generation – Barbara Evers, Rotraut Hard und Florian Roeckl – haben mir beim Schreiben dieses Buches zur Seite gestanden und meine Begeisterung geteilt. Die Brigitte-Redaktion mit Burgunde Uhlig hat aus ihrem Fundus und durch viele neue Farbfotos die Gestaltung des Buches übernommen – es war eine schöne Zusammenarbeit.

Wenn Ihnen beim Nachkochen der Rezepte aus diesem Buch ein Gericht besonders gut gelungen ist, dann sollten Ihre Gäste mit dem höchsten Lob danken, mit dem Italiener eine vollkommene Mahlzeit auszeichnen: Sie ist so gelungen

„come Dio commanda"!

Dies wünscht Ihnen

Rotraud Degner

So kocht Italien

Die italienische Küche ist nicht nur die modernste, sondern auch die älteste Küche Europas. So manches, was heute im Kochtopf brodelt, gab es schon in der Antike. Und der römische Feinschmecker Lukull wird noch immer zitiert, wenn es ein genußreiches Festessen zu loben gilt.

Es ist erstaunlich, wie groß das Angebot an Gemüsen und Früchten auf den Märkten des alten Rom war, wie reich die Auswahl an Meeresfrüchten, Fleisch und Geflügel, wie hoch die Qualität guten Olivenöls geschätzt wurde und wie viele Kräuter und Gewürze man bereits kannte. Und die Amphoren auf den Märkten waren mit Wein aus den römischen Provinzen gefüllt, von denen einige noch heute gekeltert werden. Nach dem Untergang Roms entwickelte sich erst in der Renaissance wieder eine italienische Eßkultur, jedoch zunächst nur in den Palästen des Adels. Die Hofköche erfanden unter anderem die zarten Eiernudeln, die, mit den raffiniertesten Ragouts aufgetragen, fortan zu jedem festlichen Mahl gehörten. Auch bei der armen Bevölkerung wurde der tägliche Getreidebrei durch Nudeln ersetzt, die allerdings aus Hartweizengrieß und Wasser bestanden und die Vorläufer der heutigen Spaghetti waren. In jeder Region wurden im Laufe der Zeit aus den heimischen Produkten der Bauern, Hirten und Fischer immer neue Geschmackszutaten unter die Nudeln gemischt – so entstanden die klassischen *sughi*.

Wer allerdings bei der *cucina italiana* immer nur an Nudeln denkt, hat die Vielfalt der italienischen Küche noch nicht kennengelernt. Fast jeder Italiener ist ein geborener Feinschmecker, ein *buongustaio*. Die Kennerschaft, mit der Duft und Geschmack der Speisen geprüft werden, die Hingabe, mit der man sich auf die Mahlzeit konzentriert, sprechen für die Bedeutung, die man den Tischfreuden beimißt.

Der besondere Reiz der Küche Italiens liegt auch darin, daß in jeder Provinz mit den Zutaten gekocht wird, die hier am besten gedeihen. Und da dieses schöne Land von den schneebedeckten Bergen des Aostatals bis zu den sonnenverbrannten Ebenen des Mezzogiorno die unterschiedlichsten Bedingungen von Klima und Bodenbeschaffenheit kennt, hat es so verschiedene kulinarische Dialekte zu bieten. Von der trüffelduftenden Küche des Piemont über die raffinierten Risotto-Varianten Venetiens, die klassische Ölküche der Toskana und die herzhaften römischen Speisen bis zu den leichten aromatischen Gemüsegerichten des Südens gibt es neben der Pasta so viele delikate Rezepte für Fisch, Fleisch und Salate, daß ein italienisches Kochbuch immer nur eine Auswahl dieses Reichtums zu bringen vermag.

Käse und Wein gehören zu jeder italienischen Mahlzeit, das Angebot ist groß und von hoher Qualität. König der Käse ist der kostbare, goldgelbe Parmesan, dessen stolzer Stammbaum bis in das 13. Jahrhundert zurück reicht und der den Pastagerichten aller Regionen mit seinem unvergleichlichen, würzigen Aroma Vollendung verleiht. Der schärfere römische oder sardische Pecorino aus Schafsmilch wird dagegen mehr im Süden geschätzt. Er gehört ebenso wie der sanfte Fontina aus dem Aostatal zu den ältesten Käsesorten Italiens. Auch die säuerlichen, runden bis eiförmigen Käselaiber aus Büffel- oder Kuhmilch kannte man schon in der Antike.

Zwar habe ich zu jedem Rezept einen passenden italienischen Wein empfohlen, aber das soll eher eine Anregung sein, sich neben den kulinarischen Genüssen auch den Freuden des Bacchus zuzuwenden, die Italien in vielseitiger Weise zu bieten hat.

VORSPEISEN
Antipasti

Ein festliches Mahl mit einer Auswahl verführerischer Vorspeisen zu beginnen, war schon vor 2000 Jahren guter römischer Brauch. Und die *antipasti*, die im alten Rom aufgetischt wurden, unterschieden sich nur wenig von den heutigen außer durch ihre zu große Opulenz und die den Eigengeschmack der Speisen bewußt verdeckende Zubereitung. Ein Gastmahl der römischen Kaiserzeit begann mit Austern, Muscheln und anderen Meeresfrüchten sowie mit marinierten Süß- und Salzwasserfischen. Neben üppigen Pasteten und Terrinen, Schinken und Würsten der benachbarten italienischen Landschaften wurden in feinstem Olivenöl eingelegte Artischokken, Spargel, Pilze und andere Gemüse gereicht. Zu Brot und Wein gab es Oliven, Feigen und Trauben.

Eine ähnliche Mischung aus edlem Aufschnitt, Meeresgetier und marinierten Gemüsen erwarten die Italiener auch heute von ihrem Restaurant, wobei die Anzahl der Vorspeisen mit der Klasse des Lokals steigt. Ein italienischer Feinschmecker möchte durch die *antipasti* Augen und Gaumen auf die bevorstehende Mahlzeit einstimmen. Schon beim Betreten des Restaurants geht der Gast an einem Tisch vorüber, auf dem in bunten Schüsseln und auf großen und kleinen Platten die kalten Vorgerichte zur Schau gestellt sind. Warme *antipasti* bestellt man nach der Karte. Im Sommer werden erfrischende Salate, marinierte Meeresfrüchte und Gemüse vorgezogen, während in der kalten Jahreszeit die Zutaten häufig ausgebacken, in zarte Crêpes gehüllt und gratiniert werden.

In Italien schmecken die Vorspeisen so besonders gut, weil alle verwendeten Zutaten von höchster Qualität und Frische sind. Die Kunst der Zubereitung liegt darin, die natürlichen Aromen und Geschmacksstoffe zu erhalten. Das verwendete Olivenöl spielt dabei eine wichtige Rolle. Wer wirklich italienisch kochen will, sollte sich unbedingt mit den herrlichen unterschiedlichen Olivenölen des Landes bekannt machen. Wie beim Wein lernt man die zahlreichen Sorten nur durch Probieren kennen. Es gibt sanfte und kräftige, robuste und liebliche Öle von strohgelber bis grünlicher Färbung. Man kann sicher sein, daß dort, wo die silbergrauen Olivenbäume wachsen, die regionalen Spezialitäten auch am besten schmecken, wenn sie mit dem Öl ihrer Oliven zubereitet werden. Italienische Restaurantführer und Restaurantkritiker erwähnen häufig, aus welcher Region und von welchem Hersteller das in dem Lokal verwendete Olivenöl stammt. Für alle Salate und marinierten *antipasti* wird nur das kaltgepreßte Olivenöl erster Pressung verwendet, das in Italien *extravergine* genannt wird. Nach Beschluß der EG trägt es für den Export zusätzlich die Aufschrift "natives Olivenöl extra". Daß Essig echter Weinessig sein muß, versteht sich in Italien von selbst, und vom lieblichen *Aceto Balsamico* aus Modena genügt oft ein Löffelchen voll, um einen Salat entscheidend zu veredeln.

Abgesehen von den Klassikern wie den unvergleichlichen luftgetrockneten Schinken aus Parma und San Daniele, die in ganz Italien beliebt sind, hat jede Region ihre eigenen Antipasti-Spezialitäten. Im Aostatal stammen die Schinken nicht selten von Wildschwein, Gemse, Reh und Hirsch, und die heimischen Würste tragen – wegen der Nähe zu Frankreich – oft französische Namen wie *boudin* und *saucisse*. Wildpasteten sind sehr beliebt und die Anzahl an köstlichen Käsesorten von Kuh-, Schaf- und Ziegenmilch aus den benachbarten Bergtälern ist sehr groß. Die kleinen Ziegenkäse, *tomini* und *caprini*, werden gerne mit Thymian gewürzt und in Olivenöl eingelegt. Sie gehören mit auf den üppig gedeckten Vorspeisentisch.

In Piemont sind im Herbst die kostbaren weißen Trüffel aus Alba die edelste Zutat bei den *antipasti*. So wird die brave *fonduta* (ein Fondue aus Fontinakäse), von einigen stark duftenden Trüffelscheiben bedeckt, zur raffinierten Delikatesse. Auch über die hauchdünnen, gebeizten rohen Filetsscheiben der *insalata di carne cruda* hobelt der Restaurateur auf Wunsch Trüffelscheiben. Ebenfalls typisch piemontesisch ist die *bagna cauda*: Streifen von herrlich saftigem, rohem Gemüse werden in Portionstöpfchen mit siedendem, gewürztem Olivenöl getaucht. Ein vitaminreiches Fondue, das, dem Käsefondue ähnlich, auch gleichzeitig ein vergnügtes Gesellschaftsspiel ist. Für Terrinen und Pasteten gibt es viele Rezepte.

Im benachbarten Ligurien hüllt man die duftenden Kräuter und aromatischen Gemüse, die hier in verschwenderischer Fülle wachsen, gern in einen leichten, lockeren Teig und backt sie im vorzüglichen ligurischen Olivenöl zu knusprigen *fritti* und *fritelle* aus, oder man verwendet sie zum Füllen saftiger Gemüsetorten. In Genua und den vielen Restaurants an der Küste sind warme und kalte *antipasti* aus Fisch und Meerestieren natürlich die Hauptattraktion.

Auch die klassischen Vorspeisen der venezianischen Küche bestehen vor allem aus Fischen, Mollusken und sonstigem Meeresgetier. Besonders beliebt sind Sardinen und andere kleine Fische, wenn sie *"in saor"* angeboten werden, d.h. pikant eingelegt mit Rosinen und Pinienkernen.

Im benachbarten Friaul wird der zarte San Daniele Schinken luftgetrocknet und aus dem würzigen Montasiokäse werden kleine, herzhafte Käsefladen gebraten, die so köstlich sind, daß man von dem *frica* nur allzu leicht zuviel verspeist.

Daß in der Emilia, dem sprichwörtlichen Schlaraffenland, kleine Portionen heimischer Schinken und Wurstwaren anderen *antipasti* den Rang ablaufen, liegt nicht nur an ihrer Güte. Kein Emilianer möchte sich durch zu viele sättigende Vorspeisen den Appetit auf das üppige Nudelgericht nehmen, das ihn hier immer erwartet.

Typisch für die Toskana sind, neben den Schinken- und Wurstwaren aus der Region, die mit den vielseitigsten pikanten Farcen bestrichenen kleinen, knusprigen Brotscheiben, *crostini* genannt. Gemüse und Steinpilze, eingelegt in das edle toskanische Olivenöl, sind hier ein besonderer Genuß. In Umbrien werden im Herbst schwarze Trüffel verschwenderisch als Füllung in den goldgelben Eierkuchen, den *frittate*, verwendet.

Die Römer von heute schätzen herzhafte kleine Mundbissen: Gemüse, vor allem junge Artischocken, aber auch Innereien und Stücke von Stockfisch werden in Teig ausgebacken und brutzelnd heiß auf den Tisch gebracht. Im Frühling genügen oft ein paar frische große Bohnenkerne und Brocken von Pecorinokäse, um die Wartezeit auf die Pasta zu verkürzen. Oder eine *bruschetta* - eine Scheibe herzhaftes Bauernbrot, am offenen Feuer oder im Grill geröstet, mit Knoblauch bestrichen und mit Olivenöl aus den Sabiner Bergen beträufelt.

Die *bruschetta* ist übrigens im ganzen Mezzogiorno beliebt – und je tiefer man in den Süden kommt, desto mehr wird man jener einfachen Vollkommenheit begegnen, die in Italien immer wieder entzückt. Überall gibt es pikante Salami-Spezialitäten, zu denen grüne und schwarze Oliven gereicht werden, die man mit den verschiedensten Kräutern gewürzt hat. Je stärker die Sonne auf das Land brennt, desto aromatischer werden die Gemüse und die wilden Kräuter, die am Wegrand wachsen. Sie werden für Salate und Vorspeisen verwendet. Dazu ißt man kleine Pizzen aus herzhaftem Brotteig. Die großen Pizzen in Neapel gelten dagegen schon als Mahlzeit für sich. In Küstennähe, gerade im Süden, ist das Angebot an verschiedensten Fischen und Meerestieren äußerst vielseitig. Noch die kleinsten Fische und die winzigsten Meeresfrüchte werden – in kräuterreichen Saucen und Marinaden getränkt – zu besonders genußreichen *antipasti*. *Mangiare il mare*, das Meer essen, nenne das die Italiener.

Weitere Vorspeisengerichte finden Sie in den Kapiteln Fisch und Gemüse.

11

KALTE VORSPEISEN

Antipasti freddi

SCHINKEN UND WURST ALS VORSPEISEN

Salumi

Die luftgetrockneten Schinken aus Parma und San Daniele sind weltberühmt wegen ihrer Zartheit und feinen Süße. Im italienischen Restaurant werden sie immer erst dann hauchdünn aufgeschnitten, wenn der Gast seine Bestellung aufgegeben hat. Daran sollte man auch beim Einkauf denken. Ich lasse mir immer erst den angeschnittenen Schinken zeigen – das Endstück ist übrigens der zarteste Teil – und bitte im Zweifelsfall um eine Kostprobe. Manchmal ist der Schinken aus Parma süßer, ein anderes Mal der aus San Daniele saftiger. Auf jeden Fall kauft man ihn erst unmittelbar vor dem Verzehr. Bereits aufgeschnittene Scheiben dieses edlen Schinkens sollte man unbedingt zurückweisen.

Aus der gleichen Gegend kommt die feine *salami di Felino*, die nicht so dünn aufgeschnitten wird wie die herzhafte Mailänder Salami, die man überall in Italien herstellt. Im übrigen hat jede Provinz ihre eigene Salami aus Schweinefleisch, selten auch aus Rindfleisch, die je nach Geschmack mit grobem Pfeffer, Fenchelsamen, Knoblauch oder mit scharfen Pfefferschoten gewürzt und fast immer luftgetrocknet wird. Beliebt ist auch das ebenfalls luftgetrocknete Rindfleisch aus dem Veltlin, die *bressaola*. Es wird beim Genuß mit Olivenöl und Essig beträufelt. Der herzhafte saftige Schinkenspeck aus Südtirol, kurz Speck genannt, gehört inzwischen ebenfalls zu den in Italien so geschätzten *salumi*.

Wenn man es nicht vorzieht, einige Scheiben dieser Köstlichkeit pur als *amuse-gueule* zu genießen, ißt man Stückchen von dem überall bereitstehenden knusprigen Weißbrot dazu oder wickelt ein paar der hauchdünnen Schinkenscheiben um die langen Brotstangen, die *grissini*. Als *antipasta* werden Schinken und Salami mit duftenden, eisgekühlten Melonenvierteln serviert. Auch Feigen, am besten in einer Glasschüssel mit Eisstückchen, sind mit ihrer saftigen Süße ein delikater Gegensatz zu den delikaten *salumi*.

Empfohlener Wein: leichte, junge Rotweine oder ein Rosé möglichst aus der Region, in der die *salumi* hergestellt werden.

PIEMONTESER THUNFISCHPASTETE

Pâté di tonno

Für 6 Personen
Zubereitungszeit: 15 Minuten
Ruhezeit: 12 Stunden
Pro Portion: 245 Kalorien

300 g Thunfisch in Öl
4 gewässerte Sardellen
40 g weiche Butter
abgeriebene Schale
von 1/2 unbehandelten Zitrone
60 g Mayonnaise
(am besten hausgemacht)

Den Thunfisch auf einem Sieb abtropfen lassen und in Stückchen zerpflücken. Die Sardellen kleinschneiden. Zusammen mit der Butter und der Zitronenschale in der Küchenmaschine oder im Mixer zu einer glatten Creme verrühren.
Die Mayonnaise mit der Thunfischmasse gründlich vermischen und in eine Schüssel füllen. Über Nacht in den Kühlschrank stellen.
Wenn man 3 Blatt kalt eingeweichte und warm aufgelöste Gelatine unter die Thunfischmasse rührt, kann man sie auch in eine geölte Form füllen und nach einer Nacht im Kühlschrank stürzen.
Nach Belieben mit einem Kranz von Mayonnaise garnieren.

Beilage: getoastete Brotschnitten
Empfohlener Wein: ein leichter, trockener Weißwein wie ein Riesling Italico aus Südtirol

TOSKANISCHER GEMÜSEDIP

Pinzimonio toscana

Zubereitungszeit: 30 Minuten
Pro Portion: 330 Kalorien

4 Salatherzen
1 Fenchelknolle
2 Chicorée
1 rote und 1 gelbe Paprikaschote
2 Möhren
4 Selleriestangen
Salz
schwarzer Pfeffer
2 EL Aceto Balsamico oder alter Weinessig
4 gewässerte Sardellen
8 EL feinstes Olivenöl extravergine

Die Salatherzen waschen, von der Fenchelknolle und dem Chicorée die äußeren harten und welken Blätter entfernen. Die Paprikaschoten halbieren, entkernen und wie die Möhren und Selleriestangen waschen.
Vom Fenchel und Chicorée die Blätter einzeln ablösen, die Paprikaschoten und die Möhren in lange Streifen, die Selleriestangen in handliche Stücke schneiden. Das Gemüse wie einen Strauß in einem Tontopf anrichten.
In einer kleinen Schüssel Salz, frischgemahlenen Pfeffer und Aceto Balsamico oder Weinessig solange verrühren, bis sich das Salz aufgelöst hat. Die Sardellen fein hacken und hinzufügen. Nach und nach unter ständigem Rühren das Olivenöl langsam hinzugießen, es soll eine cremige Ölsauce entstehen. In vier Portionsschälchen füllen.
Man taucht die Gemüsestückchen bei Tisch in den Öl-Dip.

Beilage: knuspriges Weißbrot oder *grissini*

KALTER KALBSBRATEN MIT THUNFISCHCREME

Vitello tonnato

Für 8 Personen
Zubereitungszeit: 45 Minuten
Kochzeit: 1 Stunde 30 Minuten
Marinierzeit: 12 Stunden
Pro Portion: 495 Kalorien

1 kg Kalbsnuß
MARINADE
1 Zwiebel
1 Möhre
1 Selleriestange
2 Gewürznelken
1 Lorbeerblatt
1 Zweiglein Estragon
Salz
0,7 l trockener Weißwein
MAYONNAISE
2 Eigelb
Salz
1/4 l Olivenöl extravergine
1 EL Zitronensaft
200 g Thunfisch in Öl
3 gewässerte Sardellenfilets
1 EL Kapern
2 EL Aceto Balsamico oder
alter Weinessig
Kapern zum Garnieren

Für die Marinade die Zwiebel, Möhre und Selleriestange putzen und in kleine Stücke schneiden. Mit den Gewürzen und dem Wein in eine Schüssel geben. Die Kalbsnuß in die Marinade geben, sie soll ganz von ihr bedeckt sein. Zugedeckt über Nacht in den Kühlschrank stellen.
Die Kalbsnuß in ein Mulltuch oder ein Küchenhandtuch drehen und mit einem Baumwollfaden zubinden, damit das Fleisch beim Kochen nicht auseinanderfällt. In einen schmalen, hohen Kochtopf geben, mit der Marinade übergießen und zugedeckt in 45–60 Minuten gar kochen, das Fleisch soll innen noch rosa sein. In der Marinade erkalten lassen.
In dieser Zeit aus Eigelb, Salz, Öl und Zi-

tronensaft mit Hilfe des elektrischen Handrührgeräts oder der Küchenmaschine eine dicke Mayonnaise zubereiten.
Thunfisch und Sardellen im Mörser oder im Mixer zu einer cremigen Paste verarbeiten. Die Mayonnaise mit etwas Kalbsbrühe, der Fischpaste, den feingewiegten Kapern und dem Essig zu einer cremigen Sauce verrühren.
Das Kalbfleisch gut abtropfen lassen und in dünne Scheiben schneiden. Auf einer Platte anrichten und mit der Thunfischmayonnaise überziehen. Etwas durchziehen lassen. Mit einigen Kapern garnieren.

Beilage: knuspriges Weißbrot
Empfohlener Wein: ein trockener, frischer Weißwein wie ein Cortese aus der Lombardei oder ein leichter roter Valpolicella

BOHNENSALAT MIT THUNFISCH

Fagioli fresclei e tonno

Zubereitungszeit: 1 Stunde
Pro Portion: 860 Kalorien

400 g frische oder
200 g getrocknete weiße Bohnen
Salz
300 g Thunfisch in Öl
5 gewässerte Sardellenfilets
6 EL Olivenöl extravergine
1 Zwiebel
1 eingelegte rote Paprikaschote
1 Knoblauchzehe
einige Basilikumblätter
3 Stengel Petersilie
1 EL Kapern
weißer Pfeffer

Getrocknete Bohnen am Vortag in Wasser einweichen.

Die eingeweichten oder frischen Bohnen in einen Topf geben, knapp mit Wasser bedecken, salzen und in 30-60 Minuten weich kochen. Ältere Bohnen haben eine längere Kochzeit. Auf ein Sieb schütten und abtropfen lassen.

Den Thunfisch aus dem Öl nehmen, auf einem Sieb abtropfen lassen und in kleine Stückchen zerpflücken. Die Sardellen in kleine Stückchen schneiden. Die Bohnen und den Thunfisch in einer Schüssel mit dem Olivenöl vermischen.

Die Zwiebel in Ringe, die Paprikaschote in Streifen oder Würfel schneiden. Die Knoblauchzehe ganz fein wiegen. Die Basilikumblätter mit einer Schere streifig schneiden, die Petersilienblätter abzupfen.

Zwiebel, Paprikaschote, Knoblauch, Kapern, Basilikum und Petersilienblättchen zu den Bohnen geben und alles vorsichtig unterheben. Mit frischgemahlenem Pfeffer abschmecken.

Empfohlener Wein: ein leichter Rotwein, z. B. ein Grave aus Friaul

Bohnensalat mit Thunfisch

GEFÜLLTE PAPRIKASCHOTEN

Peperoni ripieni

Zubereitungszeit: 1 Stunde 30 Minuten
Pro Portion: 645 Kalorien

4 große gelbe Paprikaschoten
7 EL Olivenöl
50 g Semmelbrösel
40 g Rosinen
6 Tomaten
6 gewässerte Sardellenfilets
100 g schwarze Oliven
2 EL Kapern
50 g frischgeriebener Pecorino oder Parmesan
40 g Pinienkerne
1 EL gehackte Petersilie
Oregano
Salz
schwarzer Pfeffer

Die Paprikaschoten waschen und mit Küchenpapier abtrocknen. Das Stielende abschneiden, die Paprikaschoten der Länge nach halbieren und die Samenkörner entfernen.
3 Eßlöffel Olivenöl in einer Pfanne erhitzen und die Semmelbrösel darin hellgelb anrösten. Abkühlen lassen. Die Rosinen in lauwarmem Wasser einweichen.
Die Tomaten überbrühen, abziehen und in kleine Stücke schneiden, dabei das harte gelbe Mark entfernen. Die Sardellen hacken, die Oliven entkernen und in kleine Stückchen schneiden.
Die Semmelbrösel mit 6 Eßlöffeln Tomatenfleisch, Sardellen, Kapern, Oliven, Käse, Pinienkernen, abgetropften Rosinen, Petersilie, Oregano, Salz und Pfeffer vermischen und die Paprikahälften damit füllen. Reichlich mit Öl beträufeln.
Das restliche Öl in eine feuerfeste Form geben und die Paprikaschoten hineinlegen. Die restlichen Tomatenstückchen rundherum verteilen, salzen und pfeffern. Im vorgeheizten Backofen bei mittlerer Hitze (200 °C) in 60 Minuten gar backen.

Aus dem Ofen nehmen und abkühlen lassen.
Die gefüllten Paprikaschoten schmecken aber auch warm gut.

Beilage: knuspriges Stangenweißbrot
Empfohlener Wein: ein trockener Rotwein wie ein Rosso Barletta aus Apulien

CARPACCIO

Carpaccio

Zubereitungszeit: 30 Minuten
Pro Portion: 415 Kalorien

300 g Rinderfilet
1 Handvoll Raukeblätter (Rucola)
oder glatte Petersilienblätter
200 g Parmesan
200 g Steinpilze oder frische Champignons
3 EL Olivenöl extravergine
Saft von 1 Zitrone
schwarzer Pfeffer

Das Rinderfilet im Tiefkühlfach etwas anfrieren lassen, damit es sich besser schneiden läßt. Mit einem scharfen Messer in hauchdünne Scheiben schneiden. Die Fleischscheiben auf einem großen Teller anrichten. Mit den gewaschenen und abgetrockneten Rauke- oder Petersilienblättern garnieren.
Den Parmesan in kleine Stückchen zerbröckeln oder hobeln. Die Steinpilze oder Champignons einzeln unter fließendem Wasser waschen, mit Küchenpapier abtrocknen und in feine Scheiben schneiden. Die Parmesanbröckchen und die Pilze über die Filetscheiben verteilen.
Olivenöl, Zitronensaft, Salz und frischgemahlenen Pfeffer in einer kleinen Schüssel miteinander verrühren, bis sich das Salz aufgelöst hat. Die Marinade über das Carpaccio gießen.
Man kann in der Trüffelsaison noch eine Trüffel über das Gericht hobeln.

VENEZIANISCHE LEBERPASTETE

Pâté di fegati misti

Für 6 Personen
Zubereitungszeit: 30 Minuten
Ruhezeit: 12 Stunden
Pro Portion: 505 Kalorien

250 g Kalbsleber
250 g Geflügelleber
2 Schalotten
300 g Butter
einige Salbeiblätter
1 EL Cognac
2 EL Marsala
Salz
schwarzer Pfeffer

Die gewaschenen Lebern auf Küchenpapier abtrocknen und in Stückchen schneiden, dabei alle vorhandenen Sehnen entfernen. Die Schalotten in Würfel schneiden.
Einen Eßlöffel Butter in einer Pfanne erhitzen und die Leberstückchen und die Schalottenwürfel darin unter Rühren 5 Minuten anbraten. Die Salbeiblätter zerreiben und hinzufügen und den Cognac und Marsala in die Pfanne zu den Lebern geben. Noch einmal kurz durchschmoren, die Flüssigkeit soll verdampfen.
Durch ein Sieb streichen, damit etwaige Reste von Sehnen entfernt werden, und herzhaft mit Salz und frischgemahlenem Pfeffer abschmecken.
Die restliche Butter in einer Schüssel schaumig rühren und gründlich mit der Leberfarce vermischen. In eine ausgefettete Kasten- oder Pastetenform streichen und über Nacht in den Kühlschrank stellen.
In Venetien bereitet man die Leberterrine auch gerne mit Resten der »Kalbsleber auf venezianische Art« zu. Dazu wird die gebratene Leber mit Zwiebeln im Mixer püriert und mit der gleichen Menge schaumig gerührter Butter vermischt. Ein halbes Gläschen Cognac dazu und in Mi-

nutenschnelle ist die Pâté fertig. Sie soll vor dem Anschneiden einen Tag im Kühlschrank ruhen.

Beilage: knuspriges Stangenweißbrot, Senffrüchte
Empfohlener Wein: ein fruchtiger Soave oder junger Merlot aus Venetien

TOMATEN-BROT-SALAT

Panzanella alla toscana

Zubereitungszeit: 20 Minuten
Marinierzeit: 1 Stunde
Pro Portion: 170 Kalorien

6 Scheiben italienisches Bauernbrot
Salz
weißer Pfeffer
2 EL Essig
6 reife Eiertomaten
1 Selleriestange
1 Zucchino
1 große rote Zwiebel
1 Gewürzgurke
1 EL Kapern
1 Knoblauchzehe
3 gewässerte Sardellenfilets
1 Stückchen rote scharfe Pfefferschote
MARINADE
Salz
2 EL Essig
einige schwarze Pfefferkörner
1/8 l Olivenöl extravergine
einige Blätter Basilikum zum Bestreuen

Die Brotscheiben in Wasser einweichen. Aus dem Wasser nehmen, in eine Schüssel legen und mit Salz und frischgemahlenem Pfeffer würzen. Den Essig darübergießen. Tomaten, Sellerie und Zucchino waschen und in Stückchen schneiden, die Zwiebel und die Gewürzgurke in Scheiben. Die Gemüse mit den Kapern vermischen und in die Schüssel über das Brot geben. Die Knoblauchzehe und die Sardellenfilets fein wiegen, die Pfefferschote fein hacken und über den Salat streuen.

Für die Marinade das Salz in einer kleinen Schüssel mit dem Essig verrühren, bis es sich ganz aufgelöst hat. Einige Pfefferkörner in einem Mörser zerstoßen und an die Sauce geben. Nach und nach unter ständigem Rühren das Olivenöl hinzufügen. Über die Zutaten gießen und den Salat ei-

ne Stunde in den Kühlschrank stellen. Vor der Servieren die Basilikumblätter über dem Salat verteilen.

Panzanella ist ein uraltes Bauernrezept, das ursprünglich nur aus eingeweichtem Brot, Olivenöl, Zwiebeln und Tomaten bestand und inzwischen durch allerlei weitere frische Salatzutaten variiert wird.

Tomaten-Brot-Salat

PIKANT EINGELEGTE SARDELLEN

Sarde in saor

Zubereitungszeit: 45 Minuten
Marinierzeit: 2 Tage
Pro Portion: 635 Kalorien

1 kg mittelgroße frische Sardinen
2 EL Mehl
Meersalz
1/8 l Olivenöl
4 Knoblauchzehen
1 Möhre
2 Zwiebeln
1/8 l Weinessig
6 EL Wasser
1 Zweiglein Thymian
1 Zweiglein Rosmarin
1/2 Lorbeerblatt
2 Stengel Petersilie
Cayennepfeffer
schwarzer Pfeffer
2 rote scharfe Pfefferschoten

Die Sardinen mit Küchenpapier vorsichtig schuppen, auf der Bauchseite aufschneiden und ausnehmen. Waschen und auf Küchenpapier trocknen lassen. Mehl und Salz miteinander vermischen und die Sardinen leicht darin wenden, überflüssiges Mehl abklopfen.
Die Hälfte des Olivenöls in einer hochwandigen Pfanne erhitzen und die Fische darin nacheinander schnell von beiden Seiten goldbraun braten. In eine flache, längliche Schüssel geben.
Das restliche Olivenöl in die Pfanne geben und die ungeschälten Knoblauchzehen darin anbraten. Möhre und Zwiebeln schälen und in feine Streifen schneiden. In die Pfanne geben, Essig und Wasser hinzufügen und alles bei leichter Hitze mehr dünsten als braten. Die Kräuter und Gewürze bis auf die Pfefferschoten hinzufügen und alles weiter bei leichter Hitze 15 Minuten kochen lassen. Die Pfefferschoten ganz fein hacken und die Sauce damit abschmecken. Erkalten lassen.

Die Sardinen mit der Marinade übergießen. 2 Tage im Kühlschrank durchziehen lassen.

Beilage: knuspriges, frisches Weißbrot oder Landbrot

PILZE IN ÖL EINGELEGT

Funghi sott'olio

Zubereitungszeit: 30 Minuten
Konservierungszeit: 1 Monat
Pro Portion: 225 Kalorien

1,5 kg frische, kleine Pilze (Steinpilze, Champignons oder Maronen)
0,7 l Weinessig
Salz
einige Nelken
einige schwarze Pfefferkörner
2 Zimtstangen
ca. 1/2 l Olivenöl

Für dieses Rezept besonders schöne, kleine Pilze aussuchen.
Die Pilze einzeln unter fließendem Wasser gründlich waschen und putzen. Die holzigen Stielenden abschneiden, größere Pilze halbieren oder vierteln.
Den Essig mit Salz und den Gewürzen zum Kochen bringen, die Pilze hinzufügen und bei leichter Hitze 5 Minuten köcheln lassen.
Die Pilze mit einem Schaumlöffel herausnehmen und auf Küchenpapier trocknen lassen. In Glasgefäße füllen und mit grobzerstoßenen Pfefferkörnern und einigen Gewürznelken bestreuen. Mit Olivenöl aufgießen, bis die Pilze vollständig bedeckt sind.
Die Gläser fest verschließen und mindestens 1 Monat lang lagern.

WILDTERRINE

Terrina di selvaggina

Für 10 Personen
Zubereitungszeit: 1 Stunde
Garzeit: 2 Stunden
Ruhezeit: 12 Stunden
Pro Portion: 620 Kalorien

500 g schieres Wildfleisch aus der Keule
(von Reh, Hirsch oder Wildschwein)
300 g Schweinenacken
300 g fetter roher Speck
250 g Geflügelleber
1/8 l Sahne
Saft und Schale von 1 unbehandelten
Orange
1 TL Ingwer
je 1 Messerspitze Muskatnuß und Koriander
Salz
schwarzer Pfeffer
50 g geschälte Pistazien
1 TL Öl
1 TL Butter
1 Hasenfilet
250 g frischer Speck in breiten Scheiben
1 Gläschen (5 cl) Rotwein
3 Blatt Gelatine

Wildfleisch, Schweinenacken und rohen
Speck in grobe Würfel schneiden und mit
der Geflügelleber vermischen. Portionsweise in einer Küchenmaschine zu einer
Farce verarbeiten (oder zweimal durch die
feinste Scheibe der Küchenmaschine treiben), dabei an jede Portion einen Teil der
Sahne geben. Die Zutaten müssen gründlich miteinander vermischt sein.
Die Fleischfarce herzhaft mit Orangensaft
und -schale, Ingwer, Muskat, Koriander,
Salz und frischgemahlenem Pfeffer abschmecken. Die Pistazien grob hacken
und mit den Händen gut unter die Masse
mischen.
Öl und Butter in einer Pfanne erhitzen
und das Hasenfilet von allen Seiten kurz
anbraten. Herausnehmen, salzen und
pfeffern und etwas abkühlen lassen.

Eine Terrine mit den breiten Speckstreifen auslegen, so daß sie kurz über den
Rand stehen. Die Hälfte der Farce hineinfüllen. Das Hasenfilet in eine Speckschei-
be einwickeln und der Länge nach in die
Mitte der Form legen. Mit der restlichen
Farce bedecken. Den überstehenden
Rand der Speckstreifen über die Pastete
schlagen und zusätzlich noch mit ein oder
zwei Speckstreifen bedecken.
Alufolie darübergeben und mit einem
Deckel verschließen. Die Pastete muß hermetisch verschlossen sein. In einen länglichen Schmortopf setzen und heißes Wasser bis zwei Finger breit unter den Rand
der Form füllen. In den vorgeheizten
Backofen stellen und bei mittlerer Hitze
(200 °C) in 2 Stunden garen lassen.
Deckel und Alufolie entfernen und die
Pastete etwas abkühlen lassen. Den Saft,
der sich gebildet hat, vorsichtig abgießen.
Die Pastete mit einem Holzbrett bedecken
und mit einem Gewicht oder einem anderen, etwa 2 kg schweren Gegenstand bedeckt erkalten lassen.
Den abgegossenen Fleischsaft entfetten
und durch ein feines Sieb geben. Mit dem
Rotwein auf ein 1/8 l auffüllen, 3 Minuten
durchkochen lassen und mit der kalt eingeweichten Gelatine vermischen. Den Sud
durch ein Sieb über die Wildpastete gießen.
Vor dem Aufschneiden zugedeckt 12–24
Stunden in den Kühlschrank geben.

Beilage: Kompott von Wildpreiselbeeren,
Steinpilze, in Öl eingelegt
Empfohlener Wein: ein Barolo aus Pie-
mont

Das Rezept stammt aus dem Aostatal,
dort wird es häufig auch mit dem
Fleisch von Gemsen zubereitet. In der Saison tauscht man die Pistazien gegen Würfel von schwarzen Trüffeln aus.

SALAT VON STANGEN-SELLERIE, PARMESAN UND ROHEN PILZEN

Insalata di sedano, parmigiano e funghi

Zubereitungszeit: 20 Minuten
Pro Portion: 370 Kalorien

8 Stangen Bleichsellerie
100 g Parmesan
200 g Steinpilze oder Champignons
1 Handvoll Kressesalat
1 EL Aceto Balsamico
Salz
schwarzer Pfeffer
3 EL Olivenöl extravergine
50 g Gorgonzola

Die Selleriestangen von den Blättern befreien und gründlich waschen. Mit Küchenpapier abtrocknen und in 2 cm lange Stücke schneiden. In eine Schüssel geben.
Den Parmesan in kleine Stückchen zerbröckeln und zu den Selleriestücken geben. Die Pilze unter fließendem Wasser gründlich waschen und die Stielenden abschneiden. Auf Küchenpapier trocknen lassen, dann in feine Scheiben schneiden. Die Kresse mit einer Schere abschneiden und mit den Pilzen unter die Sellerie- und Käsestücke mischen.
Den Essig in einer kleinen Schüssel mit dem Salz vermischen, bis es sich aufgelöst hat. Mit frischgemahlenem Pfeffer würzen. Nach und nach unter ständigem Rühren mit einem Schneebesen das Öl hinzufügen, es soll eine cremige Vinaigrette entstehen.
Den Gorgonzola auf einem Teller mit einer Gabel zerdrücken und an die Salatsauce geben.
Die Sauce über den Salat gießen, unterziehen und den Salat kurz durchziehen lassen. In der Trüffelsaison wird eine Trüffel darüber gehobelt.

TOMATEN, MOZZARELLA UND BASILIKUM

Insalata caprese

Zubereitungszeit: 15 Minuten
Pro Portion: 360 Kalorien

600 g reife, feste Tomaten
2 kleine frische Kugeln Mozzarella
20 Blätter Basilikum
Salz
schwarzer Pfeffer
6 EL Olivenöl extravergine

Insalata caprese gehört zu den erfrischendsten Sommergerichten der Mittelmeerküche – aber er ist nur dann der große Genuß, wenn die Tomaten süß und sonnengereift sind, der Mozzarella (am besten aus Büffelmilch) ganz frisch und von sahniger Elastizität ist, die Basilikumblätter frisch gepflückt sind und feinstes Olivenöl darüber geträufelt wird. So einfach ist das!

Die Tomaten waschen und in Scheiben schneiden, den Mozzarella ebenfalls.
Auf einer Platte dachziegelartig Käse- und Tomatenscheiben und Basilikumblätter anordnen. Mit Salz und grobem frischgemahlenem Pfeffer bestreuen und das Olivenöl darübergießen.

Beilage: knuspriges Weißbrot
Weinempfehlung: ein leichter, spritziger Weißwein wie ein Ischia bianco

Eingelegte Paprika in Essig

Peperoni sott'aceto

Zubereitungszeit: 3 Stunden 30 Minuten
Konservierungszeit: 2 Monate
Pro Portion: 190 Kalorien

2 kg rote Paprikaschoten
1 l bester weißer Weinessig
100 g grobes Salz
einige Perlzwiebeln
2–3 Knoblauchzehen
1 TL Pfefferkörner
1 scharfe rote Pfefferschote
einige Lorbeerblätter
ZUM KONSERVIEREN
1 l bester weißer Weinessig
8 EL Olivenöl für 2 Gläser

Die Paprikaschoten waschen, abtrocknen und 3 Stunden im Backofen bei leichter Hitze (100 °C) trocknen lassen (in Italien werden sie einige Stunden in die pralle Mittagssonne gelegt), damit ihnen etwas Flüssigkeit entzogen wird.
Den Stielansatz mit den anhängenden Samen abschneiden und die Paprikafrüchte längs in Viertel oder in Streifen schneiden. In ein großes oder 2 kleinere Einmachgläser füllen. Den Essig aufkochen und über die Paprikaschoten gießen. Mit einer dünnen Schicht Salz bestreuen und die Gläser hermetisch verschließen.
Nach 30 Tagen den Essig abgießen, die Zwiebeln, Knoblauchzehen und Gewürze in das Glas geben und mit frischem besten Weinessig übergießen. Eine Schicht Olivenöl als Abschluß auf den Essig geben. Die Gläser erneut hermetisch verschließen und die Paprikaschoten einen weiteren Monat marinieren lassen, bevor sie verzehrt werden.
Man kann die Paprikaschoten auch vorher im Ofen grillen, bis die Haut platzt und sich abziehen läßt, bevor sie in Streifen geschnitten werden, oder die Paprikastreifen 10 Minuten in dem Essig kochen lassen, bevor sie eingelegt werden. Wer die Paprikaschoten sanfter genießen möchte, schmort die Streifen zuerst in Olivenöl an und konserviert sie dann ganz mit Öl bedeckt. Das sind dann *peperoni sott' olio*. Die Paprikaschoten werden mit eingelegten Artischockenherzen, Oliven, eingelegten Zwiebeln und Wurst- oder Schinkenscheiben gerne als gemischte Vorspeise serviert.

Sizilianischer Orangensalat mit schwarzen Oliven

Insalata di arance e olive nere

Zubereitungszeit: 10 Minuten
Pro Portion: 330 Kalorien

4 Orangen
1 große süße Zwiebel
50 g schwarze Oliven
4 EL Olivenöl extravergine
schwarzer Pfeffer

Die Orangen so schälen, daß die innere weiße Haut mit entfernt wird. Dann quer zur Blüte in Scheiben schneiden. Die Zwiebel ebenfalls in Scheiben schneiden. Die Orangen- und Zwiebelscheiben mit den Oliven in einer Schüssel vermischen. Das Olivenöl darübergießen und mit frischgemahlenem Pfeffer würzen.

Beilage: frisches Weißbrot

ZUCCHINI SÜSS-SAUER EINGELEGT

Zucchini in agrodolce con menta

Zubereitungszeit: 45 Minuten
Pro Portion: 425 Kalorien

1 kg kleine Zucchini
2 EL Rosinen
5 EL Olivenöl
1 Knoblauchzehe
Salz
2 EL Weinessig
3 gewässerte Sardellenfilets
2 EL Pinienkerne
1 Stück Würfelzucker
1 Löffelspitze Oregano
1/8 l Fleischbrühe aus Extrakt
frische Minze

Die Zucchini gründlich waschen, mit Küchenpapier abtrocknen und das Stielende abschneiden. In Streifen oder in Scheiben schneiden. Die Rosinen in etwas lauwarmem Wasser einweichen.

Das Öl in einer Kasserolle erhitzen und die Knoblauchzehe darin hellgelb rösten. Wieder herausfischen und die Zucchinistreifen in den Topf geben. Unter Rühren anbraten, salzen und mit dem Essig aufgießen.

Die Sardellenfilets fein hacken und mit den abgetropften Rosinen, den Pinienkernen, dem Zucker und dem Oregano zu den Zucchini geben. Bei leichter Hitze 20 Minuten garen, dabei hin und wieder etwas Fleischbrühe aufgießen, damit das Gemüse nicht ansetzt.

Mit Minzeblättern bestreuen oder vermischen. Einige Stunden an einem kühlen Ort (nicht im Kühlschrank) durchziehen lassen.

Eingelegte Paprika in Essig

RAUKESALAT (RUCOLA-SALAT) MIT GEBRATENEN GARNELENSCHWÄNZEN

Insalata di rucola e code di gamberi

Zubereitungszeit: 20 Minuten
Pro Portion: 310 Kalorien

500 g frische oder tiefgekühlte Riesengarnelenschwänze
4 Knoblauchzehen
150 g Rauke (Rucola)
1 EL Aceto Balsamico
Salz
einige schwarze Pfefferkörner
4 EL Olivenöl extravergine
6 EL Olivenöl zum Braten

Tiefgekühlte Garnelenschwänze auftauen lassen. Die Garnelenschwänze mit einem scharfen Messer der Länge nach halbieren. Die Knoblauchzehen abziehen.
Die Raukeblätter gründlich waschen und die langen Stiele entfernen. Auf einem Sieb abtropfen lassen und gründlich trockenschleudern. In eine Schüssel geben.
In einer kleinen Schüssel den Essig mit dem Salz solange verrühren, bis sich das Salz aufgelöst hat. Die Pfefferkörner im Mörser grob zerstoßen und an den Essig geben. Nach und nach unter Rühren mit einem Schneebesen das Olivenöl hinzufügen, die Sauce soll eine cremige Konsistenz bekommen.
Das Olivenöl in einer Pfanne erhitzen, die Knoblauchzehen darin hellgelb rösten und wieder herausnehmen. Die Garnelenschwänze in dem Öl bei starker Hitze von beiden Seiten je nach Größe in 4–6 Minuten gar braten. Salzen.
Die Vinaigrette mit den Raukeblättern gründlich vermischen und diese auf Tellern kranzförmig anrichten. Die heißen Garnelenschwänze darüber verteilen.

Beilage: frisches Stangenweißbrot

MEERESSPINNE VENEZIANISCHE ART

Granseola alla veneziana

Zubereitungszeit: 30 Minuten
Meeresspinnen 2–3 Stunden wässern
Pro Portion: 370 Kalorien

4 Meeresspinnen (große Taschenkrebse)
6 EL feinstes Olivenöl extravergine
Saft von 1 Zitrone
Salz
schwarzer Pfeffer
3 EL gehackte Petersilie

Die Meeresspinnen in reichlich Wasser 2 bis 3 Stunden wässern lassen. Herausnehmen und unter fließendem Wasser gründlich waschen.
In einem großen Topf 2 l Wasser zum Kochen bringen und die Meeresspinnen darin in 15 Minuten gar kochen. Herausnehmen und auskühlen lassen.
Von den Meeresspinnen den Bauchpanzer ablösen und das Fleisch mit einem Löffel vorsichtig herausnehmen, dabei den Rückenpanzer nicht beschädigen. Auch aus den Scheren und Beinen das Fleisch herauslösen.
Das Fleisch der Meeresspinnen fein hacken. Mit Öl und Zitronensaft vermischen und mit Salz und frischgemahlenem Pfeffer würzen. Die Füllung in die Rückenpanzer der Meeresspinnen geben und mit gehackter Petersilie bestreuen.
Im Januar und Februar sind die Meerspinnen besonders zart.

Empfohlener Wein: ein trockener Weißwein wie ein Soave classico aus Venetien

WARME VORSPEISEN

Antipasti caldi

AUSGEBACKENE GEMÜSE

Fritto misto di verdure

Für 6-8 Personen
Zubereitungszeit: 1 Stunde 30 Minuten
Pro Portion: 390 Kalorien

4 junge, kleine Artischocken
Zitronensaft
2 junge Zucchini
Salz
1 Aubergine
20 Broccoliröschen
200 g Mozzarella
200 g Mehl
1/2 l trockener Weißwein
3 EL Olivenöl
2 Eiweiß
Mehl zum Wenden
bestes Olivenöl zum Ausbacken

Von den Artischocken den Stiel und die Spitzen abschneiden und die Artischocken der Länge nach in Scheiben schneiden. In einer Schüssel kaltes Wasser mit Zitronensaft vermischen und die Artischockenscheiben hineingeben. Die Zucchini gründlich waschen, am Stielende ein Stückchen abschneiden und die Zucchini der Länge nach vierteln, mit Salz bestreut etwas stehen lassen. Die gewaschene Aubergine in Scheiben schneiden und ebenfalls mit Salz bestreut etwas stehen lassen. Die Broccoliröschen kurz in Salzwasser blanchieren und auf einem Sieb abtropfen

lassen. Den Mozzarella in kurze, dicke Streifen schneiden.

Das Mehl in einer Schüssel mit 1 Prise Salz vermischen und unter Rühren mit dem Schneebesen den Wein und das Öl hinzugießen, bis ein glatter Teig entsteht. Die Eiweiß zu steifem Schnee schlagen und unter den Ausbackteig ziehen.

Die Gemüse zuerst auf einem Sieb und dann auf Küchenpapier gut abtropfen lassen.

Das Olivenöl in einer Friteuse oder in einer tiefen Pfanne erhitzen (das Öl ist heiß genug, wenn sich um einen hineingehaltenen Holzlöffelstiel Blasen bilden). Das Gemüse nacheinander in Mehl und dann in Ausbackteig wenden und sofort in Portionen in dem Öl goldbraun backen. In den warmen Backofen stellen, bis alle Zutaten ausgebacken sind. Sofort auftragen.

Empfohlener Wein: ein leichter, frischer roter oder weißer Landwein

Die Auswahl an Gemüse kann man je nach Jahreszeit variieren, die Menge richtet sich nach der Zahl der Essensteilnehmer – große Oliven, Stangen von Bleichsellerie, Kürbisblüten und Streifen von Weißbrot sind Variationsmöglichkeiten. Anstelle des Ausbackteigs kann man die Gemüse auch in Mehl, verquirltem Ei und Semmelbröseln vor dem Ausbacken wenden.

GRATINIERTE MUSCHELN

Cozze gratinate

Zubereitungszeit: 1 Stunde
Pro Portion: 465 Kalorien

1,5 kg möglichst große Miesmuscheln
8 EL Olivenöl
2 Knoblauchzehen
2 EL gehackte Petersilie
5 EL Semmelbrösel
Salz
schwarzer Pfeffer

Die Muscheln sorgfältig verlesen und alle geöffneten wegwerfen. Gründlich unter fließendem Wasser bürsten und auf einem Durchschlag abtropfen lassen.
2 Eßlöffel Öl in einem Topf erhitzen und die Muscheln darin erhitzen, bis sie sich öffnen. Die entstandene Kochflüssigkeit der Muscheln durch ein feines Sieb geben. Die Schalen aufbrechen, den Bart entfernen und die oberen Schalen ablösen.
Die Knoblauchzehen fein wiegen und mit der Petersilie, den Semmelbröseln, dem restlichen Öl sowie Salz und frischgemahlenem Pfeffer vermischen.
Eine flache, feuerfeste Form mit Öl einpinseln und die Muschelhälften hineingeben. Jede Muschel mit etwas Semmelbröselmasse füllen. Die Kochflüssigkeit der Muscheln neben die Muscheln in die Form gießen. Im vorgeheizten Backofen bei mittlerer Hitze (200 °C) in etwa 15 Minuten überbacken, bis die Semmelbrösel eine goldgelbe Farbe haben.

Empfohlener Wein: ein junger, etwas pfeffiger Weißwein wie ein Ischia bianco aus Kampanien

AUSGEBACKENE KÜRBISBLÜTEN

Fritto di fiori di zucca

Zubereitungszeit: 20 Minuten
Pro Portion: 380 Kalorien

12 frische Zucchiniblüten
100 g Mehl
Salz
1/4 l trockener Weißwein
2 EL Olivenöl
1 Eiweiß
Olivenöl zum Ausbacken
50 g Parmesan
12 Anchovisfilets

Aus den Zucchiniblüten die Staubgefäße entfernen, die Blüten kurz unter fließendem Wasser waschen und auf Küchenpapier gut abtropfen lassen.
Das Mehl mit Salz in eine Schüssel geben und den Wein sowie das Olivenöl hinzufügen. Mit dem elektrischen Rührgerät gründlich vermischen. Das Eiweiß zu sehr steifem Eischnee schlagen und unter den Teig ziehen.
Reichlich Olivenöl in einem Topf erhitzen. Den Käse in kleine Stückchen zerbröckeln und in den Kelch jeder Kürbisblüte ein Stückchen Käse und ein Anchovisfilet geben. Die Kürbisblüten nacheinander in den Teig tauchen und in das heiße Öl geben.
Schwimmend von allen Seiten goldbraun backen, mit einem Schaumlöffel herausnehmen und auf Küchenpapier abtropfen lassen. Auf eine vorgewärmte Platte geben und sofort heiß auftragen.

Empfohlener Wein: ein frischer, nuancenreicher Weißwein wie ein Vernaccia di San Gimignano aus der Toskana

AUSGEBACKENE AUBERGINENSCHEIBEN SIZILIANISCHE ART

Tabacchiere di melanzane

Zubereitungszeit: 30 Minuten
Pro Portion: 370 Kalorien

4 Auberginen
Salz
8 Scheiben Caciocavallokäse (oder ein
anderer würziger fetter Käse)
16 gewässerte Sardellenfilets
2 EL Mehl
1 Ei
Olivenöl zum Ausbacken

Die gewaschenen Auberginen gut abtrocknen und der Länge nach in je 4 Scheiben schneiden. Mit Salz bestreuen, mit einem Teller bedecken und mit einem Gewicht beschweren. Eine halbe Stunde stehen lassen. Dann das angesammelte Wasser abgießen.
Den Käse in Größe der Auberginenscheiben zuschneiden. Zwischen je 2 Auberginenscheiben 2 Sardellenfilets und eine Käsescheibe legen.
Reichlich Olivenöl in einer tiefen Pfanne erhitzen. Die Auberginenscheiben zuerst in Mehl, mit etwas Salz vermischt, wenden und dann in dem verklopften Ei. Sofort in das heiße Öl geben und von beiden Seiten goldbraun backen. Heiß servieren. Die appetitliche Vorspeise ist in Sizilien aber auch kalt beliebt.

Empfohlener Wein: ein Marino aus Latium oder ein anderer leichter Rotwein wie ein Corvo aus Sizilien

AUSGEBACKENE ARTISCHOCKEN

Carciofi alla giudia

Zubereitungszeit: 45 Minuten
Pro Portion: 670 Kalorien

8 junge, kleine Artischocken
Saft von 2 Zitronen
Salz
schwarzer Pfeffer
1/2 l Olivenöl

Die trockenen Blätter an den Artischocken und die harten Spitzen der übrigen Blätter mit einem scharfen Messer abschneiden und das holzige Ende der Stiele entfernen. Die Blätter vorsichtig etwas lockern, damit das Gemüse wie eine Blüte aussieht. Sofort in eine Schüssel Wasser mit dem Zitronensaft legen.
Wenn alle Artischocken geputzt sind, aus dem Wasser nehmen und mit Küchenpapier abtrocknen. Mit den Stielen nach unten in einen breiten Topf legen, zwischen den einzelnen Artischocken muß noch etwas Abstand sein, weil sie beim Ausbacken auseinandergehen. Mit Salz und frischgemahlenem Pfeffer bestreuen.
Das Olivenöl in den Topf gießen, bis die Artischocken bedeckt sind, und die Form vorsichtig erhitzen. Wenn die Artischocken zu bräunen beginnen, wenden und auf die Seite legen. Stiele und Ränder der Artischocken unter Wenden goldbraun backen. Dann wieder auf den Stiel stellen, das Öl stärker erhitzen und weiterbacken, bis die Artischocken wie Chrysanthemenblüten aufgehen. Sie sollen innen noch weich, außen aber schön knusprig sein. Zum Schluß noch einige Tropfen kaltes Wasser in das Öl spritzen, das macht die Artischocken besonders knusprig. Sofort auftragen.

Empfohlener Wein: ein frischer, junger Weißwein wie ein Marino aus Kampanien

PIEMONTESER GEMÜSEFONDUE

Bagna cauda

Für 6 Personen
Zubereitungszeit: 2 Stunden
Pro Portion: 625 Kalorien

ÖLSAUCE
4 Knoblauchzehen
1/8 l Milch
1/4 l Olivenöl
50 g Butter
100 g gewässerte Sardellen
1 Gläschen (5 cl) Rotwein
einige frische Walnüsse nach Belieben
GEMÜSE ZUM EINTUNKEN
4 Selleriestangen
1 Fenchelknolle
1 rote und 1 grüne Paprikaschote
4 Möhren
1/2 Wirsingkohl
2 Artischocken
1/2 Blumenkohl
12 kleine Zwiebelchen

Die Knoblauchzehen schälen, in feine Scheibchen schneiden und 2 Stunden in der Milch ziehen lassen.
Das Öl und die Butter mit den in Stückchen geschnittenen Sardellen in einem Topf erhitzen und bei leichter Hitze schmoren lassen, bis die Sardellen zu zerfallen beginnen.

Die Milch mit dem Knoblauch über einem Sieb abgießen und die Knoblauchscheiben gut abtropfen lassen, dann in die Ölsauce geben. Langsam bei leichter Hitze ca. 30 Minuten köcheln lassen, der Knoblauch soll weich werden, aber nicht bräunen. Etwas Rotwein an die *bagna cauda* geben, wenn sie zu heiß werden sollte, und nach Belieben die Walnüsse zugeben.
In der Kochzeit das Gemüse putzen und waschen. Selleriestangen in fingerlange Stücke, Fenchel, Paprika, Möhren und Wirsing in Streifen schneiden, Artischocken vierteln, Blumenkohl in kleine Röschen zerteilen. Die geschälten Zwiebeln im vorgeheizten Backofen bei mittlerer Hitze (200 °C) leicht vorbacken. Das Gemüse auf einer großen Platte schön anrichten.
Die heiße *bagna cauda* in 6 flache Portionsschälchen oder in einen flachen Fonduetopf gießen und auf einen Rechaud stellen. Jeder Gast taucht sich bei Tisch die Gemüsestücke in die heiße Ölsauce.

Beilage: frisches Weißbrot.
Empfohlener Wein: ein junger piemontesischer Rotwein wie ein Grignolino

Man sagt, daß das Rezept der *bagna cauda* antiken Ursprungs sei, auf jeden Fall ist sie die Urmutter aller Fondues. *Bagna cauda* gilt als Vorspeise, kann aber auch eine ganze Mahlzeit sein.

PIEMONTESER FONDUE

Fonduta

Zubereitungszeit: 30 Minuten
Pro Portion: 360 Kalorien

200 g Fontinakäse
1/4 l Milch
3 Eigelb
40 g Butter
weißer Pfeffer
4 Scheiben Toastbrot
evtl. 1 weiße Trüffel

Den Käse in kleine Würfel schneiden, in eine Schüssel geben und mit der Hälfte der Milch bedecken. Einige Stunden stehen lassen.
Die Schüssel dann auf ein Wasserbad setzen und den Käse unter Rühren zum Schmelzen bringen, das Wasserbad soll nur leicht ziehen und nicht sprudelnd kochen.
Die Eigelb mit der restlichen Milch verquirlen. Die Butter in einer Pfanne zerlassen. Nach und nach unter ständigem Rühren die Eigelb und die flüssige Butter zu der Käsecreme geben. Mit frischgemahlenem Pfeffer würzen.
Die cremige Käsemasse in vier vorgewärmte Schüsselchen gießen. Die Weißbrotscheiben toasten, diagonal in Dreiecke schneiden und die *fonduta* damit garnieren.
Im Herbst hobelt man dünne weiße Trüffelscheiben über die würzige Käsecreme.

Empfohlener Wein: ein trockener, nicht zu junger Rotwein wie ein Dolcetto aus Piemont

GEGRILLTE BROTSCHEIBEN MIT OLIVENÖL

Bruschetta

Zubereitungszeit: 10 Minuten
Pro Portion: 295 Kalorien

8 Scheiben grobes Bauernbrot
2 Knoblauchzehen
Olivenöl extravergine
Salz
schwarzer Pfeffer

Die Brotscheiben im Grill des Backofens oder an einem offenen Feuer bräunen. Die Knoblauchzehen zerdrücken und die gerösteten Brotscheiben damit ganz leicht bestreichen.
Mit Olivenöl beträufeln und mit Salz und frischgemahlenem Pfeffer bestreuen. Sofort servieren.

Empfohlener Wein: ein frischer, kräftiger roter oder weißer Landwein

AUSGEBACKENE BROT-SCHEIBEN MIT MOZZARELLA GEFÜLLT

Mozzarella in carrozza

Zubereitungszeit: 30 Minuten
Pro Portion: 385 Kalorien

8 Scheiben Kastenweißbrot
4 dicke Scheiben Mozzarella
2 Eier
Salz
2 EL Milch
2 EL Mehl
Olivenöl zum Ausbacken

Die Brotscheiben entrinden. Auf vier Brotscheiben je eine Scheibe Mozzarella legen und eine zweite Brotscheibe darüberlegen. Die Ränder des Brotes kurz in kaltes Wasser tauchen, damit man sie um den Käse fest zusammendrücken kann.

Eier, Salz und Milch gründlich mit einem Schneebesen miteinander verrühren, bis sich ein leichter Schaum bildet. Das Mehl auf einen Teller geben.

Reichlich Öl in einer Pfanne erhitzen. Die Brotscheiben zunächst in dem Mehl und dann in der Eimasse wenden. Portionsweise in dem heißen Öl von beiden Seiten goldgelb backen.

Mit einem Schaumlöffel herausnehmen und auf saugfähigem Küchenpapier abtropfen lassen. Sofort mit einer Serviette bedeckt servieren.

Mozzarella in carrozza schmeckt am besten ganz frisch und heiß.

Empfohlener Wein: ein frischer, junger Rotwein wie ein Lagreiner aus Südtirol

Ausgebackene Brotscheiben mit Mozzarella gefüllt

ITALIENISCHES OMELETT MIT KRÄUTERN

Frittata alle erbe

Für 8 Personen als Vorspeise
Zubereitungszeit: 45 Minuten
Pro Portion: 285 Kalorien

je eine Handvoll zarter Spinat und
Mangold
1 Lauchstange
2 Zwiebeln
8 EL Olivenöl
einige Basilikumblätter
einige Salbeiblätter
2 EL gehackte Petersilie
8 Eier
Salz
schwarzer Pfeffer

Das Gemüse sorgfältig waschen, die Lauchstange und die Zwiebeln in dünne Scheiben schneiden. Spinat und Mangold tropfnaß in einen Topf geben und dämpfen, bis die Blätter zusammenfallen. Den Lauch in wenig Wasser in einem kleinen Topf ein paar Minuten kochen.

Das Gemüse auf einem Durchschlag abtropfen lassen. Die Blätter von Spinat und Mangold in feine Streifen schneiden.

4 Eßlöffel Öl in einer Pfanne erhitzen und das Gemüse und die Kräuter hineingeben. Bei leichter Hitze 10 Minuten schmoren.

Die Eier mit Salz und frischgemahlenem Pfeffer verrühren, bis sich ein leichter Schaum gebildet hat. Gemüse und Kräuter hinzufügen und miteinander vermischen. Das restliche Öl in einer großen Pfanne erhitzen und die Eimasse hineingießen. Unter ständigem Schütteln der Pfanne goldgelb backen. Auf einen Pfannendeckel gleiten lassen, wenden und auch von der zweiten Seite langsam garbacken.

Die *frittata* auf einen flachen, vorgewärmten Teller gleiten lassen und wie eine Torte in 8 Stücke zerteilen.

Empfohlener Wein: ein milder, zartbitterer Weißwein wie ein Tocai aus Friaul

TRÜFFELOMELETT

Frittata di tartufi

Zubereitungszeit: 15 Minuten
Pro Portion: 320 Kalorien

1 frische schwarze Trüffel (ca. 40–60 g)
8 Eier
4 EL Sahne
Salz
40 g Butter

Die Trüffel gründlich unter fließendem Wasser abbürsten und mit Küchenpapier abtrocknen. Auf einem Trüffelhobel in feine Scheiben hobeln.

Eier, Sahne und Salz mit einem Schneebesen miteinander verquirlen, bis Eiweiß und Eigelb völlig miteinander vermischt sind. Die Trüffelscheiben vorsichtig unter die Eimasse ziehen. 15 Minuten stehen lassen, damit der Duft der Trüffel die Eimasse durchdringt.

Die Hälfte der Butter in einer großen Pfanne zerlassen und die Eimasse hineinschütten. Wenn sie zu erstarren beginnt, etwas Butter in kleinen Flöckchen auf das Omelett setzen. Unter gelegentlichem Schütteln der Pfanne von der Unterseite schnell goldgelb backen, auf einen Teller gleiten lassen, wenden, die restliche Butter in die Pfanne geben und auch die Unterseite schnell braten – das Innere des Omeletts soll noch cremig sein.

Empfohlener Wein: ein nicht zu junger Rotwein wie ein Dolcetto aus Piemont

Das Trüffelomelett muß sehr schnell zubereitet werden, die Eimasse soll gerade zu erstarren beginnen, die Trüffelscheiben aber noch leicht roh bleiben. Schwarze Trüffeln aus der Dose dagegen schneidet man in Würfel. Die weißen Trüffeln aus Piemont werden übrigens nicht in die Eimasse gegeben, sondern über das fertige Omelett gehobelt.

LIGURISCHE OSTERTORTE

Torta pasqualina

Für 12 Personen
Zubereitungszeit: 2 Stunden 30 Minuten
Pro Portion: 775 Kalorien

1 kg Weizenmehl
10 EL Olivenöl
1 TL Salz
3/8 l lauwarmes Wasser
Mehl zum Bestäuben
1 kg Spinat
1 Zwiebel
Salz
schwarzer Pfeffer
Majoran
10 EL frischgeriebener Parmesan
500 g frischer Ricotta oder trockener
Quark (20 % i.Tr.)
2 EL Mehl
1/8 l Sahne
10 EL Olivenöl zum Bestreichen
8 Eier
60 g Butter

Das Mehl in eine Schüssel geben und in die Mitte eine Vertiefung drücken. Die Hälfte des Öls, Salz sowie etwas Wasser hineingeben und mit einem Holzlöffel verrühren. Dann nach und nach das restliche Wasser unter ständigem Rühren hinzugießen, so daß ein glatter Teig entsteht. Zum Schluß noch mit den Händen durchkneten. Der Teig muß glänzend und geschmeidig werden. Den Teig in 18 Teile schneiden und jedes Teil zu einer Kugel formen. Auf ein leicht bemehltes Brett legen, mit einem feuchten Tuch bedecken und 1 Stunde ruhen lassen.

Den Spinat gründlich waschen. Tropfnaß in einen Topf geben und dämpfen, bis die Blätter zusammenfallen. Auf einen Durchschlag schütten, gut abtropfen lassen und fein hacken. Die Zwiebel in Würfel schneiden. Das restliche Olivenöl in einer Pfanne erhitzen und die Zwiebel darin glasig braten. Den Spinat hinzufügen und kurz anschmoren. Mit Salz und frischgemahlenem Pfeffer würzen, Majoran und 5 Eßlöffel Parmesan hinzufügen und untermischen.

Den Ricotta oder Quark durch ein Sieb streichen und mit dem Mehl und der Sahne gründlich vermischen.

9 Teigkugeln auf einem bemehlten Brett nacheinander hauchdünn und rund ausrollen und nebeneinander auf ein bemehltes Tuch legen. Eine große Springform mit Öl ausstreichen, eine Teigplatte hineinlegen, ebenfalls einölen und so fortfahren, bis die restlichen Teigplatten verbraucht sind.

Auf die oberste Schicht die Spinatfüllung geben und die Ricottamasse darüberstreichen. Mit einem Eßlöffel in regelmäßigen Abständen 8 Vertiefungen drücken. In jede Vertiefung ein Ei schlagen. Salzen und pfeffern. Die Butter in einem kleinen Topf zerlassen und über die Füllung gießen. Mit dem restlichen Parmesan bestreuen.

Die restlichen Teigkugeln ebenfalls dünn und rund ausrollen und mit Öl bestrichen auf die Füllung setzen. Die Oberfläche der Torte mit einer Gabel mehrmals einstechen und mit Öl einstreichen.

Im vorgeheizten Backofen bei knapper Mittelhitze (190 °C) in 40–50 Minuten goldbraun backen. In 12 Tortenstücke zerteilen.

Die saftige ligurische Ostertorte schmeckt nicht nur zu Ostern. Sie paßt gut auf ein sommerliches Gästebuffet und kann warm und kalt angeboten werden.

Empfohlener Wein: ein duftiger Vermentino aus Ligurien oder ein anderer junger, leichter Weißwein

Anstelle von Spinatblättern werden in Ligurien auch gerne Mangoldblätter verwendet, die etwas weniger bitter als Spinat sind. Wenn es schnell gehen soll, kann man einen tiefgekühlten Blätterteig für die Zubereitung der Torte kaufen.

POLENTAHÄPPCHEN MIT STEINPILZSAFT

Crostini di polenta con sugo di funghi porcini

Zubereitungszeit: 1 Stunde
Kühlzeit der Polenta: 1 Stunde
Pro Portion: 470 Kalorien

300 g Steinpilze
1 Zwiebel
2 Knoblauchzehen
4 EL Olivenöl
Salz
einige Estragonblätter
1/8 l Sahne
2 EL frischgehackte Petersilie
schwarzer Pfeffer
POLENTA
1 1/2 l Wasser
10 g Salz
400 g Maisgrieß
Butter zum Braten

Für die Polenta das Wasser mit dem Salz zum Kochen bringen und den Maisgrieß unter ständigem Rühren mit einem Holzlöffel in einem dünnen Strahl hineinschütten. Unter regelmäßigem Rühren 45 Minuten kochen lassen. Die Polenta auf ein Holzbrett gießen und mit einem breiten Messer glattstreichen. Erkalten lassen. Die Steinpilze einzeln unter fließendem Wasser gründlich waschen und auf Küchenpapier abtropfen lassen. In nicht zu dünne Scheiben schneiden. Die Zwiebel und die Knoblauchzehen fein würfeln. Das Olivenöl in einer Pfanne erhitzen und die Zwiebel- und Knoblauchwürfel darin glasig braten. Die Steinpilzscheiben und die Estragonblätter hinzufügen und 20 Minuten schmoren lassen.
Die erkaltete Maisgrießmasse mit einem scharfen Messer in kleine, rautenförmige Häppchen schneiden. Reichlich Butter in einer Pfanne erhitzen und die Polentaschnitten darin von beiden Seiten hellgelb braten.
Die Sahne zu den Steinpilzen gießen und

kurz einkochen lassen. Mit Petersilie und frischgemahlenem Pfeffer würzen.
Die Polentahäppchen auf einer vorgewärmten Platte oder auf einzelnen Tellern anrichten und mit der Steinpilzsauce übergießen.

Empfohlener Wein: ein junger, trockener Rotwein wie ein Kalterer See aus Südtirol

LEBERHÄPPCHEN

Crostini di fegato

Für 8 Personen als Vorspeise
Zubereitungszeit: 30 Minuten
Pro Portion: 360 Kalorien

8 Scheiben Kastenweißbrot oder Meterbrot
8 Hühnerlebern
2 mittelgroße Zwiebeln
2 gewässerte Sardellen
6 EL Olivenöl
einige Salbeiblätter
1 TL Tomatenmark
2 EL Kapern
6 EL Weißwein
1 EL frischgeriebener Parmesan
Salz
schwarzer Pfeffer
Butter für das Blech

Die Weißbrotscheiben in 2 Streifen oder diagonal in Dreiecke schneiden, Meterbrot in Scheiben. Die Hühnerlebern von allen anhaftenden Sehnen und Fett befreien, waschen und mit Küchenpapier abtrocknen. Die Zwiebeln in Würfel schneiden, die Sardellen fein hacken.
Das Öl in einer Pfanne erhitzen und Zwiebeln und Sardellen darin anbraten, bis die Zwiebelwürfel glasig sind. Die Lebern und die Salbeiblätter hinzufügen und kurz durchbraten.
Die Lebern aus der Pfanne nehmen und sehr fein hacken. Inzwischen Tomatenmark, feingewiegte Kapern und Wein in die Pfanne geben, etwas durchschmoren

lassen und mit der gehackten Leber und dem Käse vermischen. Herzhaft mit Salz und frischgemahlenem Pfeffer abschmecken.

Die Weißbrotstücke mit der Leberfarce bestreichen. Eine feuerfeste Platte gut mit Butter einfetten und die *crostini* darauf legen. Im vorgeheizten Backofen bei starker Hitze (250 °C) 3 Minuten überbacken. Mit einigen Kapern garnieren.

Die Leberhäppchen sofort heiß servieren.

Die toskanischen *crostini* schmecken nur dann wirklich gut, wenn sie ganz heiß auf den Tisch kommen – deshalb immer erst dann in den Backofen oder unter den Grill schieben, wenn die Gäste schon versammelt sind. Man kann die *crostini* auch, ohne sie im Backofen zu grillen, gleich mit der heißen Farce bestreichen, die dann aber vorher kurz aufgekocht werden soll.

Empfohlener Wein: ein junger, lebendiger Rotwein wie ein Chianti aus der Toskana

Leberhäppchen

SARDELLENHÄPPCHEN

Crostini di acciughe

Zubereitungszeit: 20 Minuten
Pro Portion: 415 Kalorien

8 Scheiben Kastenweißbrot
4 Scheiben Provatura-
oder Mozzarellakäse
32 gewässerte Sardellenfilets
oder Anchovisfilets
3 EL Kapern
2 Knoblauchzehen
1 EL frischgehackte Petersilie
8 EL Olivenöl
schwarzer Pfeffer

Jede Weißbrot- und Käsescheibe in 2 Streifen oder diagonal in 2 Dreiecke schneiden.
Die gewässerten Sardellen abtropfen lassen und mit den Kapern und den Knoblauchzehen im Mörser oder im Mixer zu einer Paste verarbeiten, die Masse muß eine streichfähige Konsistenz haben. Mit der Petersilie und 4 Eßlöffeln Öl verrühren und mit frischgemahlenem Pfeffer würzen.
Die Hälfte der Weißbrotscheiben mit der Sardellenpaste bestreichen, mit einer Käsescheibe belegen und mit einer zweiten Brotscheiben bedecken. Die Sardellenhäppchen mit dem restlichen Öl einpinseln und auf eine feuerfeste Platte legen.
Im vorgeheizten Backofen bei starker Hitze (250 °C) in wenigen Minuten goldbraun backen, dabei einmal wenden. Ganz heiß servieren.

Empfohlener Wein: ein duftiger, frischer Weißwein wie ein Valcalepio bianco aus der Lombardei

AUSGEBACKENE SCAMPISCHWÄNZE

Scampi fritti

Zubereitungszeit: 20 Minuten
Pro Portion: 210 Kalorien

1 kg frische Scampischwänze
Olivenöl zum Ausbacken
2 EL Mehl
2 Eier
Meersalz
schwarzer Pfeffer
Zitronenspalten

Die Scampischwänze aus der Schale lösen. Reichlich Olivenöl in einem Topf erhitzen.
Die Scampischwänze zuerst in dem Mehl, dann in den mit Salz und frischgemahlenem Pfeffer verquirlten Eiern wenden. In dem heißen Öl von allen Seiten goldbraun backen.
Auf eine vorgewärmte Platte geben, mit Zitronenspalten garnieren und sofort servieren.

Empfohlener Wein: ein fruchtiger, trockener Weißwein wie ein Pinot bianco aus dem Veneto

AUSGEBACKENE REISBÄLLCHEN

Arancini di riso

Zubereitungszeit: 2 Stunden
Pro Reisbällchen 1045 Kalorien

100 g Hühnerfleisch
1 kleine Zwiebel
1 Selleriestange
1/8 l Olivenöl
100 g Rinderhackfleisch
einige Salbeiblätter
Oregano
schwarzer Pfeffer
Salz
2 EL Tomatenmark
350 g Reis
knapp 1 l Fleischbrühe
2 Eier
150 g frischgeriebener Parmesan
150 g gekochte junge Erbsen
ZUM AUSBACKEN
Olivenöl
2 EL Mehl
2 Eier
100 g Semmelbrösel

Das Hühnerfleisch in kleine Stücke schneiden, die Zwiebel würfeln, den Stangensellerie putzen und in dünne Scheiben schneiden.

Das Olivenöl in einem Schmortopf erhitzen, Zwiebel und Sellerie darin anbraten, das Hühnerfleisch und das Rinderhack hinzugeben, kurz durchrösten, zerriebene Salbeiblätter und Oregano darüberstreuen und mit Salz und frischgemahlenem Pfeffer würzen. Das Tomatenmark hinzufügen und alles bei leichter Hitze in etwa 1 Stunde garen. Hin und wieder umrühren, damit das Fleisch nicht ansetzt.

In der Zwischenzeit den Reis in der Fleischbrühe in etwa 12–15 Minuten körnig weich kochen, am Ende der Kochzeit soll die Brühe voll aufgesogen sein. In eine Schüssel geben. Mit den Eiern und dem Parmesan vermischen. Völlig erkalten lassen.

Die Fleischmasse mit einer Gabel zu einer glatten Paste verarbeiten und die Erbsen darunterrühren. Einen Löffel Reis in die angefeuchtete Hand nehmen, einen kleinen Löffel Fleischfüllung daraufsetzen und mit einem zweiten Löffel Reis bedecken. Mit den Händen zu einer Kugel formen, die so groß wie eine kleine Orange sein soll. Die Masse ergibt 12–15 Reisbällchen.

Reichlich Olivenöl in einer Pfanne erhitzen. Die Kugeln zuerst in dem Mehl, dann in den leicht verschlagenen Eiern und zum Schluß in den Semmelbröseln wenden. Die Reisbällchen in dem heißen Öl goldgelb backen. Mit einem Schaumlöffel herausnehmen und auf saugfähigem Küchenpapier abtropfen lassen. In jedes Bällchen nach Belieben ein frisches Salbeiblatt oder frische Minze als Garnitur stecken. Sehr heiß servieren.

Empfohlener Wein: ein Valpolicella Superiore oder ein anderer leichter, zartbitterer Rotwein

Für die goldgelben Reisbällchen gibt es viele Rezepte – man kann als Füllung auch ein Ragout aus Hühnerleber, Schinken und Pilzen verwenden. Gibt man kleine Würfel aus Mozzarella an die Füllung, bilden sich beim Hineinbeißen Fäden von dem geschmolzenen Käse, und man nennt die knusprigen Reisbällchen dann *supplì al telefono*.

SUPPEN & SAUCEN

Minestrone e salse

Die Suppe aller Suppen ist für die Italiener der Minestrone. Wenn keine Pasta auf dem Speisezettel steht, ist er eine willkommene Abwechslung als sättigender erster Gang. Was immer die Jahreszeit an frischen Gemüsen und Kräutern in den heimischen Gärten und auf den Märkten zu bieten hat, wandert in den Suppentopf, der schon seit Jahrhunderten in der bäuerlichen Küche von großer Bedeutung ist. Frische oder getrocknete Bohnen bilden die Grundlage, und zusätzlich steuert jede Region ihren Anteil an frischen Gemüsen bei. Je nach Rezept werden die zerkleinerten Gemüse entweder in Olivenöl angeschmort oder erst gekocht und dann mit Olivenöl vermischt. Die Kochzeit darf übrigens nicht zu kurz sein, damit die Suppe vom Wohlgeschmack der Gemüse und Kräuter durchdrungen ist. Im Norden des Landes ist Reis die häufigste Einlage, im Süden sind die kurzen Nudeln beliebter. Gekrönt wird jeder Teller Minestrone mit ein paar Löffeln ganz frischgeriebenen Parmesans. An heißen Sommertagen wird der Minestrone auch gerne kalt gegessen, mit etwas feinem Olivenöl und frischen Kräutern angereichert. Parmesan erübrigt sich dann.

Pasta und Bohnen sind die Grundlage eines ersten Ganges, der in ganz Italien beliebt ist, *pasta e fagioli*. Ursprünglich war dies ein typisches Arme-Leute-Essen, das inzwischen aber von Feinschmeckern hoch geschätzt wird. Die Güte der Suppe hängt weitgehend von den verwendeten Bohnen ab. In den verschiedenen Provinzen gehen die Meinungen darüber auseinander, welche Sorte sich am besten eignet: die weißen, die gesprenkelten, die maronenfarbenen oder die mit den "Augen" am Innenrand. Sicher ist, daß alle Bohnen frisch geerntet im Herbst am besten schmecken. Das Rezept stammt ursprünglich aus Venetien und Friaul, doch gibt es längst auch *pasta e fagioli* auf toskanische, römische, neapolitanische und sizilianische Art mit den verschiedensten Einlagen und Kräuterbeigaben. Rein toskanisch dagegen ist die *ribollita*, eine delikate Bohnensuppe, die intensiv eingekocht oder vom Vortag wieder aufgewärmt wird. Man füllt sie über Brotscheiben in Schälchen und rührt etwas feinstes kaltgepreßtes toskanisches Olivenöl darunter. Man kann sie auch noch vor dem Auftragen kurz im Backofen gratinieren.

In den Küstenstädten finden sich in den Netzen der Fischer auch stets kleinere Mittelmeerfische in großer Vielfalt, sowie Meeresfrüchte und winzige Krustentiere - alles ideale Zutaten für eine gehaltvolle Fischsuppe, eine *zuppa di pesce*. Dazu braucht man nur noch etwas Gemüse, ein oder zwei Tomaten, ein Gläschen trockenen Weißwein und einen Fischsud, der aus Fischköpfen und Gräten zubereitet wird. Heimische Kräuter und Gewürze in richtiger Dosierung runden das Ganze ab. In jeder Region, in jedem Hafen schmecken die Fischsuppen durch die örtlichen Zutaten anders – ob es die *buridda* an der adriatischen Küste des Mittelmeeres ist, der *brodetto*, der an der westlichen Küste, vor allem in Ligurien zuhause ist, oder der *cacciucco*, der als Spezialität der Toskana, vor allem von Livorno gilt. Aromatisch ist die besonders im Süden Italiens sehr beliebte *zuppa di cozze*, die Muschelsuppe.

Eine kräftige klare Brühe aus Rind- oder Hühnerfleisch, am besten aus beidem (an Festtagen muß sogar ein Kapaun herhalten), ist die unentbehrliche Grundlage vieler leichter Suppen. Oft dienen Teigwaren aller Art als Einlage. So werden die berühmtesten aller gefüllten Teigringe, die fleischgefüllten *tortellini alla bolognese*, in der Emilia nicht mit einem *sugo*, sondern in einer herzhaften Fleischbrühe serviert. Sie gehören zu jedem Weihnachtsessen. Aber auch andere köstliche Suppen mit Einlagen, wie die römische *stracciatella* (sie enthält Flocken aus einem Ei-Brösel-Parmesan-Gemisch) oder die *zuppa alla pavese* (eine Toastscheibe wird im Suppenteller mit einem rohen Ei belegt und mit der kochendheißen Brühe übergossen, so daß das Ei erstarrt, ohne auszulaufen) gehören dazu.

Suppen

Minestrone

Genueser Minestrone

Minestrone con pesto

Zubereitungszeit: 2 Stunden
Pro Portion: 900 Kalorien

200 g frische weiße Bohnenkerne
2 Zucchini
1/2 kleinen Wirsingkohl
150 g Kartoffeln
1 Zwiebel
1 Lauchstange
Salz
2 Tomaten
150 g grüne Bohnen
2 Möhren
200 g Trenette oder Spaghetti als Einlage
4 EL Olivenöl
PESTO
2 Knoblauchzehen
2 EL Pinienkerne
20 frische Basilikumblätter
1/2 TL grobes Salz
je 1 EL grobzerbröckelter Pecorino und
Parmesan
8 EL Olivenöl extravergine

Die Bohnenkerne auslösen und waschen, die Zucchini und den Wirsingkohl putzen und streifig schneiden. Die geschälten Kartoffeln und die Zwiebel würfeln, die geputzte Lauchstange in Scheiben schneiden. Das Gemüse in einen großen Topf geben, mit 2 l Wasser bedecken, salzen und 30 Minuten kochen lassen.

In der Zwischenzeit die Tomaten mit kochendem Wasser überbrühen, abziehen und in Stückchen schneiden, dabei das harte gelbe Mark entfernen.

Dann die in Stücke gebrochenen grünen Bohnen, die Tomatenstückchen und die geschälten, in feine Streifen geschnittenen Möhren zu der Suppe geben und weitere 45 Minuten kochen lassen, bis die Bohnenkerne weich sind.

Für den *pesto* den Knoblauchzehen und die Pinienkerne grob hacken und in einem Mörser zerstoßen. Die Basilikumblätter mit einer Schere in Streifen schneiden und zusammen mit dem Salz ebenfalls im Mörser zerstoßen. Die Käsebröckchen hinzufügen und alles zu einer glatten Paste verarbeiten. Nach und nach das Olivenöl mit einem Holzlöffel unterrühren, so daß eine cremige Paste entsteht.

Die Nudeln in den Minestrone geben, gut umrühren und in 10–12 Minuten *al dente* kochen. Die Suppe zum Schluß mit dem Olivenöl vermischen und in eine Terrine füllen.

Den *pesto* auf die Suppe geben und sofort auftragen. Erst bei Tisch den *pesto* mit der heißen Suppe vermischen.

Eine Mailänder Minestrone wird ohne *pesto* zubereitet, bekommt dafür aber eine Zugabe von Speck und als Einlage Reis.

Empfohlener Wein: ein leichter, spritziger Rotwein wie ein Lambrusco D.O.C. aus der Emilia-Romagna

BOHNENSUPPE MIT NUDELN

Pasta e fagioli

Zubereitungszeit: 2 Stunden
Bohnen eventuell über Nacht einweichen
Pro Portion: 610 Kalorien

200 g getrocknete Bohnenkerne
(die besten sind die aus Lamon)
1 Zwiebel
1 Möhre
2 Selleriestangen
10 EL bestes Olivenöl extravergine
1 Zweiglein Rosmarin
1 Lorbeerblatt
1 Stück Schweineschwarte
oder 1 Schinkenknochen
1 Knoblauchzehe
2 reife Tomaten
Salz
einige frische Basilikumblätter
200 g Pasta (Ditalini, Penne, Tagliatelle)
20 g Salz für 2 l Wasser
40 g frischgeriebener Parmesan
schwarzer Pfeffer

Nur ältere Bohnen am Vortag einweichen.
Die Bohnen in 1 1/2 l Wasser ohne Salz-
zugabe aufkochen (Einweichwasser nicht
verwenden).
Das Gemüse putzen und in Würfel schneiden. 3 Eßlöffel Öl in einer Kasserolle erhitzen und das Gemüse darin anrösten.
Mit den Gewürzen und der Schweineschwarte zu den Bohnen geben und bei
leichter Hitze langsam gar kochen lassen.
3 Eßlöffel Öl in einer Pfanne erhitzen und
die Knoblauchzehe darin hellgelb rösten.
Wieder herausnehmen.
Die Tomaten mit kochendem Wasser überbrühen, abziehen und in Stückchen
schneiden, dabei das harte gelbe Mark entfernen. In die Pfanne geben und weich
schmoren. Am Ende der Kochzeit zu den
Bohnen geben und etwas durchkochen
lassen.

Die Suppe mit Salz abschmecken, die Basilikumblätter mit einer Schere streifig
schneiden und an die Suppe geben.
2 l Wasser in einem großen Topf zum Kochen bringen, das Salz hinzufügen und die
Pasta darin nach Vorschrift auf der
Packung *al dente* kochen. Auf einen Durchschlag schütten und abtropfen lassen.
Die Pasta mit den Bohnen vermischen. Die
Schweineschwarte in Streifen schneiden
und unter die dicke Suppe geben, ebenso
den Parmesan. In vier tiefe Teller füllen,
mit dem restlichen Olivenöl verrühren
und mit frischgemahlenem Pfeffer bestäuben.

Empfohlener Wein: ein gehaltvoller Rotwein wie ein Valpolicella aus Venetien

Pasta e fagioli ist mehr als nur eine einfache Bohnensuppe mit einer Einlage
von Pasta. Besonders in Venetien und
Friaul zählt sie zu den Lieblingssuppen,
die fast immer nach alten Familienrezep-
ten zubereitet werden. Wichtig ist ihre
samtige Beschaffenheit – es gehören eine
besonders gute Bohnensorte zu ihrer Herstellung und ein Stückchen Schweineschwarte, ein Hauch Tomate und vielerlei
Kräuter. In den Abruzzen wird gern ein
Schweinefuß (*zampone*) mitgekocht, und
in Süditalien gibt es eine Version mit Muscheln, die besonders delikat ist. Die Pa-
staeinlagen wechseln je nach Region, jedoch sind kurze dicke Nudeln besonders
beliebt. Und wenn die Suppe schon auf
dem Teller ist, wird noch ein Löffel feinstes Olivenöl unter die Suppe gerührt. *Pasta e fagioli* werden nicht nur heiß, sondern
auch gerne lauwarm gegessen.

LOMBARDISCHE PILZSUPPE

Zuppa di funghi

Zubereitungszeit: 1 Stunde
Pro Portion: 380 Kalorien

500 g frische Steinpilze oder
80 g getrocknete Steinpilze
1 Zwiebel
1 Knoblauchzehe
2 EL Olivenöl
2 EL gehackte Petersilie
1 l Fleisch- oder Hühnerbrühe
2 Kartoffeln
Salz
schwarzer Pfeffer
1/8 l Sahne oder 40 g Butter
einige Basilikumblätter
CROSTINI
8 kleine Weißbrotscheiben
2 Knoblauchzehen
1 EL Butter

Die Steinpilze sorgfältig putzen, waschen und in kleine Stücke schneiden. Getrocknete Pilze waschen und 30 Minuten in lauwarmen Wasser einweichen. Ausdrücken und in Stückchen schneiden, Zwiebel und Knoblauchzehe in Würfel.
Das Öl in einem kleinen Schmortopf erhitzen und Zwiebel- und Knoblauchwürfel darin glasig braten, die Petersilie mit den Pilzen hinzufügen und 5 Minuten unter Rühren durchschmoren. Mit der Fleischbrühe aufgießen. Die geschälten Kartoffeln in Würfel schneiden und zu der Suppe geben. Eine halbe Stunde kochen.
Die Suppe in der Küchenmaschine oder im Mixer pürieren und mit Salz und frischgemahlenem Pfeffer abschmecken. Die Suppe nochmal erhitzen und entweder mit der Sahne verrührt noch einmal aufkochen oder von der Kochstelle nehmen und mit Flöckchen frischer Butter verrühren. Die streifiggeschnittenen Basilikumblätter auf die Suppe streuen.
Die Weißbrotscheiben toasten, mit dem durchgeschnittenen Knoblauch einreiben, mit Butter bestreichen und heiß zu der Suppe reichen.

MUSCHELSUPPE NEAPOLITANISCHE ART

Zuppa di cozze

Zubereitungszeit: 35 Minuten
Pro Portion: 365 Kalorien

2 kg Miesmuscheln – Venusmuscheln (*vongole*) sind ebenso geeignet
2 Knoblauchzehen
8 EL Olivenöl
300 g reife Tomaten
1 Glas (1 dl) Weißwein
weißer Pfeffer
1 EL gehackte Petersilie
einige dünne Brotscheiben

Die Muscheln gründlich unter fließendem Wasser waschen, bis das Wasser klar bleibt. Die Bartbüschel entfernen und jede Muschel untersuchen, ob sie noch fest geschlossen ist. Geöffnete Muscheln wegwerfen.
Die Knoblauchzehen abziehen und in einem großen Topf in dem Olivenöl goldgelb braten.
Die Tomaten überbrühen, abziehen und in Stückchen schneiden, dabei das harte gelbe Mark zurücklassen. Die Tomatenstückchen in das Öl geben und die Muscheln hinzufügen. Den Wein über die Muscheln gießen. Die Muscheln so lange – etwa 15 Minuten – kochen lassen, bis sich alle Muscheln geöffnet haben (nicht geöffnete Muscheln wegwerfen). Den Pfeffer mit einer Pfeffermühle möglichst grobkörnig über die Suppe mahlen, nicht salzen. Die gehackte Petersilie darüberstreuen.
Die Brotscheiben im Ofen rösten, in Teller geben und die Suppe darüberschütten oder das Brot getrennt dazu reichen.

Empfohlener Wein: ein frischer, etwas scharfer Weißwein wie ein Ischia bianco

GRATINIERTE BOHNEN-SUPPE TOSKANISCHE ART

Ribollita

Zubereitungszeit: 3 Stunden
Bohnen am Vortag einweichen
Pro Portion: 670 Kalorien

200 g weiße Bohnen
2 Knoblauchzehen
1 Zwiebel
1 Möhre
1 Selleriestange
2 Lauchstangen
10 EL Olivenöl
1 Zweiglein Thymian
2 Salbeiblätter
1 Schinkenknochen oder 1 Stückchen
Schinkenspeck
1 Stückchen scharfe rote Pfefferschote
Salz
einige Blätter Mangold oder Spinat
einige Blätter Rotkohl
schwarzer Pfeffer
1 EL Butter
8 Weißbrotscheiben
8 EL frischgeriebener Parmesan

Die Bohnen am Vortag einweichen. Die Knoblauchzehen abziehen, die Zwiebeln und die geputzte Möhre in Würfel schneiden, die Selleriestange in fingerlange Stückchen, die Lauchstangen in Scheiben schneiden.
4 Eßlöffel Olivenöl in einer Kasserolle erhitzen, Knoblauch und das Suppengemüse darin andünsten. Die Knoblauchzehen herausfischen. Thymian, Salbeiblätter, Schinkenknochen und die abgetropften Bohnen hinzufügen, reichlich mit Wasser bedecken und die Pfefferschote zu den Bohnen geben. Salzen und alles zugedeckt bei leichter Hitze in 2–2 1/2 Stunden weich kochen.
Die Spinat- oder Mangoldblätter sowie die Kohlblätter verlesen, waschen und auf einem Sieb abtropfen lassen. In grobe Streifen schneiden und die letzten 30 Minuten mit den Bohnen kochen.

Den Schinkenknochen herausnehmen, das anhängende Schinkenfleisch ablösen und in feine Streifen schneiden. Zwei Drittel der Bohnensuppe im Mixer pürieren oder durch ein feines Sieb streichen. Wieder mit der restlichen Suppe vermischen. Das restliche Olivenöl und den Schinken unter die Suppe geben und herzhaft mit Salz und frischgemahlenem Pfeffer abschmecken.
Die Butter in einer Pfanne erhitzen und die Brotscheiben darin goldbraun braten. In Portionsschälchen je zwei Scheiben Brot legen und die Hälfte des Parmesans darüberstreuen. Die Suppe in die Schälchen füllen und mit dem restlichen Parmesan bestreuen. Im vorgeheizten Backofen bei schwacher Mittelhitze (190 °C) 30 Minuten überbacken.

Empfohlener Wein: ein kräftiger Rotwein wie ein Chianti Classico aus der Toskana

In der Toskana gibt es das herrlich grobporige, ungesalzene Bauernbrot, das besonders gut zu dieser Suppe paßt. Wenn man dieses Brot verwendet, genügen 4 Scheiben, die halbiert werden.

KOHLSUPPE MIT KÄSE

Zuppa alla valdostana

Zubereitungszeit: 1 Stunde 20 Minuten
Pro Portion: 890 Kalorien

1 großer Kopf Weißkohl
Salz
400 g Weißbrot vom Vortag
400 g Fontinakäse
100 g Butter
1 l heiße Fleischbrühe aus Extrakt
schwarzer Pfeffer

Den Weißkohl zunächst in Viertel und dann in feine Streifen schneiden. In einen Topf geben, knapp mit Wasser bedecken, salzen und zugedeckt bei leichter Hitze in 45 Minuten weichkochen.
Das Weißbrot und den Fontinakäse in Scheiben schneiden. Eine feuerfesten Steinguttopf oder einen Eisentopf dick mit Butter ausstreichen und einige Brotscheiben hineingeben. Mit ein paar Löffeln Fleischbrühe tränken. Man kann die Suppe auch in 4 kleine feuerfeste Steinguttöpfe füllen.
Den gekochten Weißkohl auf einem Sieb abtropfen lassen. Eine Schicht Kohl auf die Brotscheiben in den Topf geben, mit frischgemahlenem Pfeffer bestreuen, mit Butterflöckchen besetzen und mit einigen Scheiben Fontinakäse belegen. Die restlichen Zutaten in dieser Reihenfolge in den Topf schichten. Mit einer Schicht Weißbrot abschließen und die restliche Brühe darübergießen. Mit Butterflöckchen besetzen.
Die Suppe im vorgeheizten Backofen bei starker Hitze (250 °C) in 25–30 Minuten goldbraun backen.

Empfohlener Wein: ein kräftiger Rotwein wie ein Nebbiolo aus dem Aostatal

TOSKANISCHE TOMATENSUPPE

Pappa col pomodoro

Zubereitungszeit: 45 Minuten
Pro Portion: 345 Kalorien

1 kg reife Tomaten
1 Zwiebel
3 Knoblauchzehen
6 EL Olivenöl extravergine
(möglichst aus der Toskana)
10 Blätter Basilikum
1 l Fleischbrühe
4 Scheiben Landbrot (400 g)
Salz
schwarzer Pfeffer

Die Tomaten überbrühen, abziehen und in Stückchen schneiden, dabei das harte gelbe Mark zurücklassen. Die Zwiebel und die Knoblauchzehen in Würfel schneiden. 4 Eßlöffel Olivenöl in einem Schmortopf erhitzen und die Zwiebel- und Knoblauchwürfel darin glasig braten. Die Tomatenstückchen und die Basilikumblätter hinzufügen. Mit der Fleischbrühe aufgießen und 10 Minuten kochen lassen.
Das Brot toasten oder im Ofen hellgelb aufbacken. Die Brotscheiben, in Stückchen gebrochen, in die Suppe geben und weitere 10 Minuten kochen lassen. Durch ein Sieb streichen. Mit Salz und frischgemahlenem Pfeffer abschmecken. Das restliche Olivenöl mit der Suppe verrühren, wenn sie nicht mehr kocht.
Die würzige Tomatensuppe schmeckt warm und kalt gleich gut.

Pappa col pomodoro ist ein altes toskanisches Bauernrezept. Man kann danach auch die Brotscheiben, die zerschnittenen Tomaten und die Basilikumblätter mit 2 oder 3 Knoblauchzehen, mit Fleischbrühe bedeckt, einfach 15 Minuten kochen lassen, durch ein Sieb streichen und mit etwas Olivenöl verrührt auf den Tisch stellen. Soll die Suppe verfeinert werden, wird sie am Schluß mit Eigelb legiert.

SUPPE MIT VERLORENEM EI

Zuppa pavese

Zubereitungszeit: 15 Minuten
Pro Portion: 290 Kalorien

4 Scheiben Weißbrot
40 g Butter zum Braten
4 sehr frische Eier
Salz
4 Eßlöffel frischgeriebener Parmesan
1 1/4 l Fleischbrühe

Die Weißbrotscheiben in einer Pfanne in der Butter von beiden Seiten goldbraun braten, das Innere der Brotscheiben soll aber noch weich sein. Die Brotscheiben auf saugfähigem Küchenpapier gut abtropfen lassen.
In vier tiefe Teller je eine Brotscheibe geben und auf jede Brotscheibe vorsichtig ein rohes Ei gleiten lassen. Leicht salzen und mit dem Parmesan bestreuen. Die Brühe aufkochen lassen und kochendheiß über die Eier gießen. Die Eier sollen erstarren, dürfen aber keinesfalls auslaufen, das würde das appetitliche Aussehen der Suppe zerstören. Die Hauptsache ist, daß die Brühe kochend heiß ist.

In manchen Restaurants wird die Suppe mit Spiegeleiern hergestellt, dabei geht aber der besondere Geschmack der Suppe verloren. Soll die *Zuppa pavese* keine Vorsuppe sein, sondern eine Pasta ersetzen, wird die Menge an Eiern verdoppelt.

UMBRISCHE ZWIEBELSUPPE

Cipollata

Zubereitungszeit: 45 Minuten
Kochzeit: 1 Stunde 30 Minuten
Pro Portion: 515 Kalorien

1 kg Zwiebeln
50 g Speck
3 Eßlöffel Olivenöl
500 g reife Tomaten
1 1/4 l Fleischbrühe
Salz
Pfeffer
80 g frischgeriebener Parmesankäse
2 Eigelb
8 dünne Scheiben Weißbrot

Die Zwiebeln schälen und in Scheiben schneiden. Scharfe Zwiebeln einige Stunden in klares Wasser legen. Den Speck fein hacken und in dem Olivenöl glasig braten. Die Zwiebelscheiben in das Öl geben und unter Rühren so lange rösten, bis sie glasig, aber nicht gebräunt sind.
In der Röstzeit die Tomaten überbrühen, abziehen und in kleine Stückchen schneiden, dabei das harte gelbe Mark zurücklassen. Die Tomaten zu den Zwiebeln geben und mit der Fleischbrühe aufgießen. Bei leichter Hitze 1 1/2 Stunden kochen lassen. Mit Salz und Pfeffer abschmecken. Die Suppe mit dem Parmesankäse verrühren, von der Kochstelle nehmen und mit den beiden Eigelb legieren. Die Brotscheiben im Backofen hellbraun braten, in tiefe Suppenteller geben und die Suppe darüberschütten.
Nach einem anderen Rezept wird die *cipollata* ohne Tomaten zubereitet, dafür mit etwas Mehl gebunden.

Empfohlener Wein: ein kräftiger weißer oder roter Wein wie ein Torgiano aus Umbrien

GENUESER FISCHSUPPE

Burrida

Für 6–8 Personen
Zubereitungszeit: 1 Stunde
Pro Portion: 625 Kalorien

1,5 kg gemischte Meeresfische
in dicken Scheiben
(Dorade, Meeraal, Rascasse)
500 g kleine Scampi oder Garnelen und
kleine Tintenfische
500 g Zwiebeln
1/8 l Olivenöl
3 gewässerte Sardellenfilets
3 Walnußkerne
500 g frische Tomaten
1 Zweiglein Rosmarin
500 g Muscheln
Meersalz
schwarzer Pfeffer
Oregano
1 Glas (1 dl) Weißwein
2 EL frischgehackte Petersilie
1 Lorbeerblatt
6 dünne Weißbrotscheiben
2 Knoblauchzehen

Die Fische waschen und mit Küchenpapier abtrocknen, Scampi und Tintenfische putzen und auf einem Durchschlag abtropfen lassen.
Die Twiebeln in Würfeln schneiden. Das Olivenöl (bis auf 1 Eßlöffel) in einem Suppentopf erhitzen und die Zwiebel darin glasig braten. Die Sardellen fein hacken, die Walnüsse zu den Zwiebeln geben und ebenfalls leicht anrösten.

Die Tomaten mit kochendem Wasser überbrühen, abziehen und in Stückchen schneiden, dabei das harte gelbe Mark entfernen. In den Topf geben, den Rosmarin hinzufügen und alles 5 Minuten schmoren lassen.
Die Scampi und die Tintenfische (kleine im Ganzen, größere in Ringen) getrennt in je 1/2 l leicht gesalzenem Wasser gar kochen. Die Muscheln sorgfältig verlesen, offene Muscheln wegwerfen. Gründlich unter fließendem Wasser schrubben und gut abtropfen lassen. In einer Pfanne 1 Eßlöffel Öl erhitzen und die Muscheln darin unter Schütteln dünsten, bis sie sich geöffnet haben.
Die Fischscheiben auf die Tomaten legen und mit Salz, frischgemahlenem Pfeffer und Oregano bestreuen. Den Weißwein darübergießen, das Kochwasser von Scampi und Tintenfischen hinzufügen und die Petersilie und das Lorbeerblatt zu den Fischen geben. Zugedeckt bei leichter Hitze in etwa 20-25 Minuten kochen. Die letzten 5 Minuten die Muscheln mit der Flüssigkeit, die gekochten Scampi und Tintenfischringe hinzufügen.
Die Fischsuppe im Kochtopf auftragen, die Fische würden beim Umfüllen auseinanderfallen. Die Weißbrotscheiben im Ofen rösten, mit den durchgeschnittenen Knoblauchzehen einreiben und auf sechs tiefe Teller verteilen. Am Tisch die Fische mit ihrem Sud darüberfüllen.

Empfohlener Wein: ein Pigato di Liguria oder ein anderer rassiger, trockener Weißwein

Das Saucenkapitel ist kurz, denn in der klassischen italienischen Küche ist die selbständige Sauce bis auf die wenigen hier aufgeführten Rezepte so gut wie unbekannt. Fleisch und Fisch werden fast immer mit dem bei der Zubereitung entstehenden Brat- und Schmorsaft serviert, während Gemüse im eigenen Saft ungebunden auf den Tisch kommen.

Aber dafür gibt es die *sughi*. Der erste Gang, die gekochte Pasta, bekommt erst durch das Vermischen mit diesen aromatischen, saucenartigen *sughi* Geschmack und Farbe. Es gibt für dieses Wort keine richtige Übersetzung, weil *sugo* eine uritalienische Erfindung ist. Die verschiedenen *sughi* enthalten in geringer Menge alle Zutaten einer anspruchsvollen Hauptmahlzeit. Mit ihrem Aroma und ihrem Saft durchdringen sie die geschmacksneutrale Pasta und verwandeln sie in ein immer wieder neues Gericht. In der italienischen Küche kennt man Hunderte von Rezepten dafür.

Auch die Geschichte der *sughi* beginnt im alten Rom. Damals hat man Olivenöl, Knoblauch, Kräuter und Gewürze mit *garum*, einer stets vorrätigen salzigen Fischlake, zu einer *salsa* vereint, die in immer neuen Geschmacksvarianten zu Fisch und Fleisch serviert wurde. Noch heute wird nach fast dem gleichen Rezept eines der beliebtesten Pastagerichte der Römer, *spaghetti con le acciughe* (Spaghetti mit Sardellen), mit einem *sugo* aus Olivenöl, Knoblauch, gehackten Salzsardellen und Pfeffer zubereitet. In der Renaissance braute man schwere, verschwenderische Saucen aus ungeheuren Mengen an Zutaten zusammen. Die *sughi* kamen mit der Entdeckung der Pasta in die *cucina italiana* – aber ihr Siegeszug begann erst, als die Tomaten, die heißgeliebten *pomi d'amore* im 17. Jahrhundert in Italien angebaut wurden. Der Name *past' asciutta* steht seither in aller Welt für dampfende Spaghetti mit einer säuerlich-süßen, nach Öl und Basilikum duftenden Tomatensauce.

Wer diese allerdings bereits als Gipfel italienischer Kochkunst betrachtet, weiß nichts von der reichen Vielfalt der *sughi*. In jeder Region, jeder Provinz, ja in jedem Ort findet man spezielle Rezepte, deren Zutaten dort besonders gut gedeihen, die seit Jahrhunderten verwendet werden und deren Zusammenstellung beileibe keine Abänderung duldet.

Man kann die *sughi* am einfachsten nach ihren Geschmacksträgern in 4 Gruppen einteilen: *sughi* mit Fleisch, mit Meeresfrüchten, mit Gemüse sowie mit Eiern und Speck. Fast alle sind in kürzester Zeit fertig, es reicht meist, wenn man mit der Zubereitung beginnt, sobald der große Topf mit dem Nudelwasser aufgesetzt wird. Wenn man besonders raffinierte Pastagerichte zubereiten will, kann man für die Herstellung des *sugo* zu Delikatessen greifen wie jungem grünen Spargel, Scampi, frischen Steinpilzen, geräuchertem Lachs oder pur zu Trüffeln. Die meisten Zutaten für die *sughi* sind nicht teuer, handelt es sich ja häufig um bäuerliche Rezepte, für deren Zubereitung eine Handvoll Gemüse aus dem Garten, duftendes Olivenöl, frische Kräuter und etwas Käse genügen. Die Fischer verwenden alle Arten von kleinen Fischen und Meeresfrüchten. *Sughi* enthalten zusätzlich fast immer einige sonnengereifte süße Tomaten oder hausgemachtes Tomatenpüree. Die Ausnahme von der Regel, daß *sughi* eine kurze Kochzeit haben, bildet das *ragù* in allen seinen Variationen, eine dicke, cremige Fleischsauce, die über lange Zeit (bis zu 20 Stunden) mit Gemüsen, Wein, Tomaten und Kräutern auf dem Herd geschmort wird – allen voran das *ragù alla bolognese* aus Schweine-, Kalb- und Rindfleisch und das kaum weniger berühmte *ragù alla napoletana* aus reinem Schweinefleisch.

Am besten durchdringen die *sughi* die Nudeln, wenn diese nach dem Abtropfen zu dem *sughi* in der Pfanne gegeben und kurz mit diesem vermischt wird. Deshalb sollte man für die Zubereitung der *sughi* immer eine hochwandige Pfanne oder Kasserolle verwenden.

Die einzige klassische Sauce der italienischen Küche – die weiße Béchamelsauce – ist französischen Ursprungs. Vor allem für das Überbacken von Pasta, Cannelloni und Lasagne ist sie unentbehrlich.

SAUCEN & SUGHI

Salse e sughi

GRÜNE SAUCE

Salsa verde

Zubereitungszeit: 20 Minuten
Pro Portion: 320 Kalorien

1 Bund Petersilie
einige Blättchen Basilikum
1 Knoblauchzehe
2 EL Kapern
2 gewässerte Sardellenfilets
2 EL Semmelbrösel
Salz
2 EL Aceto Balsamico oder
guter Weinessig
1/8 l Olivenöl extravergine
schwarzer Pfeffer

Die entstielte Petersilie, die Basilikumblätter, die Knoblauchzehe, die Kapern und die Sardellen sehr fein hacken oder wiegen. Die Semmelbrösel mit Salz und Essig verrühren und mit den feingewiegten Zutaten vermischen. Nach und nach das Öl einrühren, es soll eine halbfeste Sauce entstehen. Zum Schluß mit frischgemahlenem Pfeffer abschmecken.
Besonders beliebt zu Fischgerichten, gekochter Zunge, gekochtem Fleisch (bollito misto).

TOSKANISCHE NUSSAUCE

Salsa di noci

Zubereitungszeit: 25 Minuten
Pro Portion: 545 Kalorien

150 g möglichst frische Walnüsse
frischgeriebene Semmelbrösel von
1 Brötchen
5–6 EL Milch
1 Knoblauchzehe
Salz
4 EL Sahne
6 EL Olivenöl extravergine

Die Walnüsse kurz in kochendes Wasser geben und die Haut abziehen. Die Semmelbrösel in der Milch einweichen, die Knoblauchzehe fein hacken.
Die Nüsse in einem Mörser mit den gut ausgedrückten Semmelbröseln, dem Knoblauch und dem Salz zu einer cremigen Masse zerstoßen. Die Masse auf ein Sieb geben und abtropfen lassen. Die Nüsse in einer kleinen Schüssel nach und nach mit der Sahne und dem Olivenöl zu einer cremigen Sauce verrühren.
Wird vor allem zu Pasta und Gnocchi gereicht.

BOLOGNESER SAUCE

Salsa (ragù) alla bolognese

Zubereitungszeit: 1 Stunde
Pro Portion: 415 Kalorien

50 g Speck
1 Zwiebel
1 Möhre
1 Selleriestange
100 g Schweinefleisch
100 g Rindfleisch
100 g roher Schinken
15 g getrocknete, eingeweichte Steinpilze
50 g Butter
Oregano
3 EL Tomatenmark
1/8 l Fleischbrühe aus Extrakt
1 Glas (1 dl) Weißwein
Salz
1 Gläschen (5 cl) Milch oder Sahne
schwarzer Pfeffer

Speck, geschälte Zwiebel und Möhre in kleine Würfel, die Selleriestange in feine Scheiben schneiden. Fleisch und Schinken in der Küchenmaschine zerhacken oder durch den Fleischwolf drehen. Die Pilze fein hacken.
Die Butter in einer Pfanne erhitzen und die Speckwürfel darin glasig braten. Zwiebelwürfel und das Gemüse hinzufügen und kurz durchrösten. Das Fleisch hinzufügen, ebenfalls kurz durchbraten und mit den Pilzen, Oregano und Tomatenmark vermischen. Mit Fleischbrühe und Wein aufgießen und zugedeckt bei leichter Hitze 40 Minuten kochen lassen. Hin und wieder umrühren, damit die Sauce nicht ansetzt.
Nach 40 Minuten die kochende Milch oder Sahne an die Sauce geben und einkochen lassen, bis sich die Milch oder Sahne mit dem Fleisch verbunden hat. Mit frischgemahlenem Pfeffer abschmecken. An Festtagen wird gerne eine feingehackte Trüffel an die Sauce gegeben.
Paßt zu allen Arten von Pasta – vor allem zu Spaghetti, zu hausgemachten Eiernudeln und als Füllung für Lasagne.

BASILIKUM-ÖL-SAUCE

Pesto alla genovese

Zubereitungszeit: 30 Minuten
Pro Portion: 410 Kalorien

1 Handvoll Pinienkerne
1 Handvoll ganze
frische Basilikumblätter
4 Knoblauchzehen
10 g grobes Meersalz
30 g Parmesan
30 g Pecorino
8 EL feines Olivenöl extravergine

Die Pinienkerne trocken im Backofen hellgelb rösten, abkühlen lassen und grob hacken. Die gewaschenen, mit einem Tuch getrockneten Basilikumblätter mit einer Schere in Streifen schneiden. Die Knoblauchzehen abziehen und in Stücke schneiden.
Die Knoblauchzehen und die Pinienkerne mit dem Stößel in einem Mörser zerstoßen. Dann die Basilikumblätter hinzufügen und während des Stampfens immer etwas Salz zugeben, damit das Grün der Blätter erhalten bleibt.
Wenn diese Zutaten vermischt sind, nach und nach den in Bröckchen zerteilten Käse in den Mörser geben, am besten immer mit dem Stößel gegen den Rand des Mörsers drücken, damit er ganz zerstoßen wird. Dann unter Rühren mit einem Holzlöffel nach und nach das Olivenöl hinzufügen, es soll eine cremige Masse entstehen. Den Pesto möglichst etwas durchziehen lassen.
Man kann für die Zubereitung des Pesto auch die Küchenmaschine oder den Mixer verwenden. Dann kommt zuerst das Öl hinein und dann die übrigen Zutaten. Aber selbst bei niedrigster Schaltstufe geht etwas von dem herrlichen Duft und Geschmack der Zutaten verloren.
Zu Pastagerichten, Gnocchi und Minestrone reichen.

Frische Tomatensauce mit Basilikum

FRISCHE TOMATENSAUCE MIT BASILIKUM

Salsa di pomodori con basilico

Zubereitungszeit: 20 Minuten
Pro Portion: 145 Kalorien

750 g reife, süße Tomaten
60 g Butter oder
6 EL Olivenöl extravergine
10–12 große Blätter frisches Basilikum
Salz
schwarzer Pfeffer

Die Tomaten kurz in kochendes Wasser tauchen, die Haut abziehen, das Fruchtfleisch quer zur Blüte in Scheiben und dann in Würfel schneiden, dabei das harte gelbe Mark und die Kerne entfernen.
Die Hälfte der Butter oder des Öls in einer hochwandigen Pfanne erhitzen, die Tomatenstückchen hinzufügen und wenige Minuten einkochen lassen. Die Tomatensauce zum Schluß mit den grobgeschnittenen Basilikumblättern, Salz und frischgemahlenem Pfeffer abschmecken. Die restliche Butter oder das Öl unter die fertige Sauce mischen. Wenn man kein frisches Basilikum erhält, nimmt man eine Löffelspitze Oregano. Paßt zu allen Pastagerichten.

VENEZIANISCHE ZWIEBELSAUCE

Salsa peverada

Zubereitungszeit: ca. 1 Stunde
Pro Portion: 305 Kalorien

250 g süße Zwiebeln
50 g gewässerte Sardellen
8 Eßlöffel Olivenöl extravergine
schwarzer Pfeffer

Die Zwiebeln abziehen und in feine Scheiben schneiden. Die Sardellen entgräten und in Stücke schneiden. In einer hochwandigen Pfanne das Öl erhitzen, Zwiebelscheiben und Sardellenstücke darin unter Rühren braten, bis die Zwiebeln glasig und die Sardellen aufgelöst sind. Wenn die Zwiebeln beginnen Farbe anzunehmen, mit etwas Wasser aufgießen und weiterschmoren lassen. Die Zwiebeln sollen am Ende ganz weich und hellgelb sein. Das kann eine Stunde dauern. Zum Schluß mit grobgemahlenem Pfeffer abschmecken. Zu hausgemachten Nudeln, auch aus Roggenmehl – eine Spezialität aus Venetien.

BÉCHAMELSAUCE

Salsa besciamella

Zubereitungszeit: 20 Minuten
Pro Portion: 185 Kalorien

50 g Butter
40 g Weizenmehl
1/2 l Milch
Salz
schwarzer Pfeffer
Muskatnuß

Die Butter in einem Topf zerlassen und das Mehl darin hellgelb rösten. Unter Rühren mit einem Schneebesen nach und nach die Milch hinzufügen und unter ständigem Weiterrühren 10 Minuten kochen lassen. Mit Salz, frischgemahlenem Pfeffer und Muskatnuß abschmecken.
Die Béchamelsauce wird fast ausschließlich zum Gratinieren von Pasta- und Gemüsegerichten verwendet.

Nudeln & Reisgerichte

Pasta e risotti

Wenn die italienische Pasta-küche mit ihren *sughi* nicht auf eine über 600 Jahre alte Tradition zurückblicken wür-de, könnte man sie für die modernste aller Küchen halten, von talentierten Köchen nach dem neuesten Stand der Ernäh-rungswissenschaft genial kreiert. Sie ist leicht, gesund und von großem Wohlge-schmack, nicht selten auch von jener raffi-nierten Einfachheit, die von den Fein-schmeckern unserer Zeit geschätzt wird. Und dabei sind die Rezepte fast alle so schnell zubereitet, daß man wirklich von einer Schnellküche sprechen kann. Nota-bene: die kurze Zubereitungszeit betrifft nur die *pasta secca*, die fabrikmäßig herge-stellten trockenen Teigwaren. Die *pasta fres-ca all' uovo*, die Eiernudeln, die nur fünf Prozent – allerdings fünf besonders köstli-che Prozente – des italienischen Nudelver-brauchs ausmachen, hat auch vom erfor-derlichen Zeitaufwand her ihre eigenen Gesetze.

Zurück zur *pasta secca*, von der es über 200 Sorten in allen Größen und Formen gibt, von den unterschiedlich langen Spaghetti über kurze, dicke Nudeln wie Penne, Ri-gatoni und Fusilli bis zu den schmetter-lingsartigen Farfalle. Ihre Herstellung in modernen Fabriken, die über das ganze Land verstreut sind, unterliegt strengen Lebensmittelverordnungen und ständi-gen Kontrollen. Italienische *pasta secca* darf nur aus dem Mehl oder Grieß des goldgelben, robusten Hartweizens, des *grano duro*, hergestellt werden, der im heißen Süden Italiens so gut gedeiht. Die einzig erlaubte – und unerläßliche – Zuga-be sind 12,5 % reines Wasser zum Anma-chen des Teiges. Die Teigherstellung geht in den großen Fabriken übrigens genauso vor sich wie im Haushalt: Hartweizenmehl und Wasser werden zu einem dicken Nu-delteig verrührt, der durch verschieden geformte Düsen gepreßt wird und so die gewünschte Form erhält. Dann werden die Nudeln in ständiger Bewegung bei feucht-warmer Hitze langsam getrocknet. Wel-ches Nahrungsmittel kann reiner sein als diese Pasta aus Hartweizengrieß!

Al dente gekocht, also kernig weich, aber mit einem kleinen festen Kern in der Mit-te, vermischt man die Pasta dann mit den *sughi*, die den ganzen Reichtum der ver-schiedenen Regionen enthalten: frische Gemüse, vor allem auch reife, süße Toma-ten, alle Arten von Meeresfrüchten, mage-res Fleisch oder Schinken, zubereitet mit feinstem Olivenöl und eine Vielzahl von Kräutern. Im Süden werden auch die safti-gen Frischkäse von Kühen und Schafen wie Mozzarella und Ricotta unter die Nu-deln gemischt, und es gibt wenige Pastage-richte, die nicht mit einer Schicht geriebe-nem würzigem Parmesan oder dem robu-steren Pecorino abgerundet werden. Daß es für die vielerlei Nudelarten und die da-zugehörigen *sughi* in der regional so un-terschiedlichen italienischen Küche eine unendliche Auswahl an Rezepten gibt, ist selbstverständlich.

Bis heute streiten die Gelehrten darüber, ob es die Araber in Sizilien waren, die dün-ne Teigflecken über Stäbe gewickelt an der Sonne trockneten, oder der reisefreudige Venezianer Marco Polo bei seiner Rück-kehr aus China 1295 die ersten haltbaren Nudeln mitbrachte – sozusagen als Muster für die italienische Herstellung. Auf jeden Fall waren es die getrockneten Nudeln, die die Pasta zum Volksnahrungsmittel mach-ten. Die ersten Fabriken entstanden im Raum von Neapel, und noch bis zum er-sten oder zweiten Weltkrieg konnte man die meterlangen Spaghetti über Wäschelei-nen gehängt und umspielt vom heißen Wind des Vesuvs und der kühlen Meeres-brise vom Golf in der Sonne trocknen se-hen. Meistens waren es kleine Familienbe-triebe, und es muß viele davon gegeben haben, denn schon 1795 zählte man 280 Pastaläden in Neapel. Übrigens werden die Neapolitaner noch heute von ihren Landsleuten in den nördlichen Regionen trotz eigner Vorliebe zur Pasta „mangia-maccheroni" genannt.

Die Emilia gilt dagegen als Heimat der hausgemachten Eiernudeln, der *pasta fres-ca all' uovo*, Inbegriff italienischer Nudel-kunst. Erfunden hat den zarten, gelben, elastischen Teig aus Eiern und Mehl – die *sfoglia* – ein Maestro Zaffarino im Jahre 1501, und zwar, als er anläßlich des Hochzeitsmahls der Lucrezia Borgia mit dem Herzog von Ferrara feine Pasteten mit den edlen Nudeln füllte. Nur wenig später kreierte ein emilianischer Koch die Tortellini, zarte, gefüllte Teigringe aus der *sfoglia*, zu deren Form ihn angeblich der Bauchnabel einer angebeteten Schönen inspirierte. Ob Legende oder Wirklichkeit – die Tortellini sind eine der berühmtesten Spezialitäten der Emilia geblieben. Die *sfoglia* nach dem Rezept des Maestro Zaffarino wird in vielen Restaurants noch heute mit einem besonders breiten Nudelholz zu einem riesigen Teigblatt ausgerollt, aus dem man dann Tagliatelle, Fettuccine, Lasagne oder Teigtaschen zum Füllen in allen Formen ausschneidet oder aussticht. Im Haushalt wird der Nudelteig zwar noch immer häufig mit der Hand zusammengeknetet, das mühsame Ausrollen des Teiges überläßt man dagegen mehr und mehr einer der so hilfreichen mechanischen Nudelmaschine.

DIE BEKANNTESTEN NUDELN AUS HARTWEIZENGRIESS

(Pasta secca)

Bucatini
lange, dicke Spaghettiart mit einem Loch (wie Makkaroni) in der Mitte.

Conchiglie
Kurze, muschelartig geformte Hohlnudeln.

Farfalle
Kurze, schmetterlingsartig geformte zarte Nudeln.

Fusilli
Kurze, spiralförmig gedrehte Nudeln.

Maccheroni
Bezeichnung für alle Arten von langer Pasta in Süditalien.

Maccheroncini
Mittellange, gerippte Hohlnudeln.

Orecchiette
Runde, hütchenähnliche Nudeln, werden fabrikmäßig und in Süditalien von Hand hergestellt.

Penne
Kurze, glatte und gerippte Hohlnudeln, an den Enden geschnitten wie ein Feder.

Rigatoni
Kurze, dicke, gerippte Hohlnudeln.

Spaghetti
Lange, dünne Spaghetti – sehr dünne Spaghetti heißen *Vermicelli*.

Spaghetti integrale
Lange, dünne Spaghetti aus Vollkornmehl.

DAS KOCHEN DER NUDELN AUS HARTWEIZENGRIESS

(Pasta secca)

1. Zum Kochen der *pasta secca* braucht man einen großen, hohen Topf – die Nudeln müssen beim Kochen regelrecht darin schwimmen können. Man rechnet für 100 Gramm Nudeln 1 Liter Kochwasser. Der Topf darf dabei nicht mehr als zu drei Vierteln mit Wasser gefüllt sein.

2. Das Wasser zum Kochen bringen, dann erst das Salz – möglichst Meersalz – hinzufügen, und zwar 10 Gramm auf 100 Gramm Pasta. Gesundheitsbewußte Nudelliebhaber kommen auch mit 5 Gramm Salz pro Liter Kochwasser aus.

3. Die Pasta auf einmal in den Topf geben, und zwar erst dann, wenn das Wasser sprudelnd kocht. Sofort mit einer hölzernen Gabel umrühren, damit die Nudeln nicht aneinanderkleben. Spaghetti und andere

lange Teigwaren werden als lockeres Bündel in den Topf gehalten. Sowie das untere Ende weich zu werden beginnt, wird der noch trockene Rest nachgeschoben.

4. Den Deckel einen Augenblick auf den Topf geben, bis das Wasser wieder kocht. Dann ohne Deckel – nicht sprudelnd, sondern bei leichter Hitze – kochen lassen, bis die Pasta *al dente* ist. Der Kochvorgang darf nicht unterbrochen werden.

5. Schon eine Minute, bevor die auf der Packung angegebene Kochzeit erreicht ist, Probenudel entnehmen.

6. Die *al dente* gekochte Pasta auf einen Durchschlag schütten und gut abtropfen lassen. Nicht abschrecken. Etwas Kochwasser aufbewahren und mit 2-3 Eßlöffel davon die Nudeln geschmeidig machen, falls sie zu trocken sind.

7. Die Pasta entweder in die Pfanne oder eine Kasserolle mit dem heißem *sugo* geben und beides 2-3 Minuten bei leichter Hitze miteinander vermischen oder die Pasta sofort in eine vorgewärmte Schüssel bzw. in angewärmte Teller füllen, mit dem *sugo* übergießen und gründlich vermischen. Wenn das Rezept nicht anders lautet, die Hälfte des geriebenen Käses unter die Nudeln mischen und den Rest getrennt dazu reichen. Die Pasta muß ganz heiß auf den Tisch kommen.

DAS KOCHEN DER HAUS-GEMACHTEN EIERNUDELN

(Pasta fresca)

1. Zum Kochen der hausgemachten Eiernudeln braucht man einen breiten, halbhohen Topf – die Nudeln müssen regelrecht darin schwimmen können. Man rechnet für 100 g Nudeln 1 Liter Kochwasser.

2. Wenn das Wasser kocht, fügt man das Salz hinzu (10 g Salz auf 1 l Wasser) und einen Eßlöffel Öl, damit die etwas feuchten Nudeln nicht aneinanderkleben.

3. Die Nudeln locker in das kochende Salzwasser streuen und in wenigen Minuten *al dente* kochen – also kernigweich. Vor dem Abgießen Probenudel entnehmen.

4. Die Nudeln in einen Durchschlag schütten und gut abtropfen lassen. Entweder in die Kasserolle oder Pfanne mit dem heißen *sugo* geben und 2 Minuten beides miteinander vorsichtig vermischen oder die Nudeln sofort in eine vorgewärmte Schüssel geben, mit dem *sugo* übergießen und vermischen.

DIE ZUBEREITUNG DER HAUSGEMACHTEN EIERNUDELN

(Pasta secca)

Grundrezept

400 g Weizenmehl
4 Eier

Zum Kochen der Pasta:

4 l Wasser
40 g Salz
1 EL Öl

Das Mehl bergartig auf ein Holzbrett sieben und mit einem Löffel in die Mitte eine Vertiefung drücken. Die Eier einzeln in einer Tasse aufschlagen und nacheinander in die Vertiefung geben. Mit einer Gabel oder mit den Fingerspitzen vorsichtig Mehl und Eier vermischen. Wenn das Mehl die hinzugefügten Eier aufgenommen hat, wird der Teig mit den Händen verknetet. Die Wärme der Hände vermischt die Eier und das Mehl viel inniger miteinander als es eine noch so moderne Teigmaschine vermag. Das Verkneten des Teiges dauert etwa eine Viertelstunde. Der fertige Teig soll glatt, elastisch und glänzend sein und sich ganz leicht vom Schüsselboden lösen. Den runden Teigball in der Schüssel mit einem feuchten Tuch oder einer Folie bedeckt eine Viertelstunde ruhen lassen. Nun kommt der schwierige Teil des Ausrollens des Nudelteiges auf einem ganz leicht bemehlten Brett mit dem ebenfalls leicht eingemehlten Nudelholz. Hier würde ich nun unbedingt die Technik ins Spiel bringen und den in drei Portionsstücke geteilten Teig (die restlichen Teigstücke immer mit einem feuchten Tuch bedecken) durch die mechanische Pastamaschine geben. Der Teig wird vier- bis fünfmal, einmal längs, einmal quer, durch die Walze der Maschine gedreht, wobei man durch den seitlich angebrachten Griff die Walzen immer enger stellt.

Die ideale Beschaffenheit hat die *sfoglia*, wenn sie etwa 2 mm dick ist. Durch die eingeschobene oder vorgesetzte Schablone oder durch Düsen kann man unterschiedliche Nudelformen aus der Maschine auf das leicht bemehlte Brett gleiten lassen. Will man die Nudeln selber schneiden, rollt man den Teig der Breite nach zu einer zylindrischen Rolle auf. Mit einem schweren, scharfen Messer wird der Teig in die gewünschte Breite geschnitten. Über die vorgeschriebenen Maße der einzelnen Nudelsorten herrscht in den italienischen Kochbüchern keine Einigkeit. Es gibt da ein gewisse Variationsbreite.

DIE BEKANNTESTEN HAUSGEMACHTEN EIERNUDELN

(Pasta fresca)

Pappardelle sind die breitesten Nudeln unter der *pasta fresca*. Sie werden 2-4 cm breit geschnitten, häufig auch mit einem Nudelrädchen ausgerollt, damit sie einen gewellten Rand haben.

Fettuccine sind 1 cm breit,

Tagliatelle sind 1/2 cm breit.

Tagliolini oder *Taglierini*, die schmalsten Nudeln, haben eine Breite von nur 2-3 mm.

Lasagne werden zu Streifen von 8-10 cm Breite geschnitten und dann je nach Wunsch in Rechtecke oder Quadrate.

Für *canneloni* richtet sich die Breite der Teigstücke nach der Backform (etwa 6-8 cm). Die Rechtecke belegt man mit der Füllung und rollt sie auf.

Farbige Nudelteige werden nach der gleichen Zubereitungsweise wie im Grundrezept für *pasta fresca* hergestellt. Die jeweils angegebenen Gemüsezusätze werden mit den Eiern und dem Mehl vermischt.

Ein Trost für alle Eiligen: Frische hausgemachte Nudeln gibt es immer häufiger nicht nur in italienischen Fachgeschäften sondern auch in den Lebensmittelabteilungen der Kaufhäuser.

DIE ZUBEREITUNG DER GEFÜLLTEN NUDELN

(Pasta ripiena)

Die Herstellung des hausgemachten Nudelteiges ist auf Seite 62 ausführlich beschrieben, ich gehe also bei meiner Beschreibung von dem fertig ausgerollten Nudelteig aus. Für Teigtaschen braucht man zwei gleich große Teigplatten. Aber während der ausgerollte Teig für geschnittene Nudeln aller Art vorher etwas antrocknen soll, muß er, wenn es um die Zubereitung von Teigtaschen geht, sofort weiterverarbeitet werden. Die Teigblätter sollen noch etwas feucht sein, wenn sie über die Füllung gelegt werden, damit sie besser zusammenkleben. Es muß also alles ganz schnell gehen.

Wenn mit dem Ausrollen des Teiges begonnen wird, soll die fertige Füllung bereit stehen. Man kann sie getrost schon Stunden vorher zubereiten. Je besser sie durchzieht, desto delikater wird ihr Geschmack.

Auch das Handwerkszeug sollte bereitliegen:

1. Ein leicht eingemehltes Nudelbrett und ein Nudelholz.

2. Eine Tasse mit kaltem Wasser und ein Pinsel – sollte die Teigplatte, auf die die Füllung gesetzt wird, doch schon etwas angetrocknet sein, wird sie leicht mit Wasser bestrichen, bevor die Füllung daraufgesetzt wird.

3. Je nach Rezept ein schweres Messer mit scharfer Schneide oder ein gewelltes Teigrädchen.

4. Eine eckige oder runde Spezial-Ausstechform für Ravioli oder einfach ein Glas.

5. Eine Schüssel mit der fertigen Füllung und 2 Teelöffel oder, je nach Rezept, eine Teigspritze zum Formen der Füllung.

6. Ein Brett oder eine Platte, mit Hartweizengrieß bestreut. Darauf werden die fertig gefüllten Teigtaschen vor dem Kochen ausgebreitet, damit sie etwas antrocknen, ohne kleben zu bleiben.

7. Weiter braucht man einen breiten, halbhohen Topf, in dem reichlich Wasser zum Kochen gebracht wird. Dann erst kommt das Salz hinzu (10 g Salz auf 1 l Wasser). Die Teigtaschen werden portionsweise hineingegeben und in wenigen Minuten *al dente* gekocht. Mit einem Schaumlöffel herausnehmen und auf einem vorgewärmten Teller anrichten.

DIE VERSCHIEDENEN SORTEN DER GEFÜLLTEN TEIGTASCHEN

Agnolotti, Anolini, Ravioli
Eine der beiden ausgerollten Teigplatten wird im gleichmäßigen Abstand – je nach Größe der Nudeltaschen 3-5 cm – mit etwas Füllung besetzt. Festere Füllungen rollt man mit den Händen zu haselnußgroßen Bällchen, weichere werden mit zwei Teelöffeln in kleinen Häufchen auf dem Teig verteilt. Dann wird vorsichtig die zweite Teigplatte darübergelegt und um die Füllung herum leicht angedrückt. Mit dem Teigrädchen oder einem Ausstecher werden nun viereckige, rechteckige oder runde Teigtaschen herausgeschnitten. Sollen sie halbmondförmig sein, so werden rund ausgestochene Plätzchen über der Füllung zusammengefaltet – eine zweite Teigplatte erübrigt sich. Die Ränder von Teigtaschen müssen immer sehr sorgfältig zusammengedrückt werden, damit nichts von der Füllung herausdringen kann.

Tortellini, Cappelletti
Zunächst wie oben beschrieben aus einer

hauchdünn ausgerollten Teigplatte Vierecke oder Kreise von 3-5 cm Durchmesser ausschneiden oder ausstechen. In die Mitte jedes Vierecks oder Kreises ein Häufchen der Füllung setzen und die Teigtaschen zu Dreiecken oder Halbmonden zusammenfalten. An den Rändern gut zusammendrücken. Nun jede Teigtasche um den Zeigefinger wickeln und die beiden Enden gut aufeinanderdrücken, so daß ein Teigring entsteht. Bei den Dreiecken wird noch die Spitze hochgeschlagen, so

daß die *cappelletti* wie kleine Hütchen aussehen.

Ravioloni, Tortelli
Aus den nicht zu dünn ausgerollten Teigplatten (3 mm) Kreise von 10-15 cm Durchmesser ausstechen und die Hälfte davon mit der Füllung besetzen (Rand freilassen). Eine zweite Teigscheibe darübersetzen. Ränder fest andrücken. Von den großen Teigtaschen genügt eine als Vorspeise.

Pastamaschine

NUDELN AUS HARTWEIZENGRIES

Pasta secca

BUCATINI MIT SCHWEINEBACKE UND TOMATEN

Bucatini all'amatriciana

Zubereitungszeit: 35 Minuten
Pro Portion: 725 Kalorien

400 g Bucatini
4 l Wasser
40 g Salz

150 g Schweinebacke oder
durchwachsener Speck
1 kleine Zwiebel
250 g reife Tomaten
2 EL Olivenöl
1 kleines Stück rote Pfefferschote
50 g frischgeriebener Pecorino

Das Wasser in einem großen, hohen Topf zum Kochen bringen und das Salz hinzufügen.
Inzwischen die Schweinebacke oder den Speck in kleine Streifen schneiden, die Zwiebel in Würfel. Die Tomaten überbrühen, häuten und in Stückchen schneiden, dabei das harte gelbe Mark und die Kerne entfernen. Das Öl in einer hochwandigen Pfanne erhitzen und die Speck- und Zwiebelwürfel drin glasig braten. Die Tomatenstücke und die Pfefferschote hinzufügen. Salzen und 15 Minuten schmoren lassen.

Die Bucatini in das kochende Salzwasser schütten und sofort mit einer Holzgabel umrühren, damit die Teigwaren nicht aneinanderkleben. Die Bucatini nach Vorschrift auf der Packung in 10–12 Minuten kernigweich kochen. Bereits nach 10 Minuten Kochzeit prüfen, ob sie al dente sind. Auf einen Durchschlag schütten und gut abtropfen lassen. In eine vorgewärmte Terrine oder Schüssel schütten.
Die Pfefferschote aus der Tomatensauce herausfischen und, wenn gewünscht, die Sauce entfetten. Über die Pasta gießen, den Pecorino hinzufügen und alles gründlich vermischen.

Empfohlener Wein: ein trockener, warmer Rotwein wie ein Montepulciano aus den Abruzzen

Amatrice heißt eine kleine Stadt nördlich von Rom, aus der das Rezept für Bucatini mit der herzhaften Sauce aus Schweinebacke, scharfer Pfefferschote und Tomaten stammt. Zum Nachkochen kann man auch Spaghetti verwenden, die etwas dünner als die Bucatini sind – die Römer behaupten jedoch, daß man den Geschmacksunterschied merkt. Als Käse gehört zu diesem rustikalen Gericht unbedingt der scharf-pikante Pecorino.

BUCATINI MIT SCHARFER PFEFFERSCHOTE

Bucatini con pangrattato e peperoncini

Zubereitungszeit: 20 Minuten
Pro Portion: 590 Kalorien

400 g Spaghetti
4 l Wasser
40 g Salz

2 Knoblauchzehen
4 EL Olivenöl extravergine
1 kleine scharfe Pfefferschote
4 EL frischgeriebene Semmelbrösel
1 EL feingehackte Petersilie
50 g frischgeriebener Parmesan

Das Wasser in einem großen, hohen Topf zum Kochen ringen und das Salz hinzugeben. Die Bucatini hinzufügen und sofort mit einer Holzgabel umrühren, damit sie nicht aneinanderkleben. Die Teigwaren nach Vorschrift auf der Packung in 10–12 Minuten körnigweich kochen. Bereits nach 10 Minuten Kochzeit prüfen, ob die Bucatini *al dente* sind.
Inzwischen die Knoblauchzehen fein hacken. Das Öl in einer Pfanne erhitzen. Knoblauch, Pfefferschote, Semmelbrösel und Petersilie darin anrösten, bis die Semmelbrösel zu bräunen beginnen. Die Pfefferschote wieder herausnehmen.
Die gekochten Bucatini auf einen Durchschlag schütten und gut abtropfen lassen. Sofort in eine vorgewärmte Schüssel geben und mit dem Brösel-Petersilie-Gemisch vermischen. Mit dem Parmesan bestreut auftragen.
Die Hauptsache für das Gelingen dieses Rezeptes ist die Verwendung ganz frischgeriebener Semmelbrösel.

Empfohlener Wein: ein trockener, spritziger Weißwein aus Latium

FARFALLE MIT ERDBEEREN

Farfalle alle fragole

Zubereitungszeit: 30 Minuten
Pro Portion: 615 Kalorien

400 g Farfalle
4 l Wasser
30 g Salz
Fett für die Form

400 g Erdbeeren
200 g Mascarpone
50 g Butter
grobgemahlener schwarzer Pfeffer
50 g frischgeriebener Parmesan

Das Wasser in einem großen, hohen Topf zum Kochen bringen und das Salz hinzugeben. Die Farfalle hinzufügen und sofort mit einer Holzgabel umrühren, damit sie nicht aneinanderkleben. Die Farfalle nach Vorschrift auf der Packung in 11–13 Minuten kernigweich kochen. Bereits nach 11 Minuten prüfen, ob sie *al dente* sind.
Inzwischen die Erdbeeren waschen und entstielen, einige schöne Früchte für die Garnitur zurücklassen. Die restlichen Erdbeeren mit dem Mascarpone und der Hälfte der weichen Butter im Mixer pürieren.
Die gekochten Farfalle auf einen Durchschlag schütten und sofort mit zwei Drittel der Früchtecreme vermischen. Kräftig pfeffern.
In eine gefettete, feuerfeste Form füllen und mit der restlichen Mascarpone-Erdbeer-Masse bedecken. Mit Parmesan bestreuen und mit der restlichen Butter in Flöckchen belegen.
10 Minuten im vorgeheizten Backofen bei 200 °C überbacken. Vor dem Auftragen mit den frischen Erdbeeren garnieren.

Empfohlener Wein: ein spritziger Rosé wie ein Rosato aus der Lombardei

FARFALLE MIT FÜNF GEMÜSEN

Farfalle alle cinque verdure

Zubereitungszeit: 45 Minuten
Pro Portion: 580 Kalorien

400 g Farfalle
4 l Wasser
40 g Salz

1 rote oder gelbe Paprikaschote
1 Zwiebel
2 kleine Zucchini
200 g reife Tomaten
3 EL Olivenöl
1 EL Butter
100 g junge Erbsen
Oregano
Salz
weißer Pfeffer
40 g frischgeriebener Parmesan
1 EL gehackte Petersilie

Zuerst die Gemüse vorbereiten. Die Paprikaschote über einer Gasflamme oder im heißen Backofen so erhitzen, daß die Haut platzt und sich abziehen läßt. Die Paprikaschote halbieren und die Samenkörner entfernen. Die Zwiebel schälen, die Zucchini gründlich waschen. Das Gemüse in feine Streifen schneiden. Die Tomaten überbrühen, abziehen und in Stückchen schneiden, dabei das harte gelbe Mark und die Kerne entfernen.
Öl und Butter in einer hochwandigen Pfanne oder Kasserolle erhitzen, Zwiebel- und Zucchinistreifen darin anbraten und die Paprikastreifen hinzufügen. Zum Schluß die Tomatenstückchen und die jungen Erbsen in die Pfanne geben, mit Oregano würzen und mit Salz und frischgemahlenem Pfeffer abschmecken. Bei leichter Hitze 10–15 Minuten schmoren lassen, die Gemüse sollen noch *al dente* sein.
Inzwischen das Wasser für die Pasta in einem großen, hohen Topf zum Kochen bringen und das Salz hinzugeben. Die Farfalle hinzufügen und sofort mit einer Holzgabel umrühren, damit sie nicht aneinanderkleben. Die Teigwaren nach Vorschrift auf der Packung in 11–13 Minuten kernigweich kochen lassen. Bereits nach 11 Minuten Kochzeit prüfen, ob sie *al dente* sind. Auf einen Durchschlag schütten und gut abtropfen lassen.
Die Farfalle zu dem Gemüse in der Pfanne geben und 1–2 Minuten alles miteinander bei leichter Hitze vermischen. Von der Kochstelle nehmen, mit dem Parmesan vermischen und mit der Petersilie bestreuen.

Empfohlener Wein: ein fruchtiger Weißwein wie ein Verduzzo aus dem Friaul

Die Gemüsenudeln kann man je nach Jahreszeit auch mit in Scheibchen geschnittenen jungen Möhren, zarten jungen Bohnen oder grünen Spargelspitzen variieren. Frischgeriebener Parmesan gehört immer dazu.

MACCHERONCINI MIT VIER KÄSESORTEN

*Maccheroncini
ai quattro formaggi*

Zubereitungszeit: 40 Minuten
Pro Portion: 725 Kalorien

400 g Maccheroncini
4 l Wasser
40 g Salz

60 g Schweizer Käse (Gruyère)
60 g Provolone
100 g Parmesan
50 g Fontina
80 g Butter
1 gestrichener EL Mehl
1/8 l Milch
schwarzer Pfeffer

Die vier Käsesorten (vom Parmesan nur die Hälfte) in kleine Stücke schneiden. Die andere Hälfte des Parmesans reiben. Das Wasser für die Pasta in einem großen, hohen Topf zum Kochen bringen und das Salz hinzugeben. Die Maccheroncini hinzufügen und sofort mit einer Holzgabel umrühren, damit die Pasta nicht aneinanderklebt. Nach Vorschrift auf der Packung in 8–10 Minuten kernigweich kochen. Bereits nach 8 Minuten Kochzeit prüfen, ob sie *al dente* sind.
Inzwischen die Hälfte der Butter in einer Kasserolle zerlassen, das Mehl darin hellgelb rösten und unter Rühren mit der Milch aufgießen. Die Sauce etwas einkochen lassen. Von der Kochstelle nehmen und unter Rühren die Käsestücke hinzufügen.
Die gekochten Maccheroncini auf einen Durchschlag schütten und gut abtropfen lassen. In eine vorgewärmte Schüssel geben und mit der restlichen Butter in Flöckchen und dem geriebenen Parmesan vermischen. Reichlich mit gemahlenem Pfeffer bestreuen.

Die Käsesauce kurz bei leichter Hitze erwärmen, bis der Käse geschmolzen ist. Sofort über die Pasta gießen und alles miteinander vermischen.

Empfohlener Wein: ein voller, kräftiger Rotwein wie ein Breganze aus Venetien

Bei anderen Rezepten für die beliebten Käsemakkaroni wird auf die leichte Béchamelsauce verzichtet. Die verschiedenen Käsesorten werden gerieben unter die heiße Pasta gemischt. Ich habe aber festgestellt, daß der Käse leichter schmilzt, wenn man ihn in die heiße Sauce gibt und diese dann über die Pasta gießt.

PENNE MIT SCHARFER SAUCE

Penne all'arrabiata

Zubereitungszeit: 20 Minuten
Pro Portion: 810 Kalorien

400 g Penne
4 l Wasser
40 g Salz

500 g reife Tomaten
150 g durchwachsener Speck
1 Zwiebel
2 Knoblauchzehen
50 g Butter
1–2 kleine rote Pfefferschoten
einige Blätter Basilikum
je 50 g frischgeriebener Parmesan und
Pecorino

Das Wasser in einem großen, hohen Topf zum Kochen bringen und das Salz hinzufügen. Die Penne hineinschütten und sofort mit einer Holzgabel umrühren, damit sie nicht aneinanderkleben. Die Penne nach Vorschrift auf der Packung in 12–14 Minuten kernigweich kochen. Bereits nach 12 Minuten Kochzeit prüfen, ob sie *al dente* sind.

Inzwischen die Tomaten überbrühen, abziehen und in Stückchen schneiden, dabei das harte gelbe Mark und die Kerne entfernen.

Speck und Zwiebel in Würfel schneiden, die Knoblauchzehe zerquetschen.

Die Butter in einer hochwandigen Pfanne oder Kasserolle erhitzen und die Speckwürfel darin glasig braten. Die Zwiebelwürfel, die Pfefferschoten und die Knoblauchzehen hinzufügen und kurz anbraten. Tomatenstückchen sowie die streifig geschnittenen Basilikumblätter untermischen und bei starker Hitze im offenen Topf in wenigen Minuten etwas einkochen lassen, salzen. Die Pfefferschoten herausfischen.

Die gekochten Penne auf einen Durchschlag schütten, gut abtropfen lassen und in die Pfanne mit der Tomatensauce geben. Alles 1–2 Minuten miteinander bei leichter Hitze vermischen. Von der Kochstelle nehmen, den Parmesan und den Pecorino hinzufügen.

Empfohlener Wein: ein delikater, nerviger Weißwein wie ein Greco di Tufo aus Kampanien

Anstelle von Penne kann man auch Rigatoni verwenden. Die Menge der Pfefferschoten richtet sich danach, wie *arrabiata* (wütend) das Pastagericht gewürzt werden soll.

PENNE MIT SALAMI UND RICOTTA

Penne con salame e ricotta

Zubereitungszeit: 20 Minuten
Pro Portion: 870 Kalorien

400 g Penne
4 l Wasser
40 g Salz

200 g Kochsalami oder weiche Räucherwurst in dicken Scheiben
100 g Mortadella
in einer dicken Scheiben
1 in Öl eingelegte, kleine scharfe Pfefferschote und
1 EL von dem Öl der Pfefferschote
100 g frischer Ricotta oder trockener Quark (20 % F.i.Tr.)
3 EL Olivenöl
Salz
50 g frischgeriebener Parmesan oder Pecorino

Das Wasser in einem großen, hohen Topf zum Kochen bringen und das Salz hinzufügen. Die Penne hineinschütten und sofort mit einer Holzgabel umrühren, damit sie nicht aneinanderkleben. Nach Vorschrift auf der Packung in 12–14 Minuten kernigweich kochen. Bereits nach 12 Minuten Kochzeit prüfen, ob die Penne *al dente* sind.

In der Kochzeit der Pasta beide Wurstsorten und die Pfefferschote in Streifen schneiden. Den Ricotta oder Quark durch ein Sieb in eine Schüssel streichen. Mit 3 Eßlöffeln Nudelkochwasser verrühren.

Das Olivenöl erhitzen und Wurst- und Pfefferschotenstreifen kurz darin schwenken. Mit dem Öl unter den Ricotta mischen und mit Salz abschmecken.

Die gekochten Penne auf einem Durchschlag gut abtropfen lassen. Mit dem geriebenen Käse und der Ricotta-Wurst-Mischung vermischen. Sofort heiß auftragen.

Empfohlener Wein: ein herber, nachhaltiger Weißwein wie ein Alcamo aus Sizilien

PENNE MIT GELBER PAPRIKA, KAPERN UND SARDELLEN

Penne con peperoni gialli

Zubereitungszeit: 30 Minuten
Pro Portion: 605 Kalorien

400 g Penne
4 l Wasser
40 g Salz

500 g gelbe Paprikaschoten
2 Knoblauchzehen
6 EL Olivenöl
12 gewässerte Sardellenfilets
2 EL große Kapern
einige frische Basilikum- und Minzeblätter
Salz
schwarzer Pfeffer

Die Paprikaschoten im heißen Backofen erhitzen, bis die harte Haut platzt und sich abziehen läßt. Am Stielende ein Stückchen abschneiden, die Samenkörner entfernen und die geschälten Paprikaschoten in feine Streifen schneiden. Die Knoblauchzehen fein hacken.

Die Hälfte des Olivenöls in einer hochwandigen Pfanne oder Kasserolle erhitzen und den Knoblauch, die gehackten Sardellen und die Paprikastreifen bei leichter Hitze darin weich schmoren.

Das Wasser für die Pasta in einem großen, hohen Topf zum Kochen bringen und das Salz hinzufügen. Die Penne hineingeben und sofort mit einer Holzgabel umrühren, damit sie nicht aneinanderkleben. Nach Vorschrift auf der Packung in 12–14 Minuten kernigweich kochen. Bereits nach 12 Minuten Kochzeit prüfen, ob die Penne *al dente* sind.

Die Kapern zu den Paprikastreifen geben. Ein paar Minuten mitschmoren lassen. Die feingehackten Basilikum- und Minzeblätter hinzufügen und mit Salz abschmecken. Die gekochten Nudeln auf einen Durchschlag schütten und gut abtropfen lassen. In die Pfanne mit dem Paprikagemüse geben. Das restliche Öl hinzufügen. 1–2 Minuten alles miteinander bei leichter Hitze vermischen und mit frischgemahlenem Pfeffer bestreuen.

Zu diesem Gericht gehört kein Käse.

Besonders gut schmecken noch 100 g schwarze Oliven unter die Penne gemischt.

Die Penne sofort in vorgewärmte Teller füllen und auftragen.

Empfohlener Wein: ein voller Rotwein wie ein Oltrepò Pavese Barbera aus der Lombardei

Penne mit gelber Paprika, Kapern und Sardellen

PENNE MIT SCAMPI

Penne agli scampi

Zubereitungszeit: 40 Minuten
Pro Portion: 680 Kalorien

400 g Penne
4 l Wasser
40 g Salz

16 frische Scampi oder Garnelen
in der Schale
Salz
10 Pfefferkörner
1 Möhre
1 Selleriestange
1 kleine Zwiebel
2 Stengel Petersilie
100 g Rotbarbenfilet
5 EL feinstes Olivenöl
1 Knoblauchzehe
2 EL gehackte Petersilie
Salz
weißer Pfeffer
10 g Sauerampfer (2 große Blätter)
30 g Butter

Die Scampi oder Garnelen gründlich waschen und vorsichtig aus den Schalen lösen. Die ausgelösten Schalen mit den Gewürzen und dem geputzten, kleingeschnittenen Gemüse vermischen, mit Wasser bedecken und 15 Minuten kochen lassen. Die Brühe durch ein feines Sieb geben.
Die Brühe erneut zum Kochen bringen und das Rotbarbenfilet darin 3 Minuten ziehen lassen. Brühe und Fisch im Mixer pürieren. Die Scampi in fingerbreite Stücke schneiden.

Das Öl in einer hochwandigen Pfanne oder Kasserolle erhitzen, die Knoblauchzehe darin hellgelb braten, die Petersilie und die Scampi hinzufügen und kurz durchrösten. Salzen und pfeffern.
Das Wasser für die Pasta in einem großen, hohen Topf zum Kochen bringen und das Salz hinzufügen. Die Penne hineinschütten und sofort mit einer Holzgabel umrühren, damit sie nicht aneinanderkleben. Nach Vorschrift auf der Packung in 12–14 Minuten kernigweich kochen. Bereits nach 12 Minuten Kochzeit prüfen, ob die Penne *al dente* sind. Auf einen Durchschlag schütten und abtropfen lassen – etwas Nudelkochwasser auffangen.
Die Penne in die Pfanne mit den Scampi geben. Das Fischpüree hinzufügen und, wenn nötig, noch mit etwas Nudelkochwasser geschmeidig machen. Bei leichter Hitze alles gründlich miteinander vermischen.
Zuletzt den feingeschnittenen Sauerampfer und die Butter in Flöckchen mit dem Pastagericht vermischen. Sofort in heiße Teller füllen und auftragen.

Empfohlener Wein: ein frischer Weißwein wie ein Breganze Pinot bianco aus Venetien

Anstelle der frischen Krustentiere kann man auch tiefgekühlte verwenden – sie werden vor der Zubereitung aufgetaut.

PENNE AUF FRÜHLINGSART

Penne primavera

Zubereitungszeit: 30 Minuten
Pro Portion: 650 Kalorien

400 g Penne
4 l Wasser
40 g Salz

250 g grüner oder wilder grüner Spargel
2 kleine, zarte Zucchini
12 frische oder getrockenete
eingeweichte Morcheln
100 g junge, zarte Erbsen oder
Zuckerschoten
2 EL Öl
50 g Butter
8 EL Sahne
Salz
1 EL gehackter Kerbel

Den Spargel ganz dünn schälen, das holzige Ende abschneiden und die Stangen in fingerbreite Stückchen schneiden, die gewaschenen Zucchini in nicht zu dünne Scheiben. Frische Morcheln gründlich waschen, die eingeweichten aus dem Einweichwasser nehmen. Das Einweichwasser durch ein Sieb gießen und mit für den Sugo verwenden. Die Erbsen waschen.
Das Wasser für die Paste in einem großen, hohen Topf zum Kochen bringen und das Salz hinzufügen. Die Penne in das Wasser schütten und sofort mit einer Holzgabel umrühren, damit die Teigwaren nicht aneinanderkleben. Die Penne nach Vorschrift auf der Packung in 12–14 Minuten kernigweich kochen.

In der Kochzeit der Pasta in einer hochwandigen Pfanne oder Kasserolle Öl und Butter erhitzen und das vorbereitete Gemüse hinzufügen. Unter vorsichtigem Umrühren in 10 Minuten gar schmoren, das Gemüse soll genau wie die Pasta noch einen festen Kern haben. Die Sahne und eventuell das Morchelwasser hinzugießen und bei starker Hitze durchkochen. Mit Salz abschmecken.
Die gekochten Penne auf ein Sieb schütten und gut abtropfen lassen. Zu dem Gemüse in der Pfanne geben und unter vorsichtigem Wenden Pasta und Gemüse 1 Minuten lang vermischen. Zuletzt den Kerbel über die Pasta streuen.

Empfohlener Wein: ein leichter, würziger Rotwein wie ein Grignolino aus Piemont

Eine Variante für die Penne auf Frühlingsart ist die Hinzugabe von 100 g in Streifen geschnittenem Räucherlachs oder gekochtem Schinken, aber ich finden den reinen Geschmack der Frühlingsgemüse ohne Fleisch- oder Fischzugabe besonders fein.

RIGATONI MIT LAMMRAGOUT

Rigatoni all'abruzzese

Zubereitungszeit: 1 Stunde 30 Minuten
Pro Portion: 660 Kalorien

400 g Rigatoni
4 l Wasser
40 g Salz

250 g Lammfleisch aus der Keule oder
Schulter
Salz
schwarzer Pfeffer
4 EL Olivenöl
2 Knoblauchzehen
1 kleine rote Pfefferschote
1 Lorbeerblatt
1 rote und 1 gelbe Paprikaschote
2 EL Tomatenmark
1/2 Glas (5 cl) Weißwein

Das Lammfleisch in kleine Würfel schneiden und diese mit Salz und frischgemahlenem Pfeffer einreiben.
Das Öl in einem Schmortopf erhitzen, die Knoblauchzehen darin hellgelb braten und aus dem Öl nehmen. Das Fleisch hinzufügen und anbraten, bis es zu bräunen beginnt. Die Gewürze hinzufügen.
Die entkernten Paprikaschoten in Streifen schneiden und zu dem Fleisch geben. Unter Wenden mit dem Fleisch anschmoren, das Tomatenmark und den Wein hinzufügen. Zugedeckt bei leichter Hitze etwa 1 Stunde schmoren lassen, bis das Fleisch weich ist. Wenn nötig, mit etwas Fleischbrühe oder Wasser aufgießen. Noch einmal mit Salz und frischgemahlenem Pfeffer abschmecken.

Das Wasser für die Pasta in einem großen, hohen Topf zum Kochen bringen und das Salz hinzufügen. Die Rigatoni hineinschütten und sofort mit einer Holzgabel umrühren, damit sie nicht aneinanderkleben. Nach Vorschrift auf der Packung in 14–16 Minuten kernigweich kochen. Bereits nach 14 Minuten prüfen, ob die Rigatoni *al dente* sind. Auf einen Durchschlag schütten und gut abtropfen lassen.
Die Pasta zu dem Lammragout in den Schmortopf geben und gründlich mit dem Fleisch vermischen. Auf heiße Teller füllen.
Man kann geriebenen Pecorino unter die Rigatoni mischen – das ist Geschmackssache.

Empfohlener Wein: ein trockener, kräftiger Rotwein wie ein Montepulciano aus den Abruzzen

PENNE MIT MOZZARELLA, TOMATEN UND OLIVEN

Penne con mozzarella, pomodori e olive neri

Zubereitungszeit: 30 Minuten
Pro Portion: 810 Kalorien

400 g Penne
4 l Wasser
40 g Salz

2 Knoblauchzehen
4 Stengel Petersilie
einige Blättchen Basilikum
500 g reife Tomaten
6 EL Olivenöl
100 g entkernte schwarze Oliven
Salz
200 g Mozzarella
schwarzer Pfeffer
kleine, frische Basilikumblätter
zum Garnieren

Die Knoblauchzehen mit Petersilie und Basilikum fein wiegen oder in der Küchenmaschine zerkleinern. Die Tomaten überbrühen, abziehen und in Stückchen schneiden, dabei das harte gelbe Mark und die Kerne entfernen.

Das Öl in einer hochwandigen Pfanne oder Kasserolle erhitzen und das Knoblauch-Kräuter-Gemisch darin anschmoren, bis der Knoblauch beginnt gelb zu werden. Dann die Tomaten hinzufügen und 10 Minuten schmoren lassen. Die Oliven kurz in dem Tomatensugo erhitzen und diesen zum Schluß mit Salz abschmecken.

Inzwischen das Wasser für die Pasta in einem großen, hohen Topf zum Kochen bringen und das Salz hinzufügen. Die Penne hineinschütten und sofort mit einer Holzgabel umrühren, damit sie nicht aneinanderkleben. Die Teigwaren nach Vorschrift auf der Packung in 12–14 Minuten kernigweich kochen. Bereits nach 12 Minuten Kochzeit prüfen, ob sie *al dente* sind. Den Mozzarella in kleine Scheiben schneiden.

Die gekochten Penne auf einen Durchschlag schütten, gut abtropfen lassen und zu dem Sugo in der Pfanne geben. Den Mozzarella hinzufügen und bei starker Hitze alles miteinander wenige Minuten vermischen, bis der Mozzarella zu schmelzen beginnt. Mit frischgemahlenem Pfeffer bestäuben und mit den Basilikumblättern bestreuen.

Empfohlener Wein: ein samtiger Rotwein wie ein Castel del Monte aus Apulien.

SPAGHETTI MIT SCHINKEN UND MASCARPONE

Spaghetti con prosciutto e mascarpone

Zubereitungszeit: 20 Minuten
Pro Portion: 620 Kalorien

400 g Spaghetti
4 l Wasser
40 g Salz

100 g gekochter Schinken (2 Scheiben)
60 g Butter
120 g frischer Mascarpone
Salz
schwarzer Pfeffer
50 g frischgeriebener Parmesan

Das Wasser in einem großen, hohen Topf zum Kochen bringen und das Salz hinzufügen. Die Spaghetti hinzugeben und sofort mit einer Holzgabel umrühren, damit sie nicht aneinanderkleben. Die Spaghetti nach Vorschrift auf der Packung in 8–11 Minuten kernigweich kochen. Bereits nach 8 Minuten Kochzeit prüfen, ob sie *al dente* sind.

Inzwischen den Schinken in Streifen schneiden. Die Butter in einer Pfanne zerlassen und den Schinken darin schwenken. 2 Eßlöffel Mascarpone hinzufügen und in wenigen Minuten schmelzen lassen.

Eine Schüssel mit dem restliche Mascarpone auf den Kochtopf mit den Spaghetti setzen und den Mascarpone mit einem Schneebesen cremig rühren. 2 Eßlöffel Nudelkochwasser hinzufügen. Mit Salz und nicht zu feingemahlenem Pfeffer abschmecken.

Die gekochten Spaghetti auf einen Durchschlag schütten und abtropfen lassen. Zusammen mit den Schinkenstreifen und dem Parmesan zu dem Mascarpone geben. Sofort auftragen.

Empfohlener Wein: ein vollmundiger Weißwein wie ein Colli Orientali Savignon aus Friaul

RIGATONI MIT ARTISCHOCKEN

Rigatoni ai carciofi

Zubereitungszeit: 30–40 Minuten
Pro Portion: 735 Kalorien

400 g Rigatoni
4 l Wasser
40 g Salz

6 junge, zarte Artischocken
Saft von 1 Zitrone
1 kleine Zwiebel
6 EL bestes Olivenöl extravergine
30 g Butter
1/16 l Fleischbrühe
Salz
schwarzer Pfeffer
4 EL frischgemahlener Parmesan
2 EL gehackte frische Minze

Die Artischocken müssen für dieses Rezept ganz jung und zart sein. Das Gemüse von den äußeren Blättern befreien, die spitzen Blätter bis zur Hälfte abschneiden, die Stiele kürzen und die Artischocken in dünne Scheiben schneiden. Sofort in Wasser, das reichlich mit Zitronensaft vermischt ist, legen.

Die Zwiebel in Würfel schneiden. 4 EL Olivenöl und die Butter in einer hochwandigen Pfanne oder in einer Kasserolle erhitzen und die Zwiebelwürfel darin glasig braten. Die gut abgetropften Artischokkenscheiben hinzugeben. Unter Wenden durchbraten, bis sie gerade zu bräunen beginnen. Mit der Fleischbrühe aufgießen, leicht salzen und mit frischgemahlenem Pfeffer bestreuen. In 15–20 Minuten weich schmoren.

In dieser Zeit das Wasser für die Pasta in einem großen, hohen Topf zum Kochen bringen und das Salz hinzufügen. Die Rigatoni hineinschütten und sofort mit einer Holzgabel umrühren, damit sie nicht aneinanderkleben. Nach Vorschrift auf der Packung in 14–15 Minuten kernig-

Rigatoni mit Artischocken

weich kochen. Bereits nach 14 Minuten Kochzeit prüfen, ob die Rigatoni *al dente* sind. Auf einen Durchschlag schütten und gut abtropfen lassen – etwas Nudelkochwasser aufheben.

Die Rigatoni zu den Artischocken in der Pfanne geben und mit 2 Holzgabeln alles miteinander vermischen, bei Bedarf mit etwas Nudelkochwasser geschmeidig machen. Das restliche Öl, den Parmesan und die Minze mit der Pasta vermischen, auf vorgewärmte Teller füllen und sofort auftragen.

Empfohlener Wein: ein frischer, spritziger Weißwein wie ein Frascati aus Latium

SPAGHETTI MIT AUBERGINEN UND RICOTTA

Spaghetti alla Norma

Zubereitungszeit: 50 Minuten
Pro Portion: 935 Kalorien

400 g Spaghetti
4 l Wasser
40 g Salz

4 kleine Auberginen
12 EL Olivenöl
750 g reife Tomaten
2 Knoblauchzehen
1 kleine scharfe Pfefferschote
Salz
frische Basilikumblätter
100 g frischgeriebener gesalzener Ricotta

Die gewaschenen und gut abgetrockneten Auberginen der Länge nach in Scheiben schneiden.
8 Eßlöffel Olivenöl in einer hochwandigen Pfanne oder Kasserolle erhitzen, die Auberginenscheiben darin von beiden Seiten hellbraun braten. Aus dem Öl nehmen, abtropfen lassen und warmstellen.

Die Tomaten überbrühen, abziehen und in Stückchen schneiden, dabei das harte gelbe Mark und die Kerne entfernen.
Weitere 4 Eßlöffel Olivenöl in die Pfanne geben und erneut erhitzen. Die Knoblauchzehen und die Pfefferschote darin anbraten. Die Tomaten in das Öl geben, salzen und 20 Minuten schmoren lassen. Reichlich in Streifen geschnittene Basilikumblätter unter die Tomaten rühren.
Inzwischen das Wasser für die Pasta in einem großen, hohen Topf zum Kochen bringen und das Salz hinzufügen. Die Spaghetti hineingeben und sofort mit einer Holzgabel umrühren, damit sie nicht aneinanderkleben. Nach Vorschrift auf der Packung in 8–11 Minuten kernigweich kochen. Bereits nach 8 Minuten Kochzeit prüfen, ob die Spaghetti *al dente* sind. Auf einen Durchschlag schütten und gut abtropfen lassen.
Die heißen Spaghetti mit der Tomatensauce und dem geriebenen Ricotta vermischen. Die Auberginenscheiben sternförmig auf der Pasta anrichten.
Sollte der Ricotta zu weich zum Reiben sein, kann man ihn im warmen Backofen etwas trocknen lassen.

Empfohlener Wein: ein leichter Rotwein wie ein Corvo aus Sizilien

Pasta *alla Norma* nannte ein sizilianischer Koch dieses saftige Auberginengericht. Denn er hatte es dem Komponisten Bellini als Erinnerung an dessen Oper »Norma« gewidmet.

SPAGHETTI MIT GARNELEN UND PAPRIKASCHOTEN

Spaghetti con gamberi e peperoni

Zubereitungszeit: 40 Minuten
Pro Portion: 625 Kalorien

400 g Spaghetti
4 l Wasser
40 g Salz

500 g Garnelen in der Schale
1 kleine Zwiebel
1/2 gelbe Paprikaschote
6 EL Olivenöl
Salz
1/2 Glas (5 cl) Weißwein
1 EL gehackte Petersilie
weißer Pfeffer

Die Garnelen waschen und aus der Schale lösen. Die Zwiebel in Würfel, die geputzte Paprikaschote in feine Streifen schneiden. 3 Eßlöffel Öl erhitzen, die Zwiebelwürfel darin glasig braten und die Paprikastreifen hineingeben, salzen und bei leichter Hitze weich dünsten.
Inzwischen das Wasser für die Pasta in einem großen, hohen Topf zum Kochen bringen und das Salz hinzufügen. Die Spaghetti zufügen und sofort mit einer Holzgabel umrühren, damit sie nicht aneinanderkleben. Nach Vorschrift auf der Packung in 8–11 Minuten kernigweich kochen. Bereits nach 8 Minuten prüfen, ob die Spaghetti *al dente* sind.
Das restliche Öl in einer hochwandigen Pfanne oder Kasserolle erhitzen, die Garnelen kurz darin anbraten, mit dem Wein aufgießen, salzen und bei starker Hitze 3 Minuten kochen lassen. Die gedünsteten Paprikastreifen hinzufügen und kurz durchkochen lassen.
Die gekochten Spaghetti auf ein Sieb schütten, gut abtropfen lassen und zu den Garnelen in der Pfanne geben. Die Petersilie hinzufügen und alles bei leichter Hitze gründlich miteinander vermischen.

Zum Schluß mit frischgemahlenem Pfeffer bestreuen.
Dieses Rezept läßt sich gut mit bereits ausgelösten Garnelen zubereiten, dann genügen 200 g.

Empfohlener Wein: ein weicher, vollmundiger Rotwein wie ein Salice Salentino rosso aus Apulien

SPAGHETTI MIT KNOBLAUCH, ÖL UND SCHARFER PFEFFERSCHOTE

Spaghetti con aglio, olio e peperoncino

Zubereitungszeit: 15 Minuten
Pro Portion: 565 Kalorien

400 g Spaghetti
4 l Wasser
40 g Salz

6 EL Olivenöl
4 Knoblauchzehen
ein Stückchen rote Pfefferschote
1 EL gehackte Petersilie

Das Wasser in einem großen, hohen Topf zum Kochen bringen und das Salz hinzufügen. Die Spaghetti hinzugeben und sofort mit einer Holzgabel umrühren, damit sie nicht aneinanderkleben. Nach Vorschrift auf der Packung in 8–11 Minuten kernigweich kochen. Bereits nach 8 Minuten prüfen, ob die Spaghetti *al dente* sind.
In dieser Zeit für die Sauce das Öl in einer hochwandigen Pfanne oder Kasserolle erhitzen und die in hauchdünne Scheiben geschnittenen Knoblauchzehen und in feine Stückchen geschnittene Pfefferschote (die Menge der verwendeten Pfefferschote richtet sich nach dem persönlichen Geschmack) darin anbraten, bis der Knoblauch hellgelb ist. Mit 3 Eßlöffeln Nudelkochwasser aufgießen und weitere 5 Minuten schmoren lassen.

Die gekochten Spaghetti auf einen Durchschlag schütten und gut abtropfen lassen. Sofort in die Pfanne mit dem kochendheißen Öl geben. Bei leichter Hitze unter Wenden der Spaghetti mit zwei Holzgabeln 2–3 Minuten durchziehen lassen. Zum Schluß die Petersilie untermischen. Zu diesem Gericht gehört kein Käse.

Empfohlener Wein: ein feiner, trockener Weißwein wie ein Greco di Tufo aus Kampanien

SPAGHETTI MIT MIESMUSCHELN ODER VENUSMUSCHELN

Spaghetti alle cozze o alle vongole

Zubereitungszeit: 50 Minuten
Pro Portion: 665 Kalorien

400 g Spaghetti
4 l Wasser
40 g Salz

1 kg Muscheln (Miesmuscheln oder Venusmuscheln)
6 EL Olivenöl
1 Zwiebel
2 große, reife Tomaten
1 Knoblauchzehe
Salz
schwarzer Pfeffer
1 EL gehackte Petersilie

Die Muscheln unter fließendem Wasser gründlich schrubben und dann waschen. In einer großen Pfanne 1 Eßlöffel Öl erhitzen und die Muscheln darin dünsten, bis sie sich geöffnet haben. Auf ein Sieb geben und aus den Schalen lösen. Muscheln, die sich nicht geöffnet haben, fortwerfen.
Das Muschelwasser aus der Pfanne durch ein sehr feines Sieb geben, damit der Sand zurückbleibt.

Die Zwiebel in Würfel schneiden. Die Tomaten überbrühen, abziehen und in Stückchen schneiden, dabei das harte gelbe Mark und die Kerne entfernen.
Das restliche Öl in einer hochwandigen Pfanne oder Kasserolle erhitzen, die Knoblauchzehe und die Zwiebel darin hellgelb rösten. Die Knoblauchzehe wieder aus dem Fett nehmen und die Tomaten hinzugeben. 10 Minuten dünsten lassen, vorsichtig mit Salz und kräftig mit frischgemahlenem Pfeffer abschmecken. Die Muscheln und das durchgesiebte Kochwasser der Muscheln hinzufügen, erhitzen, aber nicht mehr kochen lassen.
In dieser Zeit das Wasser für die Pasta in einem großen, hohen Topf zum Kochen bringen und das Salz hinzufügen. Die Spaghetti hinzufügen und sofort mit einer Holzgabel umrühren, damit sie nicht aneinanderkleben. Die Spaghetti nach Vorschrift auf der Packung in 8–11 Minuten kernigweich kochen. Bereits nach 8 Minuten prüfen, ob sie *al dente* sind.
Die Pasta auf einen Durchschlag schütten und gut abtropfen lassen. Zu den Muscheln in der Pfanne geben und alles mit zwei Holzgabeln gründlich vermischen. Mit Petersilie bestreuen und sofort auftragen.

Empfohlener Wein: ein frischer, harmonischer Weißwein wie ein Ischia bianco

Frische Muscheln mit Spaghetti sind in der Saison in allen Lokalen an der Küste Italiens eine der *piatti preferiti*, der beliebtesten Gerichte, besonders dann, wenn sie mit den kleinen *vongole veraci* – den würzigen Venusmuscheln – zubereitet werden. Die besten kommen noch immer von der südlichen Küste. Übrigens gibt es viele Muschelliebhaber, die auf die Zugabe von Tomaten bei diesem Muschelgericht verzichten, weil sie der Meinung sind, daß diese den Muschelgeschmack nach Tang und Meer übertönen. Wem es genauso geht, der läßt sie einfach weg.

SPAGHETTI AUF KÖHLER ART

Spaghetti alla carbonara

Zubereitungszeit: 25 Minuten
Pro Portion: 879 Kalorien

400 g Spaghetti
4 l Wasser
40 g Salz

150 g Schweinebacke oder
durchwachsener Speck
2 EL Olivenöl
1 Knoblauchzehe
4 Eier
je 3 EL frischgeriebener Parmesan und
Pecorino
grobgeriebener schwarzer Pfeffer
Salz

Das Wasser in einem großen, hohen Topf zum Kochen bringen und das Salz hinzufügen. Die Spaghetti hineingeben und sofort mit einer Holzgabel umrühren, damit sie nicht aneinanderkleben. Nach Vorschrift auf der Packung in 8–11 Minuten kernigweich kochen. Bereits nach 8 Minuten Kochzeit prüfen, ob die Spaghetti *al dente* sind.
Inzwischen den Speck in kleine Würfel schneiden. Das Öl erhitzen, den Knoblauch hineingeben und die Speckwürfel darin glasig braten. Die Knoblauchzehe herausfischen.
In einer Terrine die Eier mit der Hälfte des Käses, Salz und Pfeffer gründlich mit einem Schneebesen verquirlen.
Die Spaghetti auf einen Durchschlag schütten, gut abtropfen lassen und etwas Nudelkochwasser aufheben. Die Pasta sofort mit den Eiern in der Terrine vermischen. Die Eier sollen zu einer cremigen Masse erstarren.

Den Speck kochendheiß hinzufügen sowie etwas Kochwasser der Nudeln und den restlichen Käse. Alles gründlich vermischen und auf heiße Teller füllen.

Empfohlener Wein: ein trockener, spritziger Weißwein wie ein Frascati aus Latium

Die *Spaghetti alla carbonara* sind eines der populärsten Pastagerichte Italiens. Sie werden gerne bei Tisch angemacht. Die Hauptsache ist dabei, daß Pasta und angebratene Schweinebacke kochendheiß mit den Eiern vermischt werden und so ein cremiges Spaghettigericht entsteht.

SPAGHETTI MIT SCHWARZEN TRÜFFELN

Spaghetti alla norcia

Zubereitungszeit: 25 Minuten
Pro Portion: 580 Kalorien

400 g Spaghetti
4 l Wasser
40 g Salz

80 g schwarze Trüffel
(frisch oder konserviert)
3 gewässerte Sardellenfilets
6 EL bestes Olivenöl extravergine
Salz
1 EL gehackte Petersilie

Das Wasser in einem großen, hohen Topf zum Kochen bringen und das Salz hinzufügen. Die Spaghetti hinzugeben und sofort mit einer Holzgabel umrühren, damit sie nicht aneinanderkleben. Nach Vorschrift auf der Packung in 8–11 Minuten kernigweich kochen. Bereits nach 8 Minuten Kochzeit prüfen, ob die Spaghetti *al dente* sind.

Frische Trüffel gründlich mit einer Bürste abschrubben, damit die anhaftende Erde ganz entfernt wird. Völlig trocknen lassen. Leicht schälen, in Stücke schneiden und in einem Mörser mit den Sardellen zerstampfen. Dabei nach und nach etwas Olivenöl hinzufügen, so daß eine homogene Masse entsteht. Auf einem Wasserbad erwärmen.

Das restliche Olivenöl in einer kleinen Pfanne erwärmen, es soll nicht zu heiß werden.

Die gekochten Spaghetti auf einen Durchschlag schütten und gut abtropfen lassen. Auf vier vorgewärmte Teller füllen und mit dem angewärmten Öl vermischen.

Auf jeden Teller ein Viertel der Trüffelpaste geben und mit der Petersilie bestreuen. Jeder Tischgast vermischt dann die Trüffelcreme selbst mit den Spaghetti.

Empfohlener Wein: ein voller, harmonischer Rotwein wie ein Torgiano aus Umbrien

Im Gegensatz zu Piemont, wo man die kostbaren weißen Trüffel in hauchdünne Scheiben nur über das fertig angerichtete, heiße Pastagericht hobelt, geht man in Umbrien mit den schwarzen Trüffeln verschwenderisch um: Sie werden unter die Speisen gemischt. Die schwarzen Trüffeln entwickeln ihr Aroma erst voll, wenn sie erwärmt werden.

VOLLKORNSPAGHETTI MIT TOMATEN UND OREGANO

Spaghetti integrali alla pizzaiola

Zubereitungszeit: 35 Minuten
Pro Portion: 615 Kalorien

400 g Vollkornspaghetti
4 l Wasser
40 g Salz

1 Dose (800 g) Tomaten,
am besten Pomodori pelati
3 Knoblauchzehen
4 EL Olivenöl
Salz
getrockneter Oregano
30 g frische Butter
40 g frischgeriebener Parmesan
schwarzer Pfeffer
1 EL gehackte Petersilie

Die Tomaten auf ein Sieb geben und abtropfen lassen, dann in Stücke schneiden. Die Knoblauchzehen abschälen und zerdrücken.

Das Öl in einer Pfanne erhitzen, den Knoblauch darin anbraten, bis er hellgelb ist, dann die Tomaten hinzufügen. Mit Salz und einer guten Löffelspitze Oregano würzen. Bei leichter Hitze unter gelegentlichem Umrühren einkochen lassen, bis die Sauce dicklich ist.

In der Zubereitungszeit das Wasser für die Pasta in einem großen, hohen Topf zum Kochen bringen und das Salz hinzufügen. Die Spaghetti hinzugeben und sofort mit einer Holzgabel umrühren, damit sie nicht aneinanderkleben. Nach Vorschrift auf der Packung in 6–8 Minuten kernigweich kochen. Bereits nach 6 Minuten prüfen, ob die Spaghetti *al dente* sind. Auf einen Durchschlag schütten und abtropfen lassen.

Die Pasta in eine vorgewärmte Schüssel geben und mit der Butter und dem Käse vermischen.

Auf vier Teller füllen, mit der Tomatensauce übergießen, frischgemahlenen Pfeffer darübergeben und mit der Petersilie bestreuen.

Empfohlener Wein: ein frischer Weißwein wie ein Ischia bianco aus Kampanien

VOLLKORNSPAGHETTI MIT SARDELLEN UND SAHNE

Spaghetti integrali con acciughe e panna

Zubereitungszeit: 30 Minuten
Pro Portion: 660 Kalorien

400 g Vollkornspaghetti
4 l Wasser
40 g Salz

5 Knoblauchzehen
1/8 l Milch
200 g gewässerte Sardellenfilets
50 g Butter
2 EL Olivenöl extravergine
1 EL Aceto Balsamico
3 EL Crème fraîche oder Crème double
schwarzer Pfeffer

Die Knoblauchzehen schälen und in der Milch bei leichter Hitze etwa 15 Minuten kochen lassen, bis sie weich sind. Aus der Milch nehmen und beiseite legen.

Das Wasser für die Pasta in einem großen, hohen Topf zum Kochen bringen und das Salz hinzufügen. Die Spaghetti hinzugeben und sofort mit einer Holzgabel umrühren, damit sie nicht aneinanderkleben. Nach Vorschrift auf der Packung in 6–8 Minuten kernigweich kochen. Bereits nach 6 Minuten Kochzeit prüfen, ob die Spaghetti *al dente* sind.

Die Knoblauchzehen mit den kleingeschnittenen Sardellen in einen Mörser geben und mit dem Stößel zu einer glatten Paste zerstampfen.

Die Butter bei leichter Hitze nur schmelzen lassen, nicht bräunen, und zu der Sardellenpaste geben. Alles gründlich vermischen. In eine Schüssel geben und unter kräftigem Rühren langsam das Öl hinzufügen. Nach und nach den Aceto Balsamico und die Sahne mit der Creme verrühren. Mit frischgemahlenem Pfeffer herzhaft würzen.

Die gekochten Spaghetti auf ein Sieb schütten, gut abtropfen lassen und in eine vorgewärmte Schüssel geben. Die Sardellencreme über die Pasta gießen und alles gründlich miteinander vermischen.

Anstelle von Aceto Balsamico kann man auch 2 Eßlöffel Orangensaft an den *sugo* geben.

Empfohlener Wein: ein fruchtiger, harmonischer Weißwein wie ein Verduzzo aus Friaul

Man kann die Vollkornspaghetti auch aus 350 g Vollkornmehl, 30 g Butter, 3 Eiern, Salz und etwas Milch selber herstellen – dazu wird der ausgerollte Nudelteig in ganz feine spaghettiähnliche Streifen geschnitten.

SPAGHETTI MIT TOMATEN, KAPERN UND SCHWARZEN OLIVEN

Spaghetti alla puttanesca

Zubereitungszeit: 25 Minuten
Pro Portion: 785 Kalorien

400 g Spaghetti
4 l Wasser
40 g Salz

8 EL bestes Olivenöl
3 Knoblauchzehen
4 gewässerte Sardellenfilets
1/2 kleine scharfe Pfefferschote
300 g reife Tomaten
1 EL Kapern
150 g schwarze Oliven
Salz
2 EL gehackte Petersilie

Das Olivenöl in einer hochwandigen Pfanne oder Kasserolle erhitzen und die fein-gehackten Knoblauchzehen und die Sardellen darin hellgelb braten. Die streifig geschnittene Pfefferschote hinzufügen.
Die Tomaten überbrühen, abziehen und in Stückchen schneiden, dabei das harte gelbe Mark und die Kerne entfernen. In die Pfanne geben und die Kapern sowie die entkernten Oliven zugeben. Kurz durchschmoren und abschmecken.
Das Wasser für die Pasta in einem großen, hohen Topf zum Kochen bringen und das Salz hinzufügen. Die Spaghetti hinzugeben und sofort mit einer Holzgabel umrühren, damit sie nicht aneinanderkleben. Nach Vorschrift auf der Packung in 8–11 Minuten kernigweich kochen. Bereits nach 8 Minuten Kochzeit prüfen, ob die Spaghetti *al dente* sind. Auf einen Durchschlag schütten und gut abtropfen lassen. Auf vier vorgewärmte Teller füllen, mit dem Sugo übergießen, gut vermischen und mit der Petersilie bestreuen.

Empfohlener Wein: ein voller Rotwein wie ein Barbera aus Kampanien

SPAGHETTI MIT MEERES-FRÜCHTEN

Spaghetti ai frutti di mare

Zubereitungszeit: 1 Stunde
Pro Portion: 625 Kalorien

300 g Spaghetti
3 l Wasser
30 g Salz

500 g möglichst kleine Miesmuscheln
500 g Venusmuscheln (*vongole*)
300 g unausgelöste Garnelen
einige möglichst kleine Tintenfische
1/2 kleine scharfe Pfefferschote
1 Knoblauchzehe
5 EL Olivenöl
1/2 Glas (5 cl) Weißwein
1 Gläschen Cognac
1 große, reife Tomate
Meersalz
schwarzer Pfeffer
2 EL gehackte Petersilie

Die Muscheln sorgfältig auslesen und alle geöffneten Muscheln wegwerfen. Unter fließendem Wasser gründlich bürsten, von den »Bärten« befreien und dann waschen. Auf einem Durchschlag gut abtropfen lassen. Die ungekochten Garnelen aus den Schalen lösen. Die geputzten Tintenfische in Ringe schneiden, besonders kleine ganz lassen.
Die entkernte Pfefferschote und die Knoblauchzehe in Scheiben schneiden und in einer tiefen Pfanne in 3 Eßlöffeln Öl hellgelb rösten. Die Muscheln und die Tintenfischringe hinzugeben und unter gelegentlichem Schütteln der Pfanne nur wenige Minuten erhitzen, bis sich die Muscheln geöffnet haben. Die Muscheln herausnehmen. Muscheln, die sich nicht geöffnet haben, wegwerfen. Den Sud durch ein sehr feines Sieb geben, damit der Sand zurückbleibt.
Einen Teil der Muscheln aus den Schalen lösen und mit den restlichen Muscheln, den geschmorten Tintenfischen und dem

Sud wieder in die Pfanne geben. Die aus-gelösten Garnelen hinzufügen, dann den Wein und den Cognac angießen und alles weitere 3 Minuten schmoren lassen.

Die Tomate überbrühen, abziehen und in Stückchen schneiden, dabei das harte gel-be Mark und die Kerne zurücklassen. In ei-ner zweiten Pfanne die Tomatenstückchen in dem restlichen Öl 5 Minuten schmoren lassen. Zu den Muscheln geben und mit Salz und frischgemahlenem Pfeffer ab-schmecken.

Inzwischen das Wasser für die Pasta in einem großen, hohen Topf zum Kochen bringen und das Salz hinzufügen. Die Spa-ghetti hineingeben und sofort mit einer Holzgabel umrühren, damit sie nicht an-einanderkleben. Die Spaghetti nach Vor-schrift auf der Packung in 8–11 Minuten kernigweich kochen. Bereits nach 8 Minu-ten prüfen, ob sie *al dente* sind. Auf einen Durchschlag schütten und gut abtropfen lassen. Zu den Meeresfrüchten in der Pfanne geben, die Petersilie hinzufügen und alles sorgfältig miteinander vermi-schen.

Empfohlener Wein: ein feiner, trockener Weißwein wie ein Greco di Tufo aus Kam-panien

Spaghetti und Meeresfrüchte sind ein idealer Zusammenklang. Diesen Gau-mengenuß kann man noch steigern, wenn man diese Mischung kurz in Alufolie im Backofen erhitzt – dann kommt der herr-liche Meeresduft beim Aufreißen der Folie besonders stark heraus.

Spaghetti mit Meeresfrüchten

GENUESER SPAGHETTI MIT PESTO

Trenette al pesto alla genovese

Zubereitungszeit: 45 Minuten
Pro Portion: 760 Kalorien

400 g Trenette
oder Spaghetti
4 l Wasser
40 g Salz
2 Kartoffeln
50 g ganz zarte, kleine grüne Bohnen
PESTO
1 Handvoll Pinienkerne
1 Handvoll frische
Basilikumblätter
4 Knoblauchzehen
10 g grobes Meersalz
je 30 g Parmesan und Pecorino
8 EL feines Olivenöl extravergine

Trenette sind eckige Spaghetti, eine ligurische Spezialität
Für den Pesto die Pinienkerne trocken im Backofen hellgelb rösten, abkühlen lassen und grob hacken. Die gewaschenen, getrockneten Basilikumblätter mit einer Schere in breite Streifen schneiden. Die Knoblauchzehen abziehen und in Stücke schneiden.
Die Knoblauchzehen und die Pinienkerne mit dem Stößel in einem Mörser zerstoßen. Dann die Basilikumblätter hinzufügen und während des Stampfens immer etwas Salz hinzufügen, damit das Grün der Blätter erhalten bleibt.
Wenn diese Zutaten vermischt sind, nach und nach den in Bröckchen zerteilten Käse in den Mörser geben, am besten immer mit dem Stößel gegen den Rand des Mörsers drücken, damit er ganz zerstoßen wird. Dann unter Rühren mit einem Holzlöffel nach und nach das Olivenöl hinzufügen, es soll eine cremige Masse entstehen. Der Pesto soll etwas durchziehen.

Man kann für die Zubereitung des Pesto auch eine Küchenmaschine oder einen Mixer verwenden. Dann kommt zuerst das Öl hinein und dann die übrigen Zutaten. Aber selbst bei niedrigster Schaltstufe geht etwas von dem herrlichen Duft und Geschmack des Pesto verloren.
Die Kartoffeln schälen und in kleine Würfel schneiden, die Bohnen in Stückchen brechen.
Das Wasser für die Pasta in einem großen, hohen Topf zum Kochen bringen und das Salz hinzufügen. Die Kartoffelwürfel und Bohnenstückchen 5 Minuten darin kochen lassen und dann herausnehmen. Die Trenette in das kochende Wasser geben und sofort mit einer Holzgabel umrühren, damit sie nicht aneinanderkleben. Nach Vorschrift auf der Packung in 8–11 Minuten kernigweich kochen. Schon nach 8 Minuten Kochzeit prüfen, ob die Trenette *al dente* sind. Auf einen Durchschlag schütten und gut abtropfen lassen. Etwas Nudelkochwasser aufheben.
Den Pesto mit 2–3 Eßlöffeln Nudelkochwasser geschmeidig machen. Die gekochten Trenette, Kartoffelwürfel und Bohnen in eine vorgewärmte Schüssel geben und gründlich mit dem duftenden Pesto vermischen. Sofort servieren.

Empfohlener Wein: ein junger, duftig harmonischer Weißwein wie ein Pigato aus Ligurien

Zu den unvergeßlichen Geschmackserlebnissen der italienischen Küche gehört die erste Begegnung mit einem Nudelgericht, von basilikum-duftendem Pesto durchtränkt – ein Wohlgeschmack, den kein ähnliches Gericht in einer anderen Küche hat.

SPAGHETTI MIT ROHEN TOMATEN UND MOZZARELLA

Spaghetti al pomodoro crudo e mozzarella

Zubereitungszeit: 30 Minuten
Pro Portion: 755 Kalorien

400 g Spaghetti
4 l Wasser
40 g Salz

5 große reife Fleischtomaten
(1–1,5 kg)
2 Schalotten
1 kleines Stückchen frische scharfe
Pfefferschote – kann entfallen
Salz
schwarzer Pfeffer
6 EL Olivenöl extravergine
12 frische, große Basilikumblätter
200 g Mozzarella

Das Wasser in einem großen, hohen Topf zum Kochen bringen und das Salz hinzufügen. Die Spaghetti hinzugeben und sofort mit einer Holzgabel umrühren, damit sie nicht aneinanderkleben. Nach Vorschrift auf der Packung in 8–11 Minuten kernigweich kochen. Bereits nach 8 Minuten Kochzeit prüfen, ob die Spaghetti *al dente* sind.
Inzwischen die Tomaten überbrühen, abziehen und in Stückchen schneiden, dabei das harte gelbe Mark und die Kerne entfernen. Die Schalotten in Würfel schneiden, die Pfefferschote in sehr feine Streifen. Alles vermischen, mit Salz und frischgemahlenem Pfeffer würzen und unter Rühren das Olivenöl hinzugeben sowie das in Streifen geschnittene Basilikum.
Den Mozzarella in 2 cm große Würfel schneiden.

Die gekochten Spaghetti auf einen Durchschlag schütten und gut abtropfen lassen. Mit den marinierten Tomaten und den Mozzarellawürfeln vermischen. Sofort auftragen.
Man kann Spaghetti, Tomaten und Mozzarella kurz miteinander erwärmen, dann kommen die Spaghetti heiß auf den Tisch, aber das herrlich frische Aroma der Tomaten und des Olivenöls geht verloren.

Empfohlener Wein: ein spritziger Weißwein wie ein Frascati aus Latium

Für die Zubereitung dieses köstlichen, erfrischenden Sommergerichtes müssen alle Zutaten ganz frisch sein – die Tomaten von sonnengereifter Süße, der Mozzarella weiß, glatt und von angenehm säuerlichem Duft, die Basilikumblätter frisch gepflückt aus dem Garten oder als Pflanze vom Markt heimgebracht. Dann schmeckt es nach Sommer, nach Italien und nach Urlaub!

HAUSGEMACHTE EIERNUDELN

Pasta fresca

EIERNUDELN MIT BUTTER UND KÄSE

Fettuccine all'Alfredo

Zubereitungszeit: 1 Stunde (mit fertiggekauften Eiernudeln 20 Minuten)
Pro Portion: 915 Kalorien

TEIG
400 g Weizenmehl
4 Eier
1 EL Olivenöl
ZUM KOCHEN DER PASTA
4 l Wasser
40 g Salz
1 EL Öl
AUSSERDEM
150 g Butter
150 g Parmesan

Aus Mehl, Eiern und Öl einen glatten Nudelteig zubereiten und mit einem feuchten Tuch zugedeckt 20 Minuten ruhen lassen. Den Teig in 2–3 Teile schneiden. Mit
Hilfe einer Nudelmaschine oder mit einem Nudelholz messerrückendick ausrollen. Die Teigblätter der Breite nach zusammenrollen und mit einem schweren,
scharfen Messer in 1 cm breite Fettuccine
schneiden. Wieder auseinanderrollen und
etwas antrocknen lassen.
Das Wasser in einem großen, breiten Topf
zum Kochen bringen, Öl und Salz hinzufügen und die Fettuccine locker hineingeben. In wenigen Minuten *al dente* kochen.

Vor dem Abgießen Probenudel entnehmen. In einen Durchschlag schütten und
gut abtropfen lassen.
Die Fettuccine auf eine große Platte geben. Die frische Butter in Flöckchen daraufsetzen und den Parmesan direkt über
die Nudeln reiben. Alles mit zwei Gabeln
lange und gründlich vermischen. Butter
und Käse müssen ganz geschmolzen sein.
Sofort auf vorgewärmte Teller füllen und
auftragen.

Empfohlener Wein: ein junger, frischer
Weißwein wie ein Velletri bianco secco von
den Castelli Romani

In den fünfziger Jahren – im Zeichen des
dolce vita – war das Restaurant »Alfredo«
in Rom der Treffpunkt der schicken Römer und der Fremden. Der Besitzer, der
sich stolz *il re delle fettuccine* nannte, vermischte mit unnachahmlicher Grandezza
mit Hilfe eines goldenen Bestecks seine *fettuccine maestose* bei Tisch mit frischer Butter und geriebenem Parmesan solange, bis
alles miteinander zu einem hinreißenden
Nudelgericht verschmolzen war. Wer nach
dem vorliegenden Rezept die Fettuccine
mit gleicher Intensität mischt, kann auch
zu Hause die »majestätischen« Nudeln genießen.

Breite Eiernudeln mit Hasenragout

Pappardelle alla lepre

Zubereitungszeit: 3 Stunden
Marinierzeit: 1 Nacht
Pro Portion:985 Kalorien

TEIG
120 g Weizenmehl
120 g Hartweizengrieß
2 Eier
1 Eigelb
ZUM KOCHEN DER PASTA
3 l Wasser
30 g Salz
1 EL Öl
RAGOUT
1 junger Hase mit Hasenklein oder das
Hasenklein von zwei Hasen
evtl. 100 g Hasen- oder Geflügelleber
1 Selleriestange
1 Möhre
2 Zweiglein Thymian
1/2 Lorbeerblatt
einige Pfefferkörner
1/2–3/4 l guter, kräftiger Rotwein
6 EL Olivenöl
Salz
schwarzer Pfeffer
40 g Butter
1/2 Glas (5 cl) Milch oder Sahne
2 EL frischgehackte Petersilie

Den Hasen gleich beim Einkauf in Vorderläufe, Keulen, Rückenstücke und Bauchlappen zerlegen lassen.
Zwiebel, Sellerie und Möhre putzen und in Würfel schneiden. Die Hasenfleischteile und das Hasenklein (bis auf die Leber) in eine Schüssel geben und mit den Gemüsewürfeln und den Gewürzen vermischen. Mit dem Rotwein übergießen und über Nacht stehen lassen.
Am nächsten Tag Fleisch und Gemüse auf einem Sieb gut abtropfen lassen. Die Rotweinbeize auffangen.

Das Olivenöl in einem Schmortopf erhitzen und Fleisch und Gemüse bei starker Hitze anbraten, bis es zu bräunen beginnt. Mit Salz und grobgemahlenem Pfeffer würzen. Mit der Rotweinbeize aufgießen und zugedeckt in 2 Stunden garschmoren lassen.
Inzwischen aus Mehl, Hartweizengrieß, Eiern und Eigelb einen glatten Nudelteig zubereiten und mit einem feuchten Tuch zugedeckt 20 Minuten ruhen lassen. Den Teig in 2–3 Teile schneiden. Mit Hilfe einer Nudelmaschine oder mit einem Nudelholz messerrückendick ausrollen. Die Teigblätter der Breite nach zusammenrollen und mit einem schweren, scharfen Messer in 2–3 cm breite Pappardelle schneiden. Wieder auseinanderrollen und etwas antrocknen lassen.
Das Fleisch aus dem Topf nehmen, von den Knochen lösen und kleinschneiden. Die Leber in Würfel schneiden und kurz in der Butter rosig braten. Den Bratfond vom Hasenfleisch durch ein Sieb streichen, die Milch hinzufügen und die Sauce noch etwas einkochen lassen. Fleisch und Leber an die Sauce geben und kurz aufkochen lassen. Die Petersilie hinzufügen.
Das Wasser in einem großen, breiten Topf zum Kochen bringen. Öl und Salz hinzufügen und die Pappardelle locker hineinstreuen. In wenigen Minuten *al dente* kochen. Vor dem Abgießen Probenudel entnehmen. In einen Durchschlag schütten und gut abtropfen lassen.
Die Nudeln in den Schmortopf zu dem Hasenragout geben und 1–2 Minuten alles miteinander bei leichter Hitze vermischen.

Empfohlener Wein: ein toskanischer Rotwein wie ein Chianti Classico

GRÜNE EIERNUDELN BOLOGNESER ART

Tagliatelle verdi alla bolognese

Zubereitungszeit: 2 Stunden
Pro Portion: 995 Kalorien

TEIG
200 g Spinat
400 g Weizenmehl
2 Eier
ZUM KOCHEN DER PASTA
4 l Wasser
40 g Salz
1 EL Öl
RAGOUT
50 g Speck
1 Zwiebel
1 Möhre
1 Selleriestange
100 g Schweinefleisch
100 g Rindfleisch
100 g roher Schinken
20 g eingeweichte getrocknete Pilze
50 g Butter
Oregano
1 Gewürznelke
2 EL Tomatenmark
1/8 l Fleischbrühe
1 Glas (1 dl) Rotwein
1/2 Glas (5 cl) Milch oder Sahne
Salz
weißer Pfeffer
Muskat
ZUM ABRUNDEN
60 g Butter
60 g frischgeriebener Parmesan

Für den Teig den Spinat waschen, tropfnaß in einen Topf geben und aufkochen, bis er zusammenfällt. Gut abtropfen lassen und im Mixer pürieren.
Das Mehl in einer Schüssel mit den Eiern und dem Spinat schnell mit den Händen zu einem Teig verkneten und zu einer Kugel formen. Mit einem feuchten Tuch zudecken und 20 Minuten ruhen lassen,

Inzwischen für das Ragout Speck, geschälte Zwiebel und Möhre in kleine Würfel schneiden, die Selleriestange in Scheibchen. Fleisch und Schinken durch den Fleischwolf drehen oder beides in der Küchenmaschine zerkleinern, es soll nicht zu fein sein.
Speck- und Zwiebelwürfel in der Butter glasig braten, das Gemüse hinzufügen und kurz durchrösten. Das Fleisch zu dem angebratenen Speck-Gemüse-Gemisch geben, ebenfalls mit durchbraten und die feingewiegten Pilze, Oregano, Nelke und Tomatenmark mit dem Fleisch verrühren. Mit Fleischbrühe und Wein aufgießen und zugedeckt bei leichter Hitze kochen lassen. Dabei hin und wieder umrühren, damit die Sauce nicht ansetzt.
Nach 1 Stunde Kochzeit die kochende Milch oder Sahne an die Sauce geben und im offenen Topf durchkochen lassen, bis sich Milch oder Sahne mit dem Ragout verbunden hat. Mit Salz, frischgemahlenem Pfeffer und geriebener Muskatnuß abschmecken.
In der Kochzeit der Sauce den Nudelteig in 2–3 Teile schneiden. Mit Hilfe einer Nudelmaschine oder mit einem Nudelholz messerrückendick ausrollen. Die Teigblätter der Breite nach zusammenrollen und mit einem schweren, scharfen Messer in 1/2 cm breite Tagliatelle schneiden. Wieder auseinanderrollen und etwas antrocknen lassen.
Das Wasser in einem großen, breiten Topf zum Kochen bringen, Öl und Salz hinzufügen und die Tagliatelle locker hineinstreuen. In wenigen Minuten *al dente* kochen. Vor dem Abgießen Probenudel entnehmen. In einen Durchschlag schütten und gut abtropfen lassen. In einer vorgewärmten Schüssel mit der Butter vermischen.

Auf vier vorgewärmte Teller füllen. In die Mitte die Bologneser Sauce geben. Den Parmesan getrennt dazu reichen.

Empfohlener Wein: ein frischer, leicht säurebetonter Weißwein wie ein Trebbiano aus der Emilia-Romagna, aber auch ein leichter Rotwein wie ein Falerno aus Kampanien

Ecco là – *das* klassische italienische Nudelgericht. Es lohnt sich, die lange schmorende Bologneser Sauce in doppelter Portion zuzubereiten und einzufrieren. Sie schmeckt auch vorzüglich zu *pasta secca* – vor allem zu Spaghetti.
In der Trüffelzeit werden gerne Würfelchen von schwarzen Trüffeln an die Sauce gegeben.

Grüne Eiernudeln Bologneser Art

BREITE EIERNUDELN MIT PILZEN

Pappardelle con funghi

Zubereitungszeit: 1 Stunde
Einweichzeit der Pilze: 2 Stunden
Pro Portion: 675 Kalorien

TEIG
300 g Weizenmehl
3 Eier
ZUM KOCHEN DER PASTA
3 l Wasser
30 g Salz
1 EL Öl
SAUCE
40 g getrocknete Steinpilze
1 Zwiebel
1 Knoblauchzehe
4 EL Olivenöl
Salz
3 Blättchen Estragon
1/8 l Sahne
2 EL gehackte Petersilie
schwarzer Pfeffer
40 g Butter zum Abrunden

Die Steinpilze waschen und 2 Stunden in einer Tasse mit kaltem Wasser einweichen. Aus Mehl und Eiern einen glatten Nudelteig zubereiten und mit einem feuchten Tuch zugedeckt 20 Minuten ruhen lassen. Die Steinpilze gut abtropfen lassen, Einweichwasser auffangen.
Die Zwiebel in Würfel schneiden und die Knoblauchzehe fein hacken. Das Öl in einer hochwandigen Pfanne oder Kasserolle erhitzen und Zwiebelwürfel und Knoblauch darin glasig dünsten. Die Steinpilze und die Estragonblätter hinzugeben und mit durchschmoren. Mit dem gefilterten Pilz-Einweichwasser aufgießen und 20–25 Minuten schmoren lassen. Die Sahne hinzufügen und etwas einkochen lassen. Am Ende der Kochzeit mit der gehackte Petersilie und frischgemahlenem Pfeffer abschmecken.
Den Teig in 2–3 Teile schneiden. Mit Hilfe einer Nudelmaschine oder mit einem Nudelholz messerrückendick ausrollen. Die Teigblätter der Breite nach zusammenrollen und mit einem schweren, scharfen Messer in 2–3 cm breite Pappardelle schneiden. Wieder auseinanderrollen und etwas antrocknen lassen.
Das Wasser in einem großen, breiten Topf zum Kochen bringen, Öl und Salz hinzufügen und die Pappardelle locker hineinstreuen. In wenigen Minuten *al dente* kochen. Vor dem Abgießen Probenudel entnehmen. In einen Durchschlag schütten und gut abtropfen lassen.
Zu den Pilzen in der Pfanne geben und Pasta und Pilze 1–2 Minuten miteinander vermischen. Von der Kochstelle nehmen und die Butter in Flöckchen unter die Pappardelle geben.
Im Herbst wird dieses Gericht überall mit frischen Steinpilzen zubereitet – dann rechnet man 400 g Pilze für dieses Rezept.

Empfohlener Wein: ein samtiger Rotwein wie ein Valpolicella aus Venetien

VENEZIANISCHE VOLLKORNNUDELN MIT PIKANTER SAUCE

Bigoli scuri in salsa

Zubereitungszeit: 1 Stunden 30 Minuten
Pro Portion: 765 Kalorien

TEIG
350 g Weizenvollkornmehl
30 g Butter
3 Eier
Salz
etwas Milch
ZUM KOCHEN DER PASTA
4 l Wasser
40 g Salz
1 EL Öl
SAUCE
250 g milde, süße Zwiebeln
8 EL feinstes Olivenöl
50 g gewässerte Sardellen
schwarzer Pfeffer

Aus Vollkornmehl, weichen Butterflöckchen, Eiern, Salz und etwas Milch einen glatten Nudelteig zubereiten und mit einem feuchten Tuch zugedeckt 20 Minuten ruhen lassen. Den Teig in 2–3 Teile schneiden und dünn und lang ausrollen. Aufrollen und schmale, spaghettiähnliche Nudeln schneiden. Auseinanderrollen und etwas antrocknen lassen.
Für die Sauce die Zwiebeln in feine Scheiben schneiden. In einer hochwandigen Pfanne das Öl erhitzen und die Zwiebeln und die entgräteten, in Stücke geschnittenen Sardellen darin unter Rühren braten, bis die Zwiebeln glasig und die Sardellen aufgelöst sind. Wenn die Zwiebeln beginnen, Farbe anzunehmen, mit etwas Wasser aufgießen und weiterschmoren lassen. Die Zwiebeln sollen am Ende ganz weich und hellgelb sein. Das kann eine Stunde dauern.
Das Wasser für die Pasta in einem großen, breiten Topf zum Kochen bringen, Öl und Salz hinzufügen und die Bigoli locker hineinstreuen. In wenigen Minuten *al dente* kochen. Vor dem Abgießen Probenudel entnehmen. In einen Durchschlag schütten und gut abtropfen lassen. Zu den Zwiebeln in der Pfanne geben, grob gemahlenen Pfeffer hinzugeben und alles gründlich miteinander vermischen.

Empfohlener Wein: ein trockener, reifer Weißwein wie ein Pinot bianco aus Venetien

Die berühmte venezianische *salsa* gelingt nur, wenn man sie mit süßen Zwiebeln zubereitet, wie sie in Venetien so gut gedeihen. Man kann heimischen Zwiebeln einen Teil ihrer Schärfe nehmen, wenn man sie vor den Kochen einige Stunden in kaltes Wasser legt.

Grüne und weiße Nudeln mit Pilzen

GRÜNE UND WEISSE EIERNUDELN MIT PILZEN

Paglia e fieno

Zubereitungszeit: 2 Stunden 15 Minuten
Pro Portion: 1030 Kalorien

WEISSER TEIG
200 g Weizenmehl
2 Eier
GRÜNER TEIG
100 g Spinat
200 g Weizenmehl
1 Ei
1 TL Olivenöl
ZUM KOCHEN DER PASTA
4 l Wasser
40 g Salz
1 EL Öl
SAUCE
500 g frische Pilze (Champignons, Pfifferlinge oder Steinpilze)
100 g Butter
1 Knoblauchzehe
Salz
250 g Schweinehack oder gehacktes Bratenfleisch
schwarzer Pfeffer
1/8 l Sahne
60 g frischgeriebener Parmesan zum Bestreuen

Für die weißen Nudeln aus Mehl und Eiern einen glatten Nudelteig zubereiten und mit einem feuchten Tuch zugedeckt 20 Minuten ruhen lassen.

Für die grünen Nudeln den Spinat waschen, tropfnaß aufkochen, bis er zusammenfällt, gut abtropfen lassen und im Mixer pürieren.

Das Mehl in einer Schüssel mit den Eiern und dem Spinat schnell mit den Händen zu einem glatten Teig verkneten und zu einer Kugel formen. Mit einem feuchten Tuch zugedeckt ebenfalls 20 Minuten ruhen lassen.

Beide Teige in in 2–3 Teile schneiden. Mit Hilfe einer Nudelmaschine oder mit einem Nudelholz messerrückendick ausrollen. Die Teigblätter der Breite nach zusammenrollen und mit einem schweren, scharfen Messer in 1 cm breite Fettuccine schneiden.Wieder auseinanderrollen und etwas antrocknen lassen.

Inzwischen für die Sauce die Pilze putzen und in Scheiben schneiden. In einer hochwandigen Pfanne die Hälfte der Butter erhitzen und die Knoblauchzehe darin hellgelb braten. Wieder herausnehmen. Die Pilze in der Knoblauchbutter 10 Minuten schmoren lassen. Mit Salz abschmecken.

In einer zweiten Pfanne in der restlichen Butter das in Stückchen zerpflückte Fleisch bräunen und mit Salz und frischgemahlenem Pfeffer würzen. 5 Minuten braten lassen, mit der Sahne aufgießen und etwas einkochen lassen.

Das Wasser in einem großen, breiten Topf zum Kochen bringen, Öl und Salz hinzufügen und die Fettuccine locker hineinstreuen. In wenigen Minuten *al dente* kochen. Vor dem Abgießen Probenudel entnehmen. In einen Durchschlag schütten und gut abtropfen lassen

Die Pasta in die Pfanne zu der Fleischsauce geben und bei leichter Hitze miteinander vermischen. In eine flache vorgewärmte Schüssel schütten und die Pilze darüber anrichten.

Den frischgeriebenen Parmesan getrennt dazu reichen.

Man kann die grünen und weißen, zu Nestchen geformten, Eiernudeln auch fertig in Packungen kaufen – dann ist die Zubereitung dieses dekorativen Gerichts ganz einfach.

Empfohlener Wein: ein frischer, harmonischer Rotwein wie ein Marzemino aus dem Trentino

Grüne Eiernudeln mit Räucherlachs und Kaviar

Tagliatelle verde al salmone e caviale

Zubereitungszeit: 1 Stunde 20 Minuten
Pro Portion: 515 Kalorien

TEIG
250 g Weizenmehl
2 kleine Eier
2 EL gekochter, feingewiegter Spinat
ZUM KOCHEN DER PASTA
3 l Wasser
30 g Salz
1 EL Öl
SAUCE
200 g geräucherter Lachs
1/2 Bund Schnittlauch
1/8 l Sahne
20 g Butter
Pfeffer
30 g Lachskaviar

Das Mehl in einer Schüssel mit den Eiern und dem Spinat schnell mit den Händen zu einem glatten Teig verkneten und zu einer Kugel formen. Mit einem feuchten Tuch zugedeckt 20 Minuten ruhen lassen. Den Teig in 2–3 Teile schneiden. Mit Hilfe einer Nudelmaschine oder mit einem Nudelholz messerrückendick ausrollen. Die Teigblätter der Breite nach zusammenrollen und mit einem schweren, scharfen Messer in 1/2 cm breite Tagliatelle schneiden. Wieder auseinanderrollen und etwas antrocknen lassen.
Für die Sauce den Lachs in Streifen schneiden, den Schnittlauch mit einer Schere fein schneiden.

Das Wasser in einem großen, breiten Topf zum Kochen bringen, Öl und Salz hinzufügen und die Tagliatelle locker hineinstreuen. In wenigen Minuten *al dente* kochen. Vor dem Abgießen Probenudel entnehmen.
Die Sahne mit der Butter in einer hochwandigen Kasserolle erhitzen und bei leichter Hitze unter Rühren kurz etwas einkochen lassen. Den Lachs hinzufügen und 2 Minuten in der Sahne ziehen lassen. Die Tagliatelle auf einen Durchschlag schütten und gut abtropfen lassen. Zu der Lachssahne in der Kasserolle geben. Pasta und Sauce 1–2 Minuten bei leichter Hitze miteinander vermischen. Auf vier vorgewärmte Teller füllen, mit den Kaviarkörnchen und etwas Schnittlauch bestreuen.
An dieses Gericht gehört kein Käse.

Empfohlener Wein: ein trockener Spumante wie ein Oltrepò Pavese Pinot aus der Lombardei

Dieses Nobelrezept gehört zwar nicht zu der klassischen italienischen Pastaküche, aber es ist so beliebt geworden, daß es in diesem Buch nicht fehlen darf. Es ist weniger kostspielig, wenn man in einem guten Feinkostgeschäft Lachsabschnitte kauft und diese in Streifen geschnitten mit der heißen Sahne vermischt.

EIERNUDELN MIT SCHINKEN UND SAHNE

Fettuccine con prosciutto

Zubereitungszeit: 1 Stunde 20 Minuten
Pro Portion: 715 Kalorien

TEIG
300 g Weizenmehl
3 Eier
ZUM KOCHEN DER PASTA
3 l Wasser
30 g Salz
1 EL Öl
SAUCE
150 g roher Schinken
80 g Butter
1/8 l Sahne
2 Eigelb
Muskat
50 g frischgeriebener Parmesan zum Bestreuen

Aus Mehl und Eiern einen glatten Nudelteig zubereiten und mit einem feuchten Tuch zugedeckt 20 Minuten ruhen lassen. Den Teig in 2–3 Teile schneiden. Mit Hilfe einer Nudelmaschine oder mit einem Nudelholz messerrückendick ausrollen. Die Teigblätter der Breite nach zusammenrollen und mit einem schweren, scharfen Messer in 1 cm breite Fettuccine schneiden. Wieder auseinanderrollen und etwas antrocknen lassen.

Das Wasser in einem großen, breiten Topf zum Kochen bringen, Öl und Salz hinzufügen und die Fettuccine locker hineinstreuen. In wenigen Minuten *al dente* kochen. Vor dem Abgießen Probenudel entnehmen. In einen Durchschlag schütten und gut abtropfen lassen.
Für die Sauce den Schinken in schmale Streifen schneiden und in der Hälfte der Butter in einer Pfanne bei leichter Hitze durchschwenken. Er soll heiß, aber keinesfalls gebraten sein.
Die Sahne mit dem Eigelb, etwas Salz und Muskat vermischen.
Die Fettuccine zu dem Schinken geben, die restliche Butter hinzufügen und gut durchschwenken. Die Eiersahne darübergießen und alles mit zwei Gabeln gründlich vermischen.
Den Parmesan getrennt dazu reichen.

Empfohlener Wein: ein leicht schäumender Rotwein wie ein Lambrusco D.O.C. aus der Emilia-Romagna

Anstelle der Sahne kann man den Schinken auch mit 150 g, auf einem Wasserbad zum Schmelzen gebrachten Mascarpone vermischen – der zergeht im wahrsten Sinne des Wortes auf der Zunge. Wer lieber gekochten Schinken mag, kann auch diesen verwenden. Er wird ebenfalls kurz in Butter geschwenkt.

HAUSGEMACHTE ORECCHIETTE MIT BROKKOLI

Orecchiette con broccoli

Zubereitungszeit: 2 Stunden
Pro Portion: 585 Kalorien

TEIG
100 g Hartweizengrieß
200 g Weizenmehl
1 TL Salz
knapp 1/8 l lauwarmes Wasser
ZUM KOCHEN DER PASTA
4 l Wasser
40 g Salz
1 EL Öl
AUSSERDEM
400 g Broccoli
2 Knoblauchzehen
4 Sardellenfilets
1 kleine rote Pfefferschote
8 EL feinstes Olivenöl

Hartweizengrieß und Mehl in einer Schüssel vermischen. Das Salz in dem lauwarmen Wasser auflösen und unter Rühren mit dem Mehl zu einem festen Teig, etwa von der Konsistenz eines Brotteiges, verkneten. Der Teig darf nicht zu weich sein. Den Teig teilen und von einer Teighälfte auf einem bemehlten Brett eine Rolle von etwa 1 1/2 cm Durchmesser formen. Mit einem scharfen Messer 5 mm dünne Teigscheiben abschneiden. In jede Teigscheibe mit einem Löffelstiel eine Vertiefung drücken. Über den bemehlten Daumen zu einem Hütchen (Öhrchen) ausziehen und auf ein leicht mit Hartweizengrieß ausgestreuten Brett zum Trocknen legen. Mit der zweiten Teighälfte ebenso verfahren. Der Teig muß schnell verarbeitet werden.

Den Broccoli gründlich waschen und in Röschen zerteilen.
Das Wasser für die Pasta in einem großen, hohen Topf zum Kochen bringen, Öl und Salz hinzufügen. Zuerst den Broccoli hineingeben, 10 Minuten kochen lassen und dann die Orecchiette dazugeben. 5 Minuten kochen lassen (fabrikmäßig hergestellte Orecchiette haben eine wesentlich längere Kochzeit und werden deshalb gleichzeitig mit dem Gemüse in das kochende Wasser gegeben).
Auf einen Durchschlag schütten und gut abtropfen lassen.
Die Knoblauchzehen fein hacken, die Sardellen in Stückchen, die Pfefferschote in Streifen schneiden und alles miteinander vermischen.
Das Öl in einer hochwandigen Pfanne erhitzen, von der Kochstelle nehmen und die Knoblauch-Sardellen-Pfefferschoten-Mischung in das Öl geben. Mit einer Gabel etwas zerdrücken und gut durchziehen lassen. Die heiße Pasta mit dem Gemüse hinzufügen. Bei leichter Hitze 1–2 Minuten alles miteinander vermengen.
Auf vorgewärmte Teller füllen. An dieses Gericht gehört kein Käse.

Empfohlener Wein: ein trockener, herzhafter Rotwein wie ein Leverano aus Apulien

Nach diesem alten apulischen Rezept werden Pasta und Gemüse zusammen gekocht, dabei durchdringt der Geschmack des Gemüses intensiv die Orecchiette. Anstelle der hausgemachten Orecchiette kann man auch Conchiglie oder Fusilli aus Hartweizengrieß verwenden.

GEFÜLLTE NUDELN

Pasta ripiena

GRÜNE TEIGTASCHEN MIT FONTINAKÄSE GEFÜLLT

Agnolotti verdi d'Aosta

Zubereitungszeit: 1 Stunde
Einweichzeit des Käses: einige Stunden
Pro Portion: 600 Kalorien

TEIG
100 g Spinat
200 g Weizenmehl
4 Eigelb
1 Eiweiß zum Bestreichen
ZUM KOCHEN DER PASTA
4 l Wasser
40 g Salz
1 EL Öl
FÜLLUNG
150 g Fontinakäse
1/2 l Milch
2 Eigelb
20 g Butter
schwarzer Pfeffer
ZUM ABRUNDEN
einige frische Salbeiblätter
50 g Butter

Für die Füllung den Fontina in Würfel schneiden, in eine Schüssel geben und einige Stunden vor der Zubereitung der Pasta mit der Milch bedeckt stehenlassen.
Für den Nudelteig den Spinat waschen, tropfnaß in einen Topf geben, aufkochen, bis er zusammenfällt, gut abtropfen lassen und im Mixer pürieren.
Das Mehl in einer Schüssel mit dem Eigelb und dem Spinat schnell mit den Händen zu einem glatten Teig verkneten und zu einer Kugel formen. Mit einem feuchten Tuch zugedeckt 20 Minuten ruhen lassen. Inzwischen die Milch von dem Käse abgießen, die Eigelb und die Butter hinzufügen und alles vermischen. Die Schüssel auf ein Wasserbad setzen. Das Wasser soll dabei immer kurz vor dem Kochen bleiben, bis der Käse geschmolzen ist. Dabei hin und wieder umrühren. Etwas frischgemahlenen Pfeffer darüberstreuen. Wenn die Masse cremig und glänzend ist, aus dem Wasserbad nehmen und abkühlen lassen. Aus der fest gewordenen Käsecreme eine schmale Rolle formen.
Den Teig in zwei Hälften teilen und mit Hilfe einer Pastamaschine oder mit einem Nudelholz messerrückendick ausrollen.
Die Käserolle in fingerdicke Stücke schneiden. Diese auf die eine Hälfte des Teiges in 5 cm Abstand verteilen. Den Teig um die Füllung herum mit einem leicht verschlagenen Eiweiß bestreichen. Die zweite Teighälfte darüberlegen und vorsichtig rund um die Füllung leicht andrücken. Mit einem Teigrädchen Quadrate aus dem Teig schneiden.
In einem breiten, halbhohen Topf das Wasser mit Salz und Öl zum Kochen bringen, die Agnolotti portionsweise hineingeben. In wenigen Minuten *al dente* kochen. Mit einem Schaumlöffel herausnehmen und gut abtropfen lassen. In vier vorgewärmte Teller füllen. Einige frische Salbeiblätter in der zerlassenen Butter schwenken, bis sie hellgelb ist, und über die Agnolotti gießen.
In der Trüffelzeit werden rohe weiße Trüffelscheiben über die gefüllten Spinattaschen gehobelt.

Empfohlener Wein: ein kräftiger Rotwein wie ein Torrette aus dem Aostatal

RAVIOLI MIT AUBERGINENFÜLLUNG

Ravioli di melanzane al timo

Zubereitungszeit: 1 Stunde
Pro Portion: 770 Kalorien

TEIG
250 g Weizenmehl
3 Eier
1 EL Öl
Mehl zum Ausrollen
ZUM KOCHEN DER PASTA
4 l Wasser
40 g Salz
1 EL Öl
FÜLLUNG
300 g Auberginen
200 g Zucchini
1 Zwiebel
80 g Butter
60 g frischer Ricotta oder trockener
Quark (20 % F.i.Tr.)
60 g frischer Ziegenkäse
1 Ei
Salz
schwarzer Pfeffer
ZUM ABRUNDEN
100 g Butter
1/2 TL Thymianblättchen

Aus Mehl, Eiern und Öl einen glatten Nudelteig zubereiten und mit einem feuchten Tuch zugedeckt 20 Minuten ruhen lassen.

Inzwischen für die Füllung die Auberginen schälen und in kleine Würfel schneiden, die geschälten Zucchini in streichholzgroße Streifen, die Zwiebel ebenfalls in Würfel schneiden.

Die Zwiebelwürfel in 40 g Butter glasig braten, die Auberginenwürfel hinzufügen, salzen und bei starker Hitze unter Rühren mit einem Holzlöffel leicht bräunen. In einer zweiten Pfanne die leicht gesalzenen Zucchinistreifen in der restlichen Butter rösten, bis sie hellbraun und leicht kross sind.

Die Auberginenwürfel und die Hälfte der Zucchinistreifen durch ein Sieb streichen oder im Mixer nicht zu fein pürieren.

Das Gemüsepüree in eine Schüssel geben und mit dem Ricotta oder Quark, dem zerdrückten Ziegenkäse und dem Ei vermischen. Mit Salz und frischgemahlenem Pfeffer abschmecken.

Den Nudelteig in 2 Hälften teilen und auf einem leicht bemehlten Brett messerrückendick ausrollen. Während die eine Teighälfte ausgerollt wird, die zweite bedecken, damit sie nicht trocken wird.

Mit einem Teelöffel in etwa 5 cm Abstand die Gemüsefüllung in kleinen Häufchen auf den Teig setzen und die zweite ausgerollte Teighälfte darüberlegen. Den Teig rund um die Füllung gleichmäßig leicht andrücken. Mit einem Glas oder Teigausstecher (5 cm Ø) runde Teigplätzchen ausstechen und die Ränder fest aneinanderdrücken.

In einem breiten, halbhohen Topf das Wasser mit Öl und Salz zum Kochen bringen und portionsweise die Ravioli hineingeben. In wenigen Minuten *al dente* kochen. Mit einem Schaumlöffel herausholen, gut abtropfen lassen und auf vier vorgewärmte Teller verteilen.

In der Kochzeit der Ravioli die Butter erhitzen, bis sie zu schäumen beginnt, die Thymianblättchen hineingeben und die Butter über die Ravioli auf den Tellern gießen. Mit den restlichen Zucchinistreifen garnieren.

Empfohlener Wein: ein trockener, frischer Weißwein wie ein Trebbiano aus der Emilia-Romagna

RAVIOLI MIT RICOTTA UND KRÄUTERFÜLLUNG

Ravioli di magro

Zubereitungszeit: 1 Stunde
Pro Portion: 835 Kalorien

TEIG
400 Weizenmehl
2 Eier
10 EL Wasser
ZUM KOCHEN DER PASTA
4 l Wasser
40 g Salz
1 EL Öl
FÜLLUNG
30 g Butter
300 g gekochter, kleingehackter Spinat
300 g frischer Ricotta oder trockener
Quark (20 % F.i.Tr.)
2 Eigelb
40 g frischgeriebener Parmesan
Salz
Muskat
ZUM ABRUNDEN
100 g Butter
einige Salbeiblättchen
40 g frischgeriebener Parmesan

Aus Mehl, Eiern und Wasser einen glatten Nudelteig zubereiten und mit einem feuchten Tuch zugedeckt 20 Minuten ruhen lassen.
Für die Füllung die Butter zerlassen und den gut abgetropften Spinat darin andünsten. Abkühlen lassen, mit dem Ricotta oder Quark und den Eigelb verrühren. Den Parmesan hinzufügen. Mit Salz und geriebener Muskatnuß herzhaft abschmecken.

Den Teig teilen und mit Hilfe einer Pastamaschine oder mit einem Nudelholz ausrollen. Auf die eine Hälfte des Teiges in 4 cm Abstand nußgroße Kügelchen von der Füllung setzen, die andere Teighälfte darübergeben und rund um die Füllung etwas andrücken. Mit einem Teigrädchen Vierecke ausrollen und die Teigränder noch einmal fest zusammendrücken.
In einem breiten, halbhohen Topf das Wasser mit Öl und Salz zum Kochen bringen und die Ravioli portionsweise hineingeben. In 5 Minuten *al dente* kochen. Mit einem Schaumlöffel herausnehmen, gut abtropfen lassen und auf vier vorgewärmten Tellern anrichten.
In der Kochzeit der Ravioli die Butter in der Pfanne erhitzen, die Salbeiblätter hineingeben und leicht knusprig braten, aber nicht bräunen. Über die angerichteten Teigtäschchen schütten und mit dem Parmesan bestreuen.

Empfohlener Wein: ein frischer, lebhafter und aromatischer Weißwein wie ein Sorni aus dem Trentino

Ricotta ist schwer erhältlich und auch nur genußreich, wenn er ganz frisch ist. Er läßt sich aber auch gut hausgemacht zubereiten. Sie brauchen nur 2 l Vorzugsmilch (Reformhaus) und 2 gehäufte Teelöffel Calciumlactat (Apotheke) miteinander verrühren und bis kurz vor dem Siedepunkt erhitzen, dann 150 ccm kaltes Wasser hinzufügen und den Topf von der Kochstelle nehmen. Sowie die Milch an der Oberfläche stockt, die Quarkmasse mit einer Schaumkelle abschöpfen und auf einem mit einem Mulltuch ausgelegten Sieb etwa 2 Stunden abtropfen lassen (ergibt ca. 500 g Ricotta).

RAVIOLI MIT FLEISCHFÜLLUNG

Ravioli alla genovese

Für 6–8 Personen
Zubereitungszeit: 1 Stunde 15 Minuten
Pro Portion: 455 Kalorien

TEIG
400 g Weizenmehl
1 Ei
1 Eigelb
1 EL Olivenöl
ca. 10 EL lauwarmes Wasser
ZUM KOCHEN DER PASTA
4 l Wasser
40 g Salz
1 EL Öl
FÜLLUNG
100 g Kalbshirn oder -milz
300 g Mangoldblätter (ohne Stiel)
300 g Reste von Kalbs- oder Rinderbraten
100 g frische Kräuter (Petersilie, Borretsch, Basilikum)
80 g frischgeriebener Parmesan
150 g frischer Ricotta oder trockener Quark (20 % F. i.Tr.)
2 Eier
Salz
Muskat
ZUM ABRUNDEN
Bratensaft oder 50 g zerlassene Butter

Aus Mehl, Ei, Eigelb, Öl und Wasser einen glatten Nudelteig zubereiten und mit einem feuchten Tuch zugedeckt 20 Minuten ruhen lassen.

Für die Füllung das Kalbshirn oder die Kalbsmilz kurz überbrühen und den Mangold in kochendem Wasser blanchieren.

Bratenreste, Kalbshirn oder -milz, die gut abgetropften Mangoldblätter und die Kräuter in der Küchenmaschine fein hacken. 40 g Parmesan, Ricotta oder Quark und verquirlte Eier mit dem Fleisch vermischen. Mit Salz und frischgeriebener Muskatnuß abschmecken.

Den Teig teilen und mit Hilfe einer Pastamaschine oder mit einem Nudelholz messerrückendick ausrollen.

Auf die eine Hälfte des Teiges in 3–4 cm Abstand nußgroße Kügelchen von der Füllung setzen und die zweite Teighälfte darübergeben. Den Teig rund um die Füllung etwas andrücken. Mit einem Teigrädchen Vierecke ausrollen und die Teigränder noch einmal fest zusammendrücken.

In einem breiten, halbhohen Topf das Wasser mit Öl und Salz zum Kochen bringen und die Ravioli portionsweise hineingeben. In etwa 5 Minuten *al dente* kochen. Mit einem Schaumlöffel herausnehmen und gut abtropfen lassen.

Auf vorgewärmte Teller geben und entweder mit Bratensaft (vom Sonntagsbraten) oder mit zerlassener Butter, mit Majoran gewürzt, übergießen und mit dem restlichen Parmesan bestreuen.

Empfohlener Wein: ein trockener, körperreicher Rotwein wie ein Freisa aus Piemont

Genueser Ravioli werden häufig am Montag zubereitet, weil für die Füllung die Reste vom Sonntagsbraten so gute Verwendung finden.

TORTELLINI MIT WEIZENKÖRNERN

Tortellini al grano

Zubereitungszeit: 1 Stunde 30 Minuten
Einweichzeit der Weizenkörner: über
Nacht
Pro Portion: 790 Kalorien

TEIG
400 g Mehl
3 Eier
1 EL pürierter Spinat
ZUM KOCHEN DER PASTA
4 l Wasser
40 g Salz
1 EL Öl
FÜLLUNG
200 g frischer Ricotta oder trockener
Quark (20 % F.i.Tr.)
1 Ei
80 g frischgeriebener Parmesan
1 EL gehackte Petersilie
Salz
schwarzer Pfeffer
SUGO
100 g Weizenkörner
1 kleine Zwiebel
50 g durchwachsener Speck
30 g Butter
3 große, reife Tomaten
1/4 l Fleischbrühe

Die Weizenkörner am Vorabend in reichlich Wasser einweichen. Am nächsten Tag in Wasser in einer Stunde fast weich kochen.
Währenddessen aus Mehl, Eiern und Spinat einen glatten Nudelteig zubereiten und mit einem feuchten Tuch zugedeckt 20 Minuten ruhen lassen.
Für die Füllung Ricotta oder Quark mit Ei, Parmesan und Petersilie vermischen und herzhaft mit Salz und Pfeffer abschmecken.

Den Nudelteig mit Hilfe einer Pastamaschine oder mit einem Nudelholz messerrückendick ausrollen. Mit einem Teigrädchen 4x4 cm große Quadrate ausschneiden. In die Mitte je ein nußgroßes Kügelchen der Füllung setzen. Die Teigstücke zu Dreiecken zusammenfalten und die Ränder fest zusammendrücken. Um den Zeigefinger wickeln und die beiden Enden so aufeinanderdrücken, daß ein Teigring entsteht.
Für den Sugo den Speck und die Zwiebel in Würfeln schneiden und in einer hochwandigen Pfanne in der erhitzten Butter glasig braten. Die Tomaten überbrühen, abziehen und in Stückchen schneiden, dabei das harte gelbe Mark und die Kerne entfernen. Zu den Zwiebeln geben und kurz durchkochen lassen. Die abgetropften Weizenkörner hinzufügen, die Brühe aufgießen und alles bei leichter Hitze kochen lassen, bis die Sauce eine cremige Beschaffenheit hat und die Weizenkörner weich sind.
In einem breiten, halbhohen Topf das Wasser mit Salz und Öl zum Kochen bringen und die Tortellini portionsweise hineingeben. In ca. 5 Minuten *al dente* kochen. Mit einem Schaumlöffel herausnehmen, gut abtropfen lassen und zu der Sauce in die Pfanne geben. 1–2 Minuten alles miteinander bei leichter Hitze vermischen. Auf vier vorgewärmten Tellern anrichten.

Empfohlener Wein: ein aromatischer, trockener Weißwein wie ein Albana secco aus der Emilia-Romagna

TORTELLINI MIT FLEISCHFÜLLUNG

Tortellini alla bolognese

Zubereitungszeit: 1 Stunde
Pro Portion: 815 Kalorien

TEIG
300 g Weizenmehl
3 Eier
FÜLLUNG
50 g Truthahn- oder Hühnerbrust
100 g Schweinefilet
1 EL Butter
100 g Parmaschinken
100 g Bologneser Mortadella
2 Eier
150 g frischgeriebener Parmesan
Salz
schwarzer Pfeffer
Muskat
AUSSERDEM
2 l kräftige Brühe (frisch aus Rindfleisch
und Huhn zubereitet)
50 g frischgeriebener Parmesan

Für die Füllung Geflügelbrust und Filet in
kleine Würfel schneiden und in der Butter
in 10 Minuten goldbraun braten.
Das Fleisch zusammen mit dem Schinken
und der Mortadella durch den Fleischwolf
(feine Scheibe) drehen oder in der Küchenmaschine besonders fein zerkleinern.
Mit den Eiern, dem Parmesan, Salz, frischgeriebener Pfeffer und Muskat zu einer
glatten Paste verarbeiten. Einige Stunden,
möglichst über Nacht, durchziehen lassen.
Aus Mehl und Eiern einen glatten Nudelteig zubereiten und mit einem feuchten
Tuch zugedeckt 20 Minuten ruhen lassen.
Den Teig mit Hilfe einer Pastamaschine

oder mit einem Nudelholz messerrückendick ausrollen. Mit einem Glas (4 cm Ø)
oder mit einem eckigen Ausstecher mit ge-
welltem Rand Kreise oder Quadrate ausstechen. In die Mitte je ein nußgroßes Kügelchen der Füllung setzen und die Teigtaschen halbmondartig oder zu Dreiecken
zusammenfalten. Die Ränder fest zusammendrücken. Um den Zeigefinger wickeln
und die beiden Enden so aufeinanderdrücken, daß ein Teigring entsteht.
In einem breiten, halbhohen Topf die
Fleischbrühe zum Kochen bringen, eventuell salzen und die Tortellini portionsweise hineingeben. In etwa 5 Minuten *al dente*
kochen.
In der Suppe servieren und mit Parmesan
bestreut auftragen.

Empfohlener Wein: ein harmonischer,
nicht zu trockener Rotwein wie ein Merlot
von den Colli Bolognesi aus der Emilia-Romagna

Tortellini alla bolognese sind die berühm-
testen Tortellini der Emilia und dür-
fen an keinem Feiertag auf dem Tisch feh-
len. Sie werden immer in einer kräftigen
Brühe aus Rindfleisch und Huhn serviert.
Zu Weihnachten nimmt man sogar einen
Kapaun, um die Brühe für die geliebten
Tortellini herzustellen.

Tortellini mit Fleischfüllung

OFFENE RAVIOLI MIT KRÄUTERMUSTER

Fazzoletti alle prezzemolo

Zubereitungszeit: 1 Stunde
Pro Portion: 740 Kalorien

TEIG
300 g Weizenmehl
3 Eier
2 EL Wasser
12 Stengel glatte Petersilie oder Kerbel
ZUM KOCHEN DER PASTA
3 l Wasser
1 EL Öl
30 g Salz
SUGO
1 ungespritzte Zitrone
100 g Butter
3 EL Weißwein
1/4 l Sahne
1 Messerspitze Zimt
Salz
50 g frischgeriebener Parmesan zum Servieren

Aus Mehl, Eiern und Wasser einen glatten Nudelteig zubereiten und mit einem feuchten Tuch bedeckt 20 Minuten ruhen lassen. Die Kräuter waschen, die Stengel entfernen und gut abtrocknen lassen. Den Teig in 2 Teile teilen und mit Hilfe einer Pastamaschine oder mit einem Nudelholz messerrückendick ausrollen. Mit einem scharfen Messer aus jeder Teighälfte 12 Quadrate von ca. 8 cm Ø schneiden. Auf 12 Quadrate die Petersilien- oder Kerbelblätter legen, etwas andrücken und mit einem zweiten Teigquadrat bedecken. Einmal mit dem Nudelholz fest über die Teigquadrate rollen, so daß die beiden Teigplatten fest aufeinanderliegen und die Luftbläschen entweichen.
In einem breiten, halbhohen Topf das Wasser zum Kochen bringen, Öl und Salz hinzufügen und die großen Ravioli portionsweise darin in 5 Minuten *al dente* kochen.

Für den Sugo die Schale der gewaschenen Zitrone auf der feinen Seite der Rohkostreibe abreiben. In einer hochwandigen Pfanne die Hälfte der Butter zerschmelzen lassen. Die abgeriebene Zitronenschale hinzufügen und nach ungefähr 1 Minute Schmorzeit den Wein hinzugießen. Aufkochen lassen. Die Sahne in die Pfanne gießen und bei leichter Hitze einige Minuten gut einkochen lassen. Mit Zimt und Salz abschmecken.
Die gekochten Ravioliblätter mit einem Schaumlöffel aus dem Kochwasser nehmen und gut abgetropft in eine vorgewärmte Schüssel geben. Mit dem Sugo vermischen. Den Parmesan bei Tisch über die angerichteten Nudeln streuen.
Man kann auch, anstelle der Zitronensahne, Würfel von Schalotten und eine zerdrückte Knoblauchzehe in Butter glasig dünsten und unter die dekorativen Ravioliblätter mischen.

Empfohlener Wein: ein lieblicher Prosecco aus Venetien

Die großen, offenen Ravioli werden von den modernen Köchen immer häufiger verwendet. Man kann sie mit den verschiedensten pikanten *sughi* übereinander schichten, ob aus Meeresfrüchten wie Jakobsmuscheln oder Scampi, jungen Gemüsen, Pilzen oder Fleischragout – da sind der Kreativität keine Grenzen gesetzt.

ÜBERBACKENE NUDELN

Pasta al forno

Cannelloni mit Fleischfüllung

CANNELLONI MIT FLEISCHFÜLLUNG

Cannelloni alla piemontese

Zubereitungszeit: 1 Stunde 30 Minuten
(mit fertiggekauften Cannelloni 1 Stunde)
Pro Portion: 965 Kalorien

TEIG
400 g Weizenmehl
4 Eier – oder
12 fertig gekaufte Cannelloni
ZUM KOCHEN DER PASTA
4 l Wasser
40 g Salz
1 EL Öl
FÜLLUNG
300 g Bratenrest
100 g gekochter Schinken
400 g gekochter, fein gehackter Spinat
2 Eier
50 g frischgeriebener Parmesan
Salz
schwarzer Pfeffer
BÉCHAMELSAUCE
50 g Butter
40 g Mehl
1/2 l Milch
Salz
Muskat
restlicher Bratensaft
Butter für die Form und für Flöckchen
50 g frischgeriebener Parmesan zum Bestreuen

Aus Mehl und Eiern einen glatten Nudelteig zubereiten und mit einem feuchten Tuch zugedeckt 20 Minuten ruhen lassen. Für die Füllung das Fleisch und den Schinken in einer Küchenmaschine fein hacken und mit dem gut abgetropften Spinat vermischen. Die leicht verschlagenen Eier und den Parmesan hinzufügen. Herzhaft mit Salz und Pfeffer abschmecken und zu einer festen Paste verarbeiten.
Den Nudelteig mit Hilfe einer Pastamaschine oder mit einem Nudelholz 1 mm dick ausrollen. Mit einem scharfen Messer Quadrate von 10 cm Durchmesser ausschneiden.
Das Wasser in einem großen, breiten Topf zum Kochen bringen, Öl und Salz hinzufügen und die Teigplatten darin portionsweise in 4–6 Minuten *al dente* kochen. Mit einem Schaumlöffel vorsichtig herausheben. In eine Schüssel mit kaltem Wasser zum Abkühlen geben. Fertig gekaufte Cannelloni werden ungekocht gefüllt.
In der Kochzeit der Pasta für die Béchamelsauce die Butter zerlassen, das Mehl hinzufügen und hellgelb rösten. Unter ständigem Rühren mit einem Schneebesen die Milch nach und nach hinzugießen. Bei leichter Hitze unter Weiterrühren etwas einkochen lassen.
Die gut abgetropften Cannelloni auf eine Tischplatte legen, an einem Ende dick mit der Füllung bestreichen und aufrollen.
Bei fertig gekauften Cannelloni die Rollen mit einem Teelöffel oder mit einem Spritzbeutel mit breiter Tülle füllen.
Eine feuerfeste, flache Form mit Butter ausstreichen und die Cannelloni mit der Schnittfläche nach unten nebeneinander in die Form legen.
Die Béchamelsauce mit Salz und Muskat abschmecken und – wenn vorhanden – noch mit etwas Bratensaft verfeinern. Über die Cannelloni gießen. Mit Butterflöckchen besetzen und mit Parmesan bestreuen.
Im vorgeheizten Backofen bei starker Mittelhitze (225 °C) in 15–20 Minuten goldgelb überbacken.

Empfohlener Wein: ein körperreicher Rotwein wie ein Dolcetto d'Alba aus Piemont

CANNELLONI MIT RICOTTA UND SPINAT

Cannelloni alla ricotta

Zubereitungszeit: 1 Stunde 30 Minuten
Pro Portion: 905 Kalorien

TEIG
300 g Weizenmehl
3 Eier
ZUM KOCHEN DER PASTA
4 l Wasser
40 g Salz
1 EL Öl
FÜLLUNG
200 g gekochter, feingehackter Spinat
200 g frischer Ricotta oder trockener
Quark (20 % F.i.Tr.)
100 g Mascarpone
1/2 Teelöffel grobgeschroteter Pfeffer
Salz
12 dünne Scheiben Fontinakäse
BÉCHAMELSAUCE
50 g Butter
25 g Mehl
Salz
1/4 l Milch
20 g Butter für Form und Flöckchen

Aus Mehl und Eiern einen glatten Nudelteig zubereiten und mit einem feuchten
Tuch zugedeckt 20 Minuten ruhen lassen.
Für die Füllung in einer Schüssel Spinat,
Ricotta oder Quark und Mascarpone gut
miteinander vermischen. Salzen und pfeffern.
Den Nudelteig in 2–3 Teile schneiden und
mit Hilfe einer Pastamaschine oder mit einem Nudelholz 1 mm dicke Teigblätter
ausrollen. Mit einem scharfen Messer 12
Quadrate von 10 cm Ø ausschneiden.

Das Wasser in einem großen, breiten Topf
zum Kochen bringen, Öl und Salz hinzufügen und die Teigplatten darin portionsweise in 4–6 Minuten *al dente* kochen. Mit
einem Schaumlöffel vorsichtig herausheben. In eine Schüssel mit kaltem Wasser
zum Abkühlen geben.
Für die Béchamelsauce die Butter zerlassen, das Mehl hinzufügen und unter Rühren hellgelb rösten, salzen und nach und
nach die Milch hinzufügen.
Die gut abgetropften Cannelloni auf eine
Tischplatte legen, mit je einer Scheibe
Fontinakäse belegen, darauf die Füllung
streichen und aufrollen.
Eine feuerfeste, flache Form oder Platte
mit Butter ausstreichen und die Cannelloni mit der Schnittfläche nach unten
nebeneinander in die Form legen.
Die Béchamelsauce nochmals mit Salz abschmecken, über die Cannelloni gießen
und mit einigen Butterflöckchen besetzt-
zen. Im vorgeheizten Backofen bei starker
Mittelhitze (225 °C) in 15–20 Minuten
goldgelb überbacken.

Empfohlener Wein: ein trockener Weißwein wie z.B. ein Bianco di Custoza aus Venetien

FONTINACRÊPES AUS DEM AOSTATAL

Crespelle con fontina e spinaci

Zubereitungszeit: 1 Stunde
Pro Portion: 725 Kalorien

CRÊPES
2 Eier
Salz
1/4 l Milch
1 EL Stärkepuder
Butter zum Braten
KÄSECREME
300 g Fontinakäse
1/4 l Milch
2 Eigelb
1 Gläschen (5 cl) Sherry
FÜLLUNG
500 g zarter Spinat
Salz
50 g Butter
50 g frischgeriebener Parmesan
100 g geschälte Mandeln zum Bestreuen

Für die Creme den Fontinakäse in kleine Würfel schneiden, in ein Schüssel geben, mit der Milch übergießen und etwas durchziehen lassen.

Für die Crêpes die Eier mit einer Löffelspitze Salz mit einem Schneebesen verquirlen und unter ständigem Rühren mit dem Schneebesen die Milch und die Stärke hinzufügen. In einer großen Pfanne (24–26 cm Durchmesser) in erhitzter Butter einen goldgelben Eierpfannkuchen backen.

Für die Füllung den Spinat waschen, tropfnaß aufsetzen und dämpfen, bis die Blätter zusammenfallen. Salzen und mit der Butter und dem Parmesan vermischen.

Die abgezogenen Mandeln nicht zu fein hacken.

Den in Milch eingelegten Fontina in einem kleinen Topf bei schwacher Hitze schmelzen lassen. Von der Kochstelle nehmen, mit Eigelb verrühren und abkühlen lassen.

Den Eierkuchen auf einer Platte auslegen, mit der Hälfte der abgekühlten Käsecreme bestreichen und mit der Füllung belegen. Mit den gehackten Mandeln bestreuen und aufrollen.

Im vorgeheizten Backofen bei Mittelhitze (200 °C) 10 Minuten überbacken.

Die restliche Käsecreme noch einmal erwärmen und mit dem Sherry vermischen. Den Eierkuchen in vier Portionsstücke teilen und mit der Käsecreme übergossen sofort auftragen.

Anstelle von einem großen Pfannkuchen kann man auch vier kleine Crêpes backen und diese in kleine Portionsplatten gratinieren.

Empfohlener Wein: ein trockener, gereifter Rotwein wie ein Donnas aus dem Aostatal

ÜBERBACKENE CRÊPES MIT KÄSE-SCHINKEN-FÜLLUNG

Crespelle ripiene di formaggio e prosciutto

Zubereitungszeit: 1 Stunde
Pro Portion: 575 Kalorien

CRÊPES
60 g Weizenmehl
1 Prise Salz
1/8 l Milch
4 Eier
30 g Butter
Fett zum Braten und für die Form
FÜLLUNG
30 g Butter
30 g Mehl
1/4 l Milch
Salz
weißer Pfeffer
Muskat
150 g roher oder gekochter Schinken
100 g Mozzarella
150 g frischer Ricotta oder trockener
Quark (20 % F.i.Tr.)
50 g frischgeriebener Parmesan
einige Blätter Basilikum
AUSSERDEM
einige Löffel dicklich eingekochte Tomatensauce
30 g frischgeriebener Parmesan
1 EL Butter

Aus Mehl, Salz, Milch, Eiern und flüssiger Butter einen Eierkuchenteig zubereiten und etwas ruhen lassen.

Inzwischen für die Füllung aus Butter und Mehl eine helle Mehlschwitze herstellen, unter ständigem Rühren mit dem Schneebesen die Milch hinzugeben und bei leichter Hitze etwas einkochen lassen. Mit Salz, Pfeffer und Muskat abschmecken.
Den Schinken und Mozzarella in Würfel schneiden. Den Ricotta oder Quark mit der abgekühlten Béchamelsauce vermischen. Schinken- und Käsewürfel sowie Parmesan und die feingehackten Basilikumblätter unter die Sauce geben. Mit Salz und Pfeffer abschmecken und unter gelegentlichem Rühren abkühlen lassen.
In einer mittelgroßen Pfanne wenig Fett erhitzen und nacheinander hauchdünne Pfannkuchen braten. Nebeneinander abkühlen lassen.
Jede Crespelle mit etwas Füllung bestreichen und aufrollen. Nebeneinander in eine flache, gefettete, feuerfeste Form geben. Ein paar Löffel dicke Tomatensauce aus frischen Tomaten darüber verteilen. Mit Parmesan bestreuen und mit Butterflöckchen besetzen.
Im vorgeheizten Backofen bei starker Hitze (225 °C) etwa 10–15 Minuten gratinieren. Sofort auftragen.

Empfohlener Wein: ein frischer, leichter Rosé wie ein Bardolino Chiaretto vom Gardasee

ÜBERBACKENE PASTA SIZILIANISCHE ART

Pasta 'ncaciata al forno

Für 6 Personen
Zubereitungszeit: 1 Stunde 30 Minuten
Pro Portion: 705 Kalorien

400 g Maccheroncini oder Penne
4 l Wasser
40 g Salz

4 Auberginen
Salz
1 kg reife Tomaten
1/4 l Olivenöl
1 Knoblauchzehe
einige Blätter Basilikum
100 g Kalbfleisch
100 g Hühnerleber
100 g ausgelöste junge Erbsen
100 g Mozzarella
3 dicke Scheiben Salami
2 hartgekochte Eier
40 g frischgeriebener Pecorino
Butter für die Form

Die gewaschenen Auberginen in Scheiben schneiden, mit Salz bestreuen und eine halbe Stunde stehen lassen. Die Tomaten in Viertel schneiden, mit einer halben Tasse Wasser bedeckt weich kochen und durch ein Sieb passieren.
1/8 l Olivenöl in einer Kasserolle erhitzen und die feingewiegte Knoblauchzehe darin hellgelb braten. Die feingeschnittenen Basilikumblätter und das Tomatenpüree hinzugeben.
Das Kalbfleisch in feine Streifen schneiden und die Hühnerleber hacken.
Das Fleisch in die Tomatensauce geben, die Erbsen hinzufügen und bei leichter Hitze 30 Minuten kochen lassen.
Den Mozzarella und die Salami in Streifen schneiden, die geschälten Eier in Scheiben.

Die Auberginenscheiben abtrocknen und in dem restlichen Öl von beiden Seiten bräunen.
Das Wasser für die Pasta in einem großen, hohen Topf zum Kochen bringen und das Salz hinzugeben. Die Pasta hinzufügen und sofort mit einer Holzgabel umrühren, damit sie nicht aneinanderkleben. Nach Vorschrift auf der Packung in 8–10 Minuten kernigweich kochen. Bereits nach 8 Minuten Kochzeit prüfen, ob sie *al dente* ist. Auf einen Durchschlag schütten und gut abtropfen lassen.
In einer Schüssel die Pasta mit der Tomatensauce, den Mozzarella- und Salamistreifen und den Eierscheiben vermischen.
Eine hohe, feuerfeste Form großzügig mit Butter ausstreichen und Boden und Rand der Form mit Auberginenscheiben auslegen. Die restlichen Auberginenscheiben zu den Nudeln geben.
In die ausgelegte Form das Pastagemisch füllen und festdrücken. Mit dem Pecorino bestreuen. Im vorgeheizten Backofen bei mittlerer Hitze (200 °C) 30 Minuten backen. Danach 5 Minuten stehen lassen und anschließend auf eine vorgewärmte Platte stürzen.

Empfohlener Wein: ein vollmundiger Rotwein wie der Cerasuolo di Vittoria aus Sizilien

Dieses sizilianische Festtagsgericht ist so sättigend, daß man es als Hauptgericht servieren sollte, dem nur noch ein zartes Dessert folgt.

GRÜNE ODER WEISSE LASAGNE ÜBERBACKEN

Lasagne al forno

Zubereitungszeit: 1 Stunde 20 Minuten
Pro Portion: 1385 Kalorien

TEIG
200 g Spinat
400 g Weizenmehl
3 Eier
1 EL Olivenöl
– oder 250 g fertig gekaufte grüne oder
weiße Lasagneblätter –
ZUM KOCHEN DER PASTA
4 l Wasser
1 EL Öl
40 g Salz
RAGOUT
40 g Speck
1 Zwiebel
1 Möhre
2 Selleriestangen
100 g Schweinefleisch
100 g Rindfleisch
100 g roher Schinken
100 g Butter
1 EL Tomatenmark
Oregano
Rosmarin
Salz
schwarzer Pfeffer
1/4 l Fleischbrühe
1/8 l Rotwein
1/8 l Sahne
100 g Hühnerleber
BÉCHAMELSAUCE
50 g Butter
50 g Mehl
1/2 l Milch
Salz
Muskat
Fett für die Form und Butterflöckchen
100 g frischgeriebener Parmesan
zum Bestreuen

Für den Teig den Spinat waschen, tropf-naß aufkochen, bis er zusammenfällt, gut abtropfen lassen und im Mixer pürieren. Das Mehl in einer Schüssel mit Eiern, Öl und Spinat schnell mit den Händen zu einem glatten Teig verkneten und zu einer Kugel formen. Mit einem feuchten Tuch bedeckt 20 Minuten ruhen lassen.

Inzwischen das Ragout zubereiten: Speck, Zwiebel und Möhre in kleine Würfel schneiden, die Selleriestangen in kleine Scheibchen, Fleisch und Schinken in einer Küchenmaschine zerkleinern.

Die Speckwürfel in 50 g Butter glasig bra-ten. Zwiebelwürfel und Gemüse hinzufü-gen und etwas anschwitzen. Das Fleisch zu dem Speck-Gemüse-Gemisch geben, eben-falls durchbraten und das Tomatenmark, eine Löffelspitze Oregano und ein Zweig-lein Rosmarin dazugeben. Salzen und pfeffern. Mit der Fleischbrühe und dem Wein aufgießen. Im verschlossenen Topf etwa 40 Minuten kochen lassen, dabei hin und wieder umrühren, damit die Sauce nicht ansetzt.

Den Nudelteig in 2–3 Teile schneiden und mit Hilfe einer Pastamaschine oder mit ei-nem Nudelholz messerrückendick ausrol-len. Den ausgerollten Teig mit einem scharfen Messer in 8 cm große Quadrate schneiden.

In einem breiten, halbhohen Topf das Wasser mit dem Öl zum Kochen bringen, salzen und die Teigplatten darin portions-weise in 4–6 Minuten knapp *al dente* ko-chen. Mit einem Schaumlöffel vorsichtig herausheben. In einer Schüssel mit kaltem Wasser abkühlen lassen.

Das Ragout mit der heißen Sahne auf-gießen und so lange durchkochen lassen, bis die Sahne ganz aufgenommen ist. Die kleingeschnittene Hühnerleber hinzuge-ben und das Ragout zweimal aufkochen lassen.

Für die Béchamelsauce die Butter zerlas-sen, das Mehl hinzufügen und hellgelb rö-sten. Nach und nach unter Rühren die Milch hinzugießen und die Sauce 10 Mi-nuten kochen lassen. Mit Salz und frisch-geriebener Muskatnuß abschmecken.

Die Lasagneblätter gut abtropfen lassen. Eine rechteckige Auflaufform gut einfet-ten. Den Boden der Form mit nebenein-andergelegten Lasagneblättern auslegen.

Mit einer dünnen Schicht Ragout bestreichen und einige Löffel Béchamelsauce darübergießen.

Mit etwas Parmesan bestreuen. Mit einer weiteren Schicht von Teigblättern belegen und wieder Ragout, Béchamelsauce und Parmesan darüberfüllen. Mit den Zutaten so fortfahren, bis alle Teigblätter verbraucht sind.

Den Abschluß bildet eine Schicht Béchamelsauce. Mit Butterflöckchen besetzen und mit dem restlichen Parmesan bestreuen. Im vorgeheizten Backofen bei schwacher Hitze (200 °C) 30 Minuten goldgelb backen.

Fertig gekaufte Lasagne brauchen etwa 50 Minuten Backzeit.

Empfohlener Wein: ein Lambrusco D.O.C. aus der Emilia-Romagna

Lasagne überbacken

NOCKERL & POLENTA

Gnocchi e polenta

GRIESSPLÄTZCHEN RÖMISCHE ART

Gnocchi alla romana

Zubereitungszeit: 35 Minuten
Ruhen des Teiges: 1 Stunde
Pro Portion: 735 Kalorien

1 l Milch
1/2 TL Salz
1 Stück von 1 unbehandelten Zitrone
250 g grober Grieß
Muskat
2 Eigelb
120 g frischgeriebener Parmesan
120 g Butter

Die Milch mit dem Salz und der Zitronenschale zum Kochen bringen und den Grieß unter ständigem Rühren in einem dünnen Strahl in die Milch einlaufen lassen. 15 Minuten unter kräftigem weiterem Rühren kochen lassen. Mit frischgeriebenem Muskat würzen und den Topf von der Kochstelle nehmen.
Die Eigelb sowie die Hälfte des Parmesans und der Butter unter den Grießteig rühren.
Ein großes Holzbrett oder eine flache Porzellanplatte kalt abspülen und darauf den Grießteig fingerdick mit einem breiten nassen Messer streichen. Eine Stunde ruhen lassen.

Mit einem Glas Plätzchen ausstechen oder mit einem Messer Vierecke ausschneiden. Eine feuerfeste Form mit Butter ausstreichen, die restliche Butter zerlassen.
Zuerst die Reste des Grießteiges vom Ausstechen der Plätzchen in die Form geben. Mit Käse bestreuen und mit zerlassener Butter begießen. Alle Gnocchis schichtartig, immer mit Parmesan bestreut und mit Butter übergossen, dachziegelartig in die Form füllen. Mit dem restlichen Parmesan bestreuen. Im vorgeheizten Backofen bei starker Hitze (225 °C) in etwa 15 Minuten goldgelb überkrusten.

Empfohlener Wein: ein leichter Rotwein oder ein fruchtiger Rosé wie ein Bardolino Chiaretto aus der Lombardei.

Gnocchi werden in Italien den Pastagerichten zugeordnet, ob sie aus Kartoffelteig, Grieß, Semmeln, Buchweizen, Polenta oder aus Brandteig bestehen. Und ebenso wie diese werden die zarten Nockerl entweder in Butter geschwenkt und mit Parmesan bestreut angerichtet oder mit einem pikanten Sugo aus Fleischsaft, Tomaten, Nüssen, Muscheln oder einem Pesto übergossen.
Kommen die zarten Gnocchi gratiniert auf den Tisch, rücken sie in den Rang eines Hauptgerichtes auf.

GRATINIERTE PIEMONTESISCHE KARTOFFELNOCKERLN

Gnocchi di patate alla bava

Zubereitungszeit: 1 Stunde 30 Minuten
Pro Portion: 750 Kalorien

GNOCCHI
1 kg mehligkochende Kartoffeln
1 EL Butter
1 TL Salz
300 g Weizenmehl
Muskat
200 g Spinat
50 g frischgeriebener Parmesan
Salz zum Kochen der Gnocchi
ZUM ÜBERBACKEN
200 g Fontinakäse
schwarzer Pfeffer
50 g Butter für Flöckchen für die Form

Die Kartoffeln gar kochen, abziehen und durch die Kartoffelpresse drücken. Die Kartoffelmasse mit Butter und Salz vermischt noch einmal auf die Kochstelle geben und etwas trocknen lassen.

Den Spinat waschen, tropfnaß aufkochen, bis er zusammenfällt, gut abtropfen lassen und im Mixer pürieren.

Das Kartoffelpüree in eine Schüssel füllen. Mehl, Muskat, Spinat und Parmesan zugeben und alles mit den Händen schnell zu einem glatten Teig verkneten.

Mit bemehlten Händen fingerdicke Rollen formen und in 2–3 cm dicke Stücke schneiden. Jeden Gnocchi mit der Rückseite einer Gabel leicht plattdrücken und dabei gleichzeitig mit einem Rillenmuster versehen.

Reichlich Wasser in einem breiten, halbhohen Topf zum Kochen bringen, salzen und die Gnocchi in dem leicht siedenden Wasser in 6–8 Minuten gar kochen (sie sind gar, wenn sie an die Oberfläche kommen).

Eine feuerfeste Form mit Butter ausfetten. Den Fontinakäse in Streifen oder Würfel schneiden.

Die Gnocchi mit einem Schaumlöffel aus dem Kochwasser nehmen und gut abtropfen lassen. In eine Schüssel geben und vorsichtig mit dem Fontina vermischen. Mit frischgemahlenem Pfeffer bestreuen. Die Gnocchi in die feuerfeste Form geben und mit Butterflöckchen besetzen.

Im vorgeheizten Backofen bei mittlerer Hitze (200 °C) in etwa 10 Minuten goldbraun überbacken.

Empfohlener Wein: ein frischer, fruchtiger Rotwein wie ein Grignolino aus Piemont

Goldgelbes, fein- oder grobgemahlenes Maismehl – farina gialla nennen es die Italiener – ist die Grundlage für Polenta – eine Beilage zu Hauptgerichten, von denen es in der italienischen Küche nur wenige gibt. Stockfisch, Schmorbraten, Leber, Wildgerichte und geschmorte Pilze werden besonders gerne mit einer Polenta serviert. Sie wird entweder als Brei wie ein Kartoffelpüree angerichtet oder gegrillt oder gebraten als Polentascheiben.

Mit den verschiedensten Käsen und Butter vermischt, mit Speckwürfeln oder Bratwurst angereichert oder mit Eiern vermischt im Ofen überbacken, ist die Polenta auch eine selbständige, sättigende Mahlzeit.

Zum Polentakochen gehört ein dicker Kupfer- oder Eisentopf. Polenta wird in Italien in den Restaurants und kleinen Trattorien häufig noch über offenem Feuer gekocht. Den fertigen, dicken Polentabrei gießt man auf eine Marmorplatte oder ein Holzbrett. Er wird nicht mit dem Messer, sondern mit einem Faden nach dem Erkalten in Scheiben geschnitten. Außer der normalen, fettlosen, festen Polenta gibt es auch noch eine weiche, cremige *polenta grassa*, die allerdings sehr kalorienreich ist.

POLENTA MIT BUTTER UND KÄSE

Polenta grassa

Zubereitungszeit: 1 Stunde
Pro Portion: 725 Kalorien

1 l Wasser
Salz
300 g Maisgrieß
200 g Fontinakäse
150 g Butter
50 g frischgeriebener Parmesan
schwarzer Pfeffer

Das Wasser mit dem Salz zum Kochen bringen und den Maisgrieß unter ständigem Rühren mit einem Holzlöffel in einem dünnen Strahl hineinschütten. Unter Weiterrühren 30 Minuten kochen lassen. Den Fontina in Würfel schneiden und unter die Polenta rühren. Weitere 10 Minuten kochen lassen. Die Butter schmelzen und zusammen mit dem Parmesan unter ständigem Rühren unter die Polenta geben. Die Polenta muß ganz weich und cremig sein. Mit frischgemahlenem Pfeffer bestreuen und sofort auftragen.
Nach einem anderen Rezept werden zuerst 150 g Butter in das Kochwasser gegeben, dann der Maisgrieß hineingeschüttet und nach 20 Minuten Kochzeit weitere 100 g Butter und 200 g Käsewürfel hinzugefügt. Dann wird die Polenta weitere 20 Minuten gekocht. Dieses Rezept ist natürlich noch kalorienreicher. In der Saison wird *polenta grassa* manchmal mit hauchdünnen Trüffelscheiben serviert.

Empfohlener Wein: ein trockener, junger Rotwein wie ein Pinot nero aus dem Aostatal

POLENTA ALS BEILAGE

Zubereitungszeit: 1 Stunde
Pro Portion: 340 Kalorien

1 1/2 l Wasser
10 g Salz
400 g Maisgrieß

Das Wasser mit dem Salz in einem hohen Topf zum Kochen bringen und den Maisgrieß unter ständigem Rühren mit einem Holzlöffel in einem dünnen Strahl hineinschütten. Die Polenta muß während des Kochens ständig gerührt werden und die Kochzeit beträgt etwa eine Stunde. Die Polenta muß sich vom Topfboden lösen. Die fertige Polenta sofort sehr heiß servieren oder auf ein Brett stürzen, erkalten lassen, in Scheiben schneiden und diese in Butter aufbraten. Man legt auch gerne zwischen 2 Polentascheiben eine Scheibe Fontinakäse und überbäckt sie kurz.

GRÜNE NOCKERLN MIT RICOTTA

Gnocchi verdi di ricotta

Zubereitungszeit: 30 Minuten
Pro Portion: 630 Kalorien

GNOCCHI
250 g Spinat
300 g frischer Ricotta oder trockener Quark (20 % F.i.Tr.)
Salz
Muskat
150 g Weizenmehl
2 EL Semmelbrösel
100 g frischgeriebener Parmesan
3 Eier
3 Eigelb
ZUM ABRUNDEN
60 g Butter
einige Salbeiblätter
60 g frischgeriebener Parmesan

Wenn Quark anstelle von Ricotta verwendet wird, diesen einige Stunden auf einem Sieb abtropfen lassen.

Den sorgfältig gewaschenen Spinat tropfnaß in einen Topf geben und zugedeckt aufkochen, bis er zusammenfällt. Erkalten lassen, gut ausdrücken und fein wiegen.

Ricotta oder Quark mit Salz, frischgeriebenem Muskat, Mehl, Parmesan und Spinat vermischen. Nach und nach Eier und Eigelb mit der Ricottamasse vermischen.

Den Teig auf einem leicht bemehlten Brett zu daumengroßen Röllchen formen und etwa 1 1/2–2 cm lange Stückchen abschneiden oder, wenn der Teig zu weich ist, mit zwei Teelöffeln kleine Klößchen abstechen.

Reichlich Wasser in einem breiten, halbhohen Topf zum Kochen bringen und die Nockerln darin in etwa 3 Minuten gar ziehen lassen.

Mit einem Schaumlöffel aus dem Kochwasser nehmen und in eine Auflaufform geben. Mit der zerlassenen Butter, in der man einige Salbeiblätter geröstet hat, übergießen und mit dem Parmesan bestreuen.

Die Gnocchi im Backofen ganz kurz bei starker Hitze (250 °C) gratinieren.

Empfohlener Wein: ein fruchtiger, fülliger Weißwein wie ein Gewürztraminer aus Südtirol

Grüne Nockerln mit Ricotta

Für die Lombarden, nach den Piemontesern die größten Reisanbauer Italiens, ist der safrangelbe *risotto alla milanese* nicht nur *die* klassische Zubereitung für einen Risotto, sondern auch die Krönung aller Reisgerichte. Die Venezianer, die den Reis wahrscheinlich als erste aus dem Orient importiert haben, halten dagegen ihren *risi e bisi*, den zartgrünen, frühlingshaften Risotto mit Zuckererbsen, für nobler als alle anderen Risotti. Die Piemonteser wiederum behaupten, der größte Genuß für den anspruchsvollen Risotto-Fan sei ihr *risotto con tartufo d'Alba*: weißer Risotto wird mit feinen Scheiben des duftenden, rohen weißen Trüffels bedeckt. Vielleicht sollte ich außer diesen gelben, grünen und weißen Spezialitäten noch eine vierte, besonders exotische nennen: den pechschwarzen *risotto nero* aus Venetien. Ein geradezu erschreckender Anblick! Aber *coraggio*, schon beim ersten Löffel stellt sich der große Gaumengenuß ein: Der Reis ist ganz durchdrungen von dem angenehm klebrigen Saft der Tintenfische und schmeckt herrlich würzig nach Meer.

Schon diese kleine Aufzählung zeigt, wie vielseitig der Risotto zubereitet werden kann, der in der Lombardei, in Venetien und zum Teil auch in Piemont als *primo piatto* fast immer die Pasta ersetzt. Ähnlich wie die Pasta wurde der Reis in Italien zwischen dem 15. und 16. Jahrhundert als sättigendes Nahrungsmittel bekannt, und bald begann man auch mit dem Anbau. Bis dahin hatte Reis, in kleinen Mengen aus dem Orient importiert, als kostbares Heilmittel gegolten, das für schweres Gold in der Apotheke verkauft wurde. Und dann zierte er zuerst die üppigen Tafeln der Renaissance, meist in Form stark gewürzter, süßer Reisgerichte. Ein Sack Reis war zu jener Zeit ein nobles Geschenk, das auch unter Fürsten als standesgemäß galt.

Es dauerte ein weiteres Jahrhundert, bis der Reis zum Volksnahrungsmittel wurde. Die Italiener unterscheiden zwischen *risotto di mare* (mit Meeresfrüchten) und *risotto con verdure* (mit Gemüse und Kräutern) - dagegen gibt es nur wenige Risottogerichte mit Fleisch. Je nach Jahreszeit können Gemüserisotti auch fremdartig würzige Kräuter vom Wegesrand, milde Hopfensprossen und grünen Spargel sowie Steinpilze und Trüffel enthalten, während die *risotti di mare* - vor allem in Venetien - mit einer unglaublichen Vielfalt an kleinen Krustentieren, Muscheln und anderen Meeresfrüchten zubereitet werden.

Für die Zubereitung von Risotto verwendet man grundsätzlich Rundkornreis. Die bekanntesten Sorten sind unter den Namen *Avorio* und *Vialone* im Handel. Die Reiskörner werden vor der Zubereitung nicht gewaschen, sondern nur mit einem Tuch abgerieben. Zuerst wird eine in kleine Würfel geschnittene Zwiebel in zerlassener Butter glasig gebraten (zum echten *risotto alla milanese* gehört auch Rindermark, einige wenige Rezepte schreiben Öl vor). Bevor sie Farbe annimmt, wird der Reis hinzugegeben. Nun gilt es, mit dem Holzlöffel solange umzurühren, bis jedes Korn glasig und glänzend ist. Das ist Voraussetzung für den Wohlgeschmack. Dann wird fast immer mit einem Glas Wein aufgegossen, und anschließend gibt man die Fleisch- oder Fischbrühe möglichst kochend nach und nach dazu. Es wird erst nachgegossen, wenn die Reiskörner die Flüssigkeit ganz aufgesogen haben. Je nach ihrer individuellen Garzeit werden die einzelnen Geschmackszutaten hinzugefügt. Besonders empfindliche Zutaten gart man separat und mischt sie unter den fertigen Risotto. In 16-20 Minuten, je nach Reisart, ist er gar, sehr saftig und doch Korn für Korn getrennt. Die Reiskörner sollen nicht ganz so *al dente* wie die Pasta sein, aber doch noch einen kleinen festen Kern haben. Zuletzt gehören noch ein bißchen frische Butter und frischgeriebener Parmesan dazu.

REISGERICHTE

Risotti

SCHWARZER RISOTTO MIT TINTENFISCHEN

Risotto nero con seppie

Zubereitungszeit: 1 Stunde
Pro Portion: 580 Kalorien

300 g italienischer Rundkornreis
500 g frische kleine Tintenfische
2 Knoblauchzehen
1 kleine Zwiebel
6 EL Olivenöl
1/2 Glas (5 cl) trockener Weißwein
2 TL Tomatenmark
1 l Fischbrühe aus dem Glas
Meersalz
schwarzer Pfeffer
1 EL gehackte Petersilie

Den Reis mit einem Tuch abreiben. Die Tintenfische gründlich waschen und das Innere entfernen (aber die Säckchen mit der schwarzen und der gelblichen Flüssigkeit aufheben). Mit einem spitzen Messer die Augen herausstechen und die Tintenfische erneut waschen. Die Fangarme und den Körper in Streifen schneiden.
Die Knoblauchzehen fein wiegen, die Zwiebel in Würfel schneiden. Das Olivenöl in einem runden Schmortopf erhitzen und Knoblauch und die Zwiebelwürfel darin glasig braten. Die Tintenfisch-stückchen hinzugeben und hellgelb braten. Mit dem Wein aufgießen. Das Tomatenmark mit etwas warmem Wasser auflösen und in den Topf geben.
Nach einer halben Stunde Kochzeit, wenn der Wein verdampft ist, den Reis in den Topf mit den Tintenfischen geben und unter Rühren mit einem Holzlöffel so lange andünsten, bis die Reiskörner glasig sind. Mit 1/4 l kochender Fischbrühe aufgießen und kochen lassen, bis die Reiskörner die Flüssigkeit ganz aufgesogen haben. Nach und nach mit der kochenden Fischbrühe aufgießen, der Reis soll immer leicht brodelnd kochen. Nach 15–20 Minuten Kochzeit ist der Reis gar – die Reiskörner *al dente*, also weich mit einem kleinen festen Kern, und der Risotto angenehm cremig feucht.
Den gelben und den schwarzen Saft aus den Taschen der Tintenfische mit etwas Wasser verrührt unter den Reis geben, noch einmal 2 Minuten durchkochen lassen. Wenn nötig, mit Salz abschmecken.
Den Risotto mit grobgemahlenem Pfeffer und mit der Petersilie bestreut servieren. Zu diesem Gericht gehört kein Parmesan. Möglichst kleine junge Tintenfische verwenden, denn die älteren haben eine wesentlich längere Kochdauer und bleiben oft hart.

Empfohlener Wein: ein frischer, ausgereifter Weißwein wie ein Soave aus Venetien

RISOTTO MIT BAROLO

Risotto al Barolo

Zubereitungszeit: 50 Minuten
Pro Portion: 595 Kalorien

300 g italienischer Rundkornreis
50 g Schinkenspeck
1 kleine Zwiebel
40 g Butter
1 Glas (1 dl) Barolo oder ein anderer
piemontesischer Rotwein
3/4 l Fleischbrühe
ZUM ABRUNDEN
50 g Butter
60 g frischgeriebener Parmesan
Salz
schwarzer Pfeffer

Den Reis mit einem Tuch abreiben. Den Schinkenspeck und die Zwiebel in kleine Würfel schneiden.
Die Butter in einem runden Schmortopf zerlassen und die Schinkenspeck- und Zwiebelwürfel darin glasig braten. Den Reis hineinstreuen und unter Rühren mit einem Holzlöffel so lange andünsten, bis die Reiskörner glasig sind. Mit dem Wein aufgießen und kochen lassen, bis die Reiskörner die Flüssigkeit ganz aufgesogen haben. Nach und nach mit der kochenden Fleischbrühe aufgießen, der Reis soll immer leicht brodelnd kochen. Nach 15–20 Minuten Kochzeit ist der Reis gar – die Reiskörner *al dente*, also weich mit einem kleinen festen Kern, und der Risotto angenehm cremig feucht.
Die Butter in Flöckchen und den Parmesan gründlich mit dem Risotto vermischen und mit Salz und grobgemahlenem Pfeffer abschmecken. Sofort auftragen.

Empfohlener Wein: Derselbe Wein, der zum Kochen des Risotto verwendet wird – hier ein Barolo – vielleicht einen Jahrgang älter.

Ein Risotto wird fast immer mit Weißwein aufgegossen. Nur in Piemont nimmt man einen der schweren roten Weine der Region. Der Risotto erhält dadurch nicht nur einen besonders feinen Geschmack, sondern auch eine zartrosa Farbe.

RISOTTO MAILÄNDER ART

Risotto alla milanese

Zubereitungszeit: 30 Minuten
Pro Portion: 510 Kalorien

300 g italienischer Rundkornreis
50 g Rindermark
1 kleine Zwiebel
80 g Butter
1/4 l trockener Weißwein
3/4 l Fleischbrühe
1 Löffelspitze Safranfäden
Salz
schwarzer Pfeffer
50 g frischgeriebener Parmesan

Den Reis mit einem Tuch abreiben. Das Rindermark fein hacken, die Zwiebel in kleine Würfel schneiden.
Einen Eßlöffel Butter und das Rindermark in einem runden Schmortopf zerlassen und die Zwiebelwürfel darin glasig braten. Den Reis hineinstreuen und unter Rühren mit einem Holzlöffel solange andünsten, bis die Reiskörner glasig sind. Mit dem Wein ablöschen, aufkochen lassen und nach und nach mit der kochenden Fleischbrühe aufgießen, der Reis soll dabei immer brodelnd kochen. Nach 10 Minuten den Safran hinzufügen, damit der Risotto eine schöne, gelbe Farbe bekommt.

Nach 15–20 Minuten Kochzeit ist der Reis gar – die Reiskörner *al dente*, also weich mit einem kleinen festen Kern, und der Risotto angenehm cremig feucht.

Mit Salz und frischgemahlenem Pfeffer abschmecken. Die restliche Butter in Flöckchen und die Hälfte des Parmesans gründlich unter den Risotto mischen. Sofort auftragen. Den restlichen Parmesan bei Tisch über den Risotto streuen.

Empfohlener Wein: ein frischer, körperreicher Weißwein wie ein Franciacorte bianco aus der Lombardei

Risotto Mailänder Art

RISOTTO MIT HÜHNER-FLEISCH

Risotto alla sbirraglia

Für 6 Personen
Zubereitungszeit: 1 Stunde
Pro Portion: 1060 Kalorien

1/2 Huhn
150 g Kalbfleisch
1 Zwiebel
1 Möhre
1 Selleriestange
1 rote Paprikaschote
80 g Butter
3 EL Olivenöl
Salz
weißer Pfeffer
1 Glas (1 dl) Weißwein
400 g italienischer Rundkornreis
1 1/4 l Hühnerbrühe
60 g frischgeriebener Parmesan

Das Fleisch des Huhnes ablösen und in Stückchen schneiden. Man kann vom Gerippe des Huhnes eine Hühnerbrühe zum Aufgießen des Risotto zubereiten. Das Kalbfleisch ebenfalls in Streifen oder Stückchen schneiden. Geputzte Zwiebel und Möhre in Würfel schneiden, Sellerie in Scheibchen und die Paprikaschote in Streifen.

Die Hälfte der Butter und das Öl in einem runden Schmortopf erhitzen und das geschnittene Gemüse darin anrösten. Das Fleisch hinzufügen und hellbraun braten. Salzen und pfeffern. Mit dem Wein aufgießen und zugedeckt 30 Minuten schmoren lassen.

Den Reis mit einem Tuch abreiben, in den Topf mit dem Fleisch streuen und unter Rühren mit einem Holzlöffel so lange andünsten, bis die Reiskörner glasig sind. Mit 1/4 l heißer Hühnerbrühe aufgießen und kochen lassen, bis die Reiskörner die Flüssigkeit ganz aufgesogen haben. Nach und nach mit der kochenden Hühnerbrühe aufgießen, der Reis soll immer leicht brodelnd kochen. Nach 15–20 Minuten Kochzeit ist der Reis gar – die Reiskörner *al dente*, also weich mit einem kleinen festen Kern, und der Risotto angenehm cremig feucht.

Die restliche Butter in Flöckchen und den Parmesan gründlich mit dem Risotto vermischen. Sofort auftragen.

Empfohlener Wein: ein frischer Rosé wie ein Rosato vom Gardasee

VENEZIANISCHER RISOTTO MIT ERBSEN

Risi e bisi

Zubereitungszeit: 1 Stunde 30 Minuten
Pro Portion: 740 Kalorien

300 g italienischer Rundkornreis
1,5 kg junge Erbsen mit Schoten
Salz
evtl. etwas Fleischbrühe
50 g Parmaschinken
1 kleine Zwiebel
80 g Butter
weißer Pfeffer
8 frische Minzeblätter
50 g frischgeriebener Parmesan

Den Reis mit einem Tuch abreiben. Die Erbsen waschen und enthülsen. Die Erbsenschoten mit 1 1/2 l Wasser bedecken, Salz hinzufügen und im geschlossenen Topf eine Stunde kochen lassen. Die Suppe durch ein Sieb streichen, so daß auch das an den Schoten befindliche Gemüsemark mit durchpassiert wird. Abmessen und evtl. mit etwas Fleischbrühe aufgießen, so daß man 1 1/4 l Flüssigkeit erhält.

Schinken und Zwiebel in kleine Würfel schneiden. Die Hälfte der Butter in einem runden Schmortopf zerlassen und die Schinken- und Zwiebelwürfel darin glasig braten. Den Reis hineinstreuen und unter Rühren mit einem Holzlöffel so lange andünsten, bis die Reiskörner glasig sind. Mit 2 Schöpflöffeln der heißen Erbsenbrühe aufgießen und unter Rühren kochen lassen, bis die Reiskörner die Flüssigkeit ganz aufgesogen haben. Nach und nach mit der heißen Erbsenbrühe aufgießen, der Reis soll immer leicht brodelnd kochen. Nach 10 Minuten die Erbsen hinzufügen und weitere 5–10 Minuten kochen lassen, bis die Erbsen gar und die Reiskörner *al dente*, also weich mit einem kleinen festen Kern, sind. Der Risotto soll noch ganz leicht suppig sein.

Den Risotto mit der restlichen, in Flöckchen zerteilten Butter, den Minzeblättern und dem Parmesan gründlich verrühren. In vorgewärmten, tiefen Tellern anrichten.

Empfohlener Wein: ein leichter, milder Weißwein wie ein Bianco di Custoza aus Venetien

Richtig zubereitet ist dieser zartgrüne Risotto ein kulinarisches Frühlingsgedicht aus Venedig. Das edle Reisgericht hat eine jahrhundertealte Tradition: Es wurde jedes Jahr am Markustag, dem 23. April, für den Dogen der Republik Venedig zubereitet. Leider ist die Frühlingserbsensaison ähnlich kurz wie beim Spargel, denn nur die ganz jungen Erbsen aus der Schote haben die zarte Süße, die für den echten *risi e bisi* erforderlich ist. Aber auch mit jungen, zarten, tiefgekühlten Erbsen zubereitet und mit einer guten Fleischbrühe aufgegossen, ist er immer noch ein sehr gutes Reisgericht.

RISOTTO MIT SCAMPI

Risotto con scampi

Zubereitungszeit: 40 Minuten
Pro Portion: 685 Kalorien

300 g italienischer Rundkornreis
100 g Butter
1 kleine Zwiebel (mit 3 Nelken gespickt)
1 Zweiglein Thymian
0,1 l trockener Weißwein
reichlich 3/4 l Fleischbrühe
1 Zwiebel
2 Knoblauchzehen
1 rote Paprikaschote
2 Tomaten
3 EL Olivenöl
20 ausgelöste Scampischwänze
Meersalz
weißer Pfeffer
gehackte Petersilie oder etwas Fenchelgrün

Den Reis mit einem Tuch abreiben. Die Hälfte der Butter in einem runden Schmortopf zerlassen und die gespickte Zwiebel und den Thymian hinzufügen. Kurz durchschmoren. Den Reis hineinstreuen und unter Rühren mit einem Holzlöffel so lange andünsten, bis die Reiskörner glasig sind. Mit dem Weißwein aufgießen und kochen lassen, bis die Reiskörner die Flüssigkeit ganz aufgesogen haben. Nach und nach mit der kochenden Fleischbrühe aufgießen, der Reis soll immer leicht brodelnd kochen. Nach 15–20 Minuten Kochzeit ist der Reis gar – die Reiskörner *al dente*, also weich mit einem kleinen festen Kern, und der Risotto angenehm cremig feucht. Die Zwiebel und den Thymianzweig herausfischen.

In der Garzeit des Risottos die Zwiebel in Würfel schneiden, die Knoblauchzehen in feine Scheiben. Die Paprikaschote entkernen, in Streifen und dann in Würfel schneiden, die Tomaten in Scheiben und dann ebenfals in Würfel schneiden. Das Olivenöl in einer Pfanne erhitzen und zuerst die Zwiebelwürfel und Knoblauchscheiben darin glasig braten, dann die Paprika- und die Tomatenwürfel hinzufügen und 10 Minuten schmoren lassen. Die Scampischwänze hinzufügen und in 5 Minuten unter Wenden erwärmen. Mit Salz und frischgemahlenem Pfeffer abschmekken. Mit dem fertigen Risotto vermischen und die restliche Butter in Flöckchen unter den Risotto mischen. Mit gehackter Petersilie oder mit gehacktem Fenchelgrün bestreuen.
Den Risotto getrennt zu den Scampi reichen oder Risotto und Scampi miteinander vermischen und kurz durchziehen lassen.

Empfohlener Wein: ein trockener Weißwein wie ein Franciacorte bianco aus der Lombardei

Das Rezept für den Risotto mit Scampi läßt sich auch mit allen anderen Sorten von Krustentieren zubereiten – im Norden Italiens werden für einen festlichen Risotto auch gerne Flußkrebse verwendet.

REISPASTETE AUF NEAPOLITANISCHE ART

Sartù

Für 8 Personen
Zubereitungszeit: 2 Stunden
Pro Portion: 525 Kalorien

350 g italienischer Rundkornreis
1 kleine Zwiebel
4 EL Olivenöl
1/2 l Fleischbrühe
1/4 l Tomatensaft (aus der Dose)
Salz
2 Eier
50 g frischgeriebener Parmesan
FÜLLUNG
350 g Beefsteakhack
2 EL Semmelbrösel
1 Eigelb
schwarzer Pfeffer
Fett zum Braten
20 g getrocknete, eingeweichte Pilze
150 g ausgelöste, junge Erbsen
20 g Butter für die Erbsen
200 g Mozzarella
SAUCE
40 g Butter
20 g Mehl
1/4 l Milch
geriebene Muskatnuß
1 Eigelb
Butter und Semmelbrösel für die Form
Butterflöckchen und frischgeriebener
Parmesan zum Überbacken

Den Reis mit einem Tuch abreiben. Die Zwiebel in kleine Würfel schneiden.
Das Öl in einem runden Schmortopf erhitzen und die Zwiebelwürfel darin glasig braten. Den Reis hineinstreuen und unter Rühren mit einem Holzlöffel so lange andünsten, bis die Reiskörner glasig sind. Mit 1/4 l kochender Fleischbrühe aufgießen und kochen lassen, bis die Reiskörner die Flüssigkeit ganz aufgesogen haben. Nach und nach mit der kochenden Brühe und dem Tomatensaft aufgießen, der Reis soll immer leicht brodelnd kochen. Nach

15–20 Minuten Kochzeit ist der Reis gar – die Reiskörner sind *al dente*, also weich mit einem kleinen festen Kern, und der Risotto angenehm cremig feucht. Mit Salz abschmecken und mit den Eiern und dem Parmesan gründlich vermischen.

Für die Füllung das Hackfleisch mit Semmelbröseln, Eigelb, Salz und Pfeffer zu einem glatten Fleischteig vermischen. Nußgroße Bällchen formen und in heißem Fett rundum braun braten.

Die Pilze auf einem Sieb abtropfen lassen. Die Erbsen in der Butter weich dünsten. Den Käse in kleine Würfel schneiden.

Für die Sauce aus Fett und Mehl eine helle Mehlschwitze herstellen und unter Rühren mit der Milch aufgießen. Mit Salz und Muskat abschmecken, von der Kochstelle nehmen und mit dem Eigelb legieren.

Boden und Rand einer großen Springform (35 cm Ø) oder einer gradwandigen, feuerfesten Form mit Butter einfetten und mit Semmelbröseln ausstreuen. Den Boden dick mit Reis bestreichen und auch den Rand der Form treppenförmig mit Reis bedecken, so daß in der Mitte eine Vertiefung entsteht.

Alle Zutaten für die Füllung miteinander vermischen und in die Vertiefung geben. Mit der Sauce übergießen und mit einer Schicht Reis bedecken. Mit geriebenem Käse bestreuen und mit Butterflöckchen bedecken.

Im vorgeheizten Backofen bei mittlerer Hitze (200 °C) in 65 Minuten goldbraun backen. 10 Minuten stehen lassen und stürzen.

Empfohlener Wein: ein feurig frischer Rotwein wie ein Grignolino aus dem Piemont

Nicht nur in ihrer Heimatregion Kampanien, sondern in ganz Italien ist die üppig gefüllte Reispastete ein beliebtes Festtagsgericht, das man gut vor dem Eintreffen der Gäste zubereiten kann. Sie gilt übrigens, im Gegensatz zu den sonstigen Risottogerichten, auch in Italien als Hauptgericht.

RISOTTO MIT PILZEN

Risotto alla veneziana

Zubereitungszeit: 35 Minuten
Pro Portion: 510 Kalorien

300 g italienischer Rundkornreis
1 Zwiebel
4 EL Olivenöl
einige Blätter Basilikum
1 l Fleischbrühe
200 g Pilze
(Steinpilze oder andere Waldpilze)
1 EL Butter
Salz
schwarzer Pfeffer
2 EL gehackte Petersilie
40 g frischgeriebener Parmesan

Den Reis mit einem Tuch abreiben. Die Zwiebel in kleine Würfel schneiden.
Das Öl in einem runden Schmortopf zerlassen und die Zwiebelwürfel darin glasig braten. Den Reis hineinstreuen und unter Rühren mit einem Holzlöffel so lange andünsten, bis die Reiskörner glasig sind. Die gehackten Basilikumblätter hinzufügen. Mit 1/4 l heißer Fleischbrühe aufgießen und kochen lassen, bis die Reiskörner die Flüssigkeit ganz aufgesogen haben. Nach und nach mit der kochenden Fleischbrühe aufgießen, der Reis soll immer leicht brodelnd kochen.
Inzwischen die Pilze putzen und in Scheiben schneiden. In der erhitzten Butter in einer Pfanne 10 Minuten durchschwenken. Mit Salz, frischgemahlenem Pfeffer und der Petersilie abschmecken.
Nach 15–20 Minuten Kochzeit ist der Reis gar – die Reiskörner *al dente*, also weich mit einem kleinen festen Kern, und der Risotto angenehm cremig feucht. Die Pilze vorsichtig mit dem Risotto vermischen und noch 3 Minuten weiterkochen lassen. Mit Salz abschmecken und mit dem Parmesan vermischen.

Empfohlener Wein: ein voll aromatischer Weißwein wie ein Chardonnay aus dem Trentino

RISOTTO MIT SPARGEL

Risotto con asparagi

Zubereitungszeit: 1 Stunde
Pro Portion: 540 Kalorien

300 g italienischer Rundkornreis
1 Schalotte
100 g Butter
1/2 Glas (5 cl) Weißwein
1 l Fleischbrühe
500 g grüner Spargel
Salz
60 g frischgeriebener Parmesan
weißer Pfeffer

Den Reis mit einem Tuch abreiben. Die Schalotte schälen und in kleine Würfel schneiden.
40 g Butter in einem Schmortopf zerlassen und die Schalottenwürfel darin glasig braten. Den Reis hineinstreuen und unter Rühren mit einem Holzlöffel so lange andünsten, bis die Reiskörner glasig sind. Mit dem Wein aufgießen und kochen lassen, bis die Reiskörner die Flüssigkeit ganz aufgesogen haben. Nach und nach mit der kochenden Fleischbrühe aufgießen, der Reis soll immer leicht brodelnd kochen.
In der Kochzeit des Risotto den Spargel waschen, die holzigen Enden abschneiden (grüner Spargel hat längere holzige Enden) und die Spargelstangen leicht schälen oder kurz abschaben. In zweifingerlange Stücke schneiden, die Spargelköpfe ungeschnitten lassen. Die Spargelstücke 5–10 Minuten in 40 g Butter schwenken, bis sie kernigweich sind. Leicht salzen.
Nach 15–20 Minuten Kochzeit ist der Reis gar – die Reiskörner *al dente*, also weich mit einem kleinen festen Kern. Die Spargelstücke, die restliche Butter und den Parmesan mit dem Risotto vermischen. Mit frischgemahlenem Pfeffer und, wenn nötig, mit Salz abschmecken. 3 Minuten durchziehen lassen.

Empfohlener Wein: ein edler Weißwein wie ein Erbaluce di Caluso aus Piemont

RISOTTO FRÜHLINGSART

Risotto primavera

Für 4–6 Personen
Zubereitungszeit: 1 Stunde 30 Minuten
Pro Portion: 435 Kalorien

300 g italienischer Rundkornreis
200 g grüner Spargel
2 kleine Zucchini
4 junge Möhren
100 g Butter
Salz
weißer Pfeffer
1 Schalotte
1 l Hühner- oder Fleischbrühe
1 EL gehackte Petersilie
60 g frischgeriebener Parmesan

Den Reis mit einem Tuch abreiben. Den Spargel waschen, das holzige Ende abschneiden und die Spargelstangen in zweifingerbreite Stücke schneiden. Die Zucchini waschen und in 1/2 cm dicke Stücke schneiden, die geputzten Möhren in dünne Scheiben.

Die Hälfte der Butter in einer hochwandigen Pfanne zerlassen und das Gemüse darin weich dünsten. Mit Salz und frischgemahlenem Pfeffer abschmecken.

Inzwischen den Risotto zubereiten. Die restliche Butter in einem runden Schmortopf zerlassen und die in Würfel geschnittene Schalotte darin glasig braten. Den Reis hineinstreuen und unter Rühren mit einem Holzlöffel so lange andünsten, bis die Reiskörner glasig sind. Mit 1/4 l kochender Brühe aufgießen und kochen lassen, bis die Reiskörner die Flüssigkeit ganz aufgesogen haben. Nach und nach mit der kochenden Fleischbrühe aufgießen, der Reis soll immer leicht brodelnd kochen. Nach 15–20 Minuten Kochzeit ist der Reis gar – die Reiskörner *al dente*, also weich mit einem kleinen festen Kern, und der Risotto angenehm cremig feucht.

Den Risotto mit dem Gemüse vermischen und bei leichter Hitze 5 Minuten durchziehen lassen. Vorsichtig mit Salz und frischgemahlenem Pfeffer abschmecken und den Parmesan unter den Risotto mischen. 3 Minuten durchziehen lassen.

Empfohlener Wein: ein leichter, fruchtiger Rosé wie ein Rosato aus Friaul

RISOTTO MIT RADICCHIO

Risotto al radicchio rosso

Zubereitungszeit: 40 Minuten
Pro Portion: 630 Kalorien

300 g italienischer Rundkornreis
400 g Radicchio
1 Zwiebel
1 Knoblauchzehe
6 EL Olivenöl
1 Glas (1 dl) Rotwein
reichlich 3/4 l Fleischbrühe
Salz
schwarzer Pfeffer
40 g Butter
50 g frischgeriebener Parmesan

Den Reis mit einem Tuch abreiben. Den Radicchio putzen, gründlich waschen und in Streifen schneiden. Die Zwiebel und die Knoblauchzehe in Würfel schneiden.

Das Olivenöl in einem Schmortopf erwärmen und die Zwiebel- und Knoblauchwürfel darin glasig braten. Den Radicchio hinzufügen und 5 Minuten unter gelegentlichem Rühren mit einem Holzlöffel andünsten. Den Reis hinzufügen und ebenfalls unter Rühren 5 Minuten mit durchschmoren. Mit dem Rotwein aufgießen und kochen lassen, bis die Reiskörner die Flüssigkeit ganz aufgesogen haben. Nach und nach mit der kochenden Fleischbrühe aufgießen, der Reis soll immer leicht brodelnd kochen. Nach 15–20 Minuten Kochzeit ist der Reis gar – die Reiskörner *al dente*, also weich mit einem kleinen festen Kern, und der Risotto angenehm cremig feucht. Mit der Butter in Flöckchen und dem Parmesan gründlich vermischen.

Wer den Radicchio besonders knackig liebt, mischt erst am Ende der Garzeit einen Teil des geschnittenen Radicchiogemüses unter den fertigen Risotto.

Empfohlener Wein: ein fülliger Rotwein wie ein Valpolicella aus Venetien

Risotto mit Radicchio

Die neapolitanische Pizza

La vera pizza napoletana

Die Pizza hat inzwischen die ganze Welt erobert – in Amerika z.B. gibt es pro Kopf mehr Pizzerien als in Italien –, und dennoch bleibt der köstliche tomatenrote Brotfladen neapolitanischer als irgend ein anderes Gericht. Wenn man hineinbeißt, denkt man an Sonne, Süden und Meer. Bei ihrer Reise um den Erdball hat die Pizza viel von ihrer Ursprünglichkeit verloren. In Italien wird sie vor allem mit Tomaten, Gemüse, Meeresfrüchten, Oliven, Mozzarella, Sardellen und Basilikum belegt, den einfachen Erzeugnissen des Landes. Die Pizza im Ausland dagegen ist oft viel zu voluminös, und der Belag besteht aus einer abenteuerlichen Kombination von Zutaten.

Ich möchte mit meinen Rezepten wieder die echte neapolitanische Pizza zu Ehren bringen. „La vera pizza napoletana" besteht nur aus einem einfachen Brotteig, d.h. aus Mehl, echter Bierhefe oder Sauerteig, Salz und Wasser. An den echten Pizzateig gehört keinerlei Fett. Am besten gelingt er, wenn man ihn nach dem Gehen des Vorteiges gründlich mit den Händen durchknetet. Die Wärme der Hände teilt sich der Hefe mit, und der Teig erhält seine geschmeidige Elastizität. Für Eilige: Man erreicht ein ähnliches Ergebnis mit den Knethaken des elektrischen Rührgerätes. Für noch Eiligere: Wer einen guten Bäcker kennt, der frischen Brotteig verkauft, kann diesen gut als Pizzaboden verwenden.

Eigentlich braucht man für das Backen einer echten Pizza einen speziellen Backofen mit hoher Temperatur, der mit Holz gespeist und in dem der Teig ohne Blech direkt auf dem heißen Boden ruhend gebacken wird. Wir müssen also in Ermangelung eines Pizzaofens unseren Backofen so stark wie möglich vorheizen und Form oder Backblech so tief unten wie möglich hineingeben. Die fertige Pizza soll gar, aber nur ganz leicht gebräunt und der weiche, duftende Belag von einem knusprigen Teigrand umgeben sein.

Der Belag der italienischen Pizzen enthält sehr häufig das leuchtende Rot der Tomaten, die aber nur in den Sommermonaten, in der Zeit ihrer natürlichen Reife und Süße, frisch verwendet werden. In der übrigen Zeit nimmt der neapolitanische Pizzabäcker Tomaten aus der Dose, möglichst die besonders guten aus San Marzano am Fuße des Vesuvs. Der Mozzarella soll so frisch wie möglich und das verwendete Olivenöl von bester Qualität sein. Darüber werden frische Basilikumblätter gestreut - getrockneter Oregano gilt als einzig möglicher Ersatz.

Besonders angenehm läßt sich die Pizza aus der Hand verspeisen, wenn man sie als calzone, als große Teigtasche, genießt. Dazu bestreicht man die Pizzascheiben mit einem Belag von Mozzarella und Ricotta und klappt sie halbmondartig zusammen. Sie werden entweder in einer Pfanne in reichlich Öl oder auf dem Backblech goldbraun gebacken.

Die Ligurier verfeinern den einfachen Pizzateig mit duftendem ligurischen Olivenöl und würzen ihn mit Kräutern, Zwiebeln oder Käse. Die focaccia wird ausgerollt auf einem Blech goldbraun gebacken.

Der begleitende Wein richtet sich nach dem Belag – allgemein trinkt man gern leichte, spritzige Weine zur Pizza.

GRUNDREZEPT FÜR DEN PIZZATEIG

Pasta per la pizza

Zubereitungszeit: 30 Minuten
Gehen des Teiges: 2 Stunden
Pro Portion: 345 Kalorien

400 g Weizenmehl
1/2 TL Salz
20 g Hefe
knapp 1/4 l lauwarmes Wasser
Mehl zum Ausrollen
Olivenöl für das Blech

Das Mehl mit dem Salz in einer Schüssel vermischen und in die Mitte eine Vertiefung drücken. Die Hefe hineinbröckeln mit 4 Eßlöffel lauwarmem Wasser und wenig Mehl vom Rand zu einem Vorteig verrühren. 15 Minuten zugedeckt gehen lassen. Dann das restliche lauwarme Wasser mit Hilfe einer Gabel mit dem Mehl und Vorteig verrühren.

Den Teig mit den Händen – notfalls auch mit dem Knethaken des elektrischen Rührgerätes – so lange kneten, bis er seidig und glatt ist und sich vom Schüsselboden löst. Den Teig zu einer Kugel formen, diese kreuzweise einschneiden und mit einem Tuch bedeckt an einem warmen Ort 2 Stunden gehen lassen. Will man 4 kleine Portionspizzen herstellen, teilt man den Teig in 4 Teile und läßt die 4 Teigkugeln ebenfalls 2 Stunden gehen.

Die Teigkugel auf einem bemehlten Brett in Größe einer runden Pizzaform oder Springform (30 cm Ø) leicht ausrollen. Die Form gut mit Olivenöl einpinseln und in die Mitte den Teig legen. Von der Mitte her flachdrücken, so daß ein Rand entsteht. Für die Portionspizzen die 4 Teigkugeln ausrollen und auf ein gut eingeöltes Backblech legen. Den Backofen auf der höchsten Schaltstufe (250–280 °C) vorheizen.

Den für das jeweilige Rezept erforderlichen Belag auf den Pizzateig geben und zum Schluß mit Olivenöl beträufeln.

Die Pizza auf einem Rost oder einem Blech auf die tiefste Schiene des Backofens schieben und bei starker Hitze (250–280 °C) in 25–20 Minuten gar backen. Sofort heiß verzehren.

Pizza läßt sich gut für 3 Monate einfrieren und wieder aufbacken.

PIZZA MIT TOMATEN, MOZZARELLA UND BASILIKUM

Pizza Margherita

Pro Portion: 830 Kalorien

TEIG
400 g Weizenmehl
1/2 TL Salz
20 g Hefe
knapp 1/4 l lauwarmes Wasser
Mehl zum Ausrollen
Olivenöl für das Backblech
BELAG
400 g sehr reife, frische Tomaten
oder Tomaten aus der Dose
300 g Mozzarella
20 große Basilikumblätter
Salz
schwarzer Pfeffer
8 EL Olivenöl

Einen Pizzateig nach dem Grundrezept (linke Spalte) zubereiten. 1 große oder 4 kleine Kugeln formen(oder ein Kuchenblech damit auslegen). 2 Stunden gehen lassen und ausrollen. Die runden Pizzen von der Mitte her flachdrücken, so daß ein Rand entsteht. Den Backofen auf 250–280 °C vorheizen.

Für den Belag die Tomaten überbrühen, abziehen und in Stückchen schneiden, dabei das harte gelbe Mark zurücklassen. Dosentomaten abtropfen lassen und in Stücke schneiden, Mozzarella in Scheiben schneiden.

Die Pizzen oder den ausgerollten Pizzateig mit Tomatenstückchen, der Hälfte der Mozzarellascheiben und den gewaschenen Basilikumblättern bedecken. Mit Salz und frischgemahlenem Pfeffer bestreuen. Die Pizza mit dem Olivenöl begießen und darauf achten, daß die Basilikumblätter mit Öl bedeckt sind.

Die Pizza auf die unterste Schiene des vorgeheizten Backofens schieben und bei starker Hitze (250–280 °C) in ca. 20 Minuten gar backen. Nach 15 Minuten Backzeit die restlichen Mozzarellascheiben auf die Pizza legen. Heiß auftragen.

Empfohlener Wein: ein frischer Weißwein wie ein Ischia bianco

PIZZA VIER JAHRESZEITEN

Pizza quattro stagioni

Pro Portion: 955 Kalorien

TEIG
400 g Weizenmehl
1/2 TL Salz
20 g Hefe
knapp 1/4 l lauwarmes Wasser
Mehl zum Ausrollen
Olivenöl für das Backblech
BELAG
300 g Tomaten
Salz
schwarzer Pfeffer
einige Basilikumblätter
10 kleine schwarze Oliven
2 gewässerte Sardellen
150 g Champignons
1 kleine Zwiebel
8 EL Olivenöl
1 TL gehackte Petersilie
200 g ausgelöste Muscheln
Oregano
100 g gekochter Schinken
2 EL frischgeriebener Parmesan
150 g Mozzarella

Einen Pizzateig nach dem Grundrezept (Seite 139) zubereiten. 1 große oder 4 kleine Kugeln formen. 2 Stunden gehen lassen und ausrollen. Die Pizzen von der Mitte her flachdrücken, so daß ein Rand entsteht. Den Backofen auf 250–280 °C vorheizen.

Für den Belag die Tomaten überbrühen, abziehen und in Stückchen schneiden. Mit Salz und frischgemahlenem Pfeffer abschmecken. Die Hälfte der Tomaten mit etwas feingeschnittenem Basilikum auf dem Pizzaboden verteilen. Auf ein Viertel der Pizza die Oliven und die feingewiegten Sardellen geben und ebenfalls mit Basilikum bestreuen.

Die Champignons waschen, Stiele entfernen und die Köpfe in Scheiben schneiden. Kurz mit der in kleine Würfel geschnittenen Zwiebel in 2 EL Olivenöl schwenken und auf das zweite Viertel Teig geben. Mit Salz und frischgemahlenem Pfeffer würzen und die Petersilie darüberstreuen.

Die Muscheln auf das dritte Viertel der Pizza geben, mit Salz, frischgemahlenem Pfeffer und Oregano bestreuen.

Den Schinken in Streifen schneiden, mit einigen der zurückbehaltenen Tomatenstückchen und dem Parmesan vermischen und auf das letzte Viertel der Pizza setzen. Die restlichen Tomatenstückchen über die Pizza verteilen und diese gleichmäßig mit dem restlichen Olivenöl beträufeln. Den Mozzarella in Scheiben schneiden und den ganzen Belag der Pizza damit bedecken.

Im vorgeheizten Backofens bei starker Hitze (250–280 °C) in ca. 20 Minuten gar backen.

Man kann den Platz für die Muscheln auf der Pizza freilassen, diese mit einer Knoblauchzehe in etwas Öl durchschmoren und nur die letzten 3 Minuten mitbacken.

Empfohlener Wein: ein fruchtiger Rosé wie ein Pinot rosato aus der Lombardei

PIZZA MIT SARDELLEN UND TOMATEN

Pizza alla marinara

Pro Portion: 695 Kalorien

TEIG
400 g Weizenmehl
1/2 TL Salz
20 g Hefe
knapp 1/4 l lauwarmes Wasser
Mehl zum Ausrollen
Olivenöl für das Backblech
BELAG
500 g Tomaten
40 g Kapern
Salz
schwarzer Pfeffer
4 gewässerte Sardellen
60 g schwarze Oliven
8 EL Olivenöl

Einen Pizzateig nach dem Grundrezept (Seite 139) zubereiten. 1 große oder 4 kleine Kugeln formen. 2 Stunden gehen lassen und ausrollen. Die Pizzen von der Mitte her flachdrücken, so daß ein Rand entsteht. Den Backofen auf 250–280 °C vorheizen.

Für den Belag die Tomaten überbrühen, abziehen und in Stückchen schneiden, dabei das harte gelbe Mark zurücklassen. Die Kapern und die feingewiegten Sardellen unter die Tomaten mischen, mit Salz und frischgemahlenem Pfeffer würzen.

Die Pizza oder die kleinen Pizzen gleichmäßig mit der Tomatenmischung bestreichen und die Oliven darauf verteilen. Das Olivenöl über die Pizza träufeln.

Die Pizza auf die unterste Schiene des vorgeheizten Backofens schieben und bei starker Hitze (250–280 °C) in ca. 20 Minuten gar backen. Sofort heiß servieren.

Empfohlener Wein: ein leichter, trockener Weißwein wie ein Soave aus Venetien

ITALIENISCHE PIZZATASCHE

Calzone

Zubereitungszeit:
Pro Portion: 535 Kalorien

TEIG
500 g Weizenmehl
1 TL Salz
30 g Hefe
1/4 l lauwarmes Wasser
4 EL Olivenöl
Olivenöl für das Backblech
FÜLLUNG
200 g Mozzarela
100 g Salami
200 g frischer Ricotta oder trockener Quark (20 % F.i.Tr.)
2 Eier
50 g frischgeriebener Parmesankäse
Salz
schwarzer Pfeffer

Aus Mehl, Salz, Hefe, lauwarmem Wasser und Öl einen Pizzateig nach dem Grundrezept (Seite 139) zubereiten. Aus dem Teig 4 kleine Kugeln formen. 2 Stunden gehen lassen und dann auf einer bemehlten Fläche kreisrund ausrollen (Ø 30 cm). Die Pizzen von der Mitte her flachdrücken, so daß ein Rand entsteht. Den Backofen auf 200 °C vorheizen.

Für die Füllung den Mozzarella und die Salami in Streifen schneiden, den Ricotta mit den Eiern verrühren, Mozzarella- und Salamistreifen hinzufügen und mit dem Parmesankäse, Salz und frischgemahlenem Pfeffer würzen. Gleichmäßig auf die Calzone verteilen. Jede Teigscheibe halbmondartig zusammenfalten, die Ränder fest andrücken.

Die Calzone auf ein mit Öl ausgestrichenes Backblech geben und im vorgeheizten Backofen bei mittlerer Hitze oder in reichlich Olivenöl in einer Pfanne in 20–25 Minuten goldgelb backen.

Empfohlener Wein: ein leichter, südlicher roter oder weißer Landwein aus Kampanien

KRÄUTERPIZZA

Pizza bianca

Pro Portion: 925 Kalorien

TEIG
400 g Weizenmehl
1/2 TL Salz
20 g Hefe
knapp 1/4 l lauwarmes Wasser
Mehl zum Ausrollen
Olivenöl für das Backblech
BELAG
400 g Mozzarella
3 Knoblauchzehen
Salz
schwarzer Pfeffer
gemischte Kräuter (Rosmarin, Salbei,
Minze, Oregano, Basilikum)
4 EL frischgeriebener Parmesan
8 EL Olivenöl

Einen Pizzateig nach dem Grundrezept
(Seite 139) zubereiten. 1 große oder 4 kleine Kugeln formen. 2 Stunden gehen lassen und ausrollen. Die Pizzen von der Mitte her flachdrücken, so daß ein Rand entsteht.
Für den Belag den Mozzarella in Scheiben
schneiden, die Knoblauchzehen in Scheiben schneiden, die Kräuter in Blättchen
zupfen.
Den Backofen auf 250–280 °C vorheizen.
Die große Pizza oder die 4 kleinen Pizzen
mit den Mozzarellascheiben bedecken.
Mit Salz und frischgemahlenem Pfeffer
würzen und die Kräuter über dem Mozzarella verteilen. Mit dem Parmesan bestreu-
en. Die Pizza mit dem Olivenöl begießen
und darauf achten, daß die Kräuter gut mit
dem Öl bedeckt sind.
Die Pizza auf die unterste Schiene des vorgeheizten Backofens schieben und bei
starker Hitze (250–280 °C) in ca. 20 Minuten garbacken. Sofort heiß genießen.

Empfohlener Wein: ein fruchtiger Rotwein wie ein Copertino aus Apulien

Kräuterpizza

PIZZA AUS BLÄTTERTEIG

Pizza rustica

Für 8 Personen
Zubereitungszeit: 50 Minuten
Pro Portion: 1370 Kalorien

2 Pakete tiefgekühlter Blätterteig (à 300 g)
400 g frischer Ricotta oder trockener
Quark (20 % F.i.Tr.)
5 Eier
100 g Räucherkäse
(Provolone affumicato)
200 g Mozzarella
200 g Salami in dicken Scheiben
100 g frischgeriebener Parmesan
Salz
schwarzer Pfeffer
2 EL gehackte Petersilie

Den Blätterteig 20 Minuten auftauen lassen. Ricotta oder Quark mit den Eiern zu einer glatten Creme verrühren. Provolone, Mozzarella und Salami in kleine Stückchen schneiden. Den Parmesan unter die Ricottamasse rühren, mit Salz und Pfeffer abschmecken und Käse, Salami und Petersilie darunterziehen.
Den Backofen auf 250 °C vorheizen.
Ein Backblech kalt abspülen. 2/3 des Blätterteiges zu einem länglichen Viereck ausrollen und mit der Füllung bestreichen. Den restlichen Blätterteig in Streifen schneiden und die Pizza damit diagonal belegen.
Im Backofen bei 250 °C in 20 Minuten goldgelb backen. In kleine Diagonale oder in 8 Portionen teilen.

Empfohlener Wein: ein robuster Rotwein wie ein Barbera aus Kampanien

PIZZA MIT PILZEN

Pizza ai funghi

Pro Portion: 765 Kalorien

TEIG
400 g Weizenmehl
1/2 TL Salz
20 g Hefe
knapp 1/4 l lauwarmes Wasser
Mehl zum Ausrollen
Olivenöl für das Backblech
BELAG
500 g Pilze
(Champignons, Egerlinge, Waldpilze)
2 Knoblauchzehen
8 EL Olivenöl
Salz
schwarzer Pfeffer
100 g entsteinte grüne Oliven
2 EL gehackte Petersilie
400 g Tomaten
60 g frischgeriebener Parmesan

Einen Pizzateig nach dem Grundrezept (Seite 139) zubereiten. 1 große oder 4 kleine Kugeln formen. 2 Stunden gehen lassen und ausrollen. Die Pizzen von der Mitte her flachdrücken, so daß ein Rand entsteht. Den Backofen auf 250–280 °C vorheizen.
Für den Belag die Pilze putzen, waschen und die Stiele entfernen. Die Knoblauchzehen in Scheiben schneiden. 4 Eßlöffel Öl erhitzen, die Knoblauchscheiben darin glasig dünsten und wieder herausnehmen. Die Pilzköpfe gut abtrocknen, in feine Scheiben schneiden und unter Rühren in dem Knoblauchöl anbraten. Mit Salz und frischgemahlenem Pfeffer herzhaft würzen und schmoren, bis die Flüssigkeit verdampft ist. Mit den Oliven und der Petersilie vermischen.
Die Tomaten überbrühen, abziehen und in kleine Stücke schneiden, dabei das harte gelbe Mark zurücklassen. Salzen.

Die Pilze auf der Pizza oder den kleinen Pizzen verteilen, die Tomatenstückchen hinzugeben und mit dem Parmesan bestreuen. Mit dem restlichen Olivenöl beträufeln. Die Pizza auf die unterste Schiene des vorgeheizten Backofens schieben und bei starker Hitze (250–280 °C) in ca. 20 Minuten gar backen. Heiß auftragen.

Empfohlener Wein: ein leichter Rosé wie ein Bardolino Chiaretto

PIZZATORTE

Pizza alla Campofranco

Pro Portion: 1485 Kalorien

TEIG
500 g Weizenmehl
Salz
25 g Hefe
reichlich 1/8 l lauwarmes Wasser
4 Eier
200 g Butter
Schmalz oder Olivenöl für die Form
1 Eigelb zum Bestreichen
FÜLLUNG
1 kleine Zwiebel
3 EL Olivenöl
400 g Tomaten
einige Blätter Basilikum
1 EL gehackte Petersilie
Salz
schwarzer Pfeffer
400 g Mozzarella
150 g roher Schinken
4 EL frischgeriebener Parmesankäse

Aus Mehl, Salz, gut aufgegangener Hefe, lauwarmem Wasser, verquirlten Eiern und weicher Butter einen Hefeteig herstellen und so lange schlagen, bis er sich vom Schüsselboden löst. 1 Stunde zugedeckt gehen lassen. Eine Springform (26 cm Ø) mit Schmalz oder Olivenöl ausstreichen und den Teig hineingeben. Im vorgeheizten Backofen bei mittlerer Hitze (200 °C) in etwa 45 Minuten hellgelb backen.

In dieser Zeit die Füllung vorbereiten. Die kleingeschnittene Zwiebel in dem Öl glasig rösten. Die Tomaten überbrühen, abziehen und in kleine Stücke schneiden, dabei das harte gelbe Mark zurücklassen. Die Tomatenstückchen in das Öl zu der Zwiebel geben und 10 Minuten schmoren lassen. Die Basilikumblätter in Streifen schneiden und zusammen mit der Petersilie zu den Tomaten geben. Mit Salz und frischgemahlenem Pfeffer würzen. Den Mozzarella in feine Scheibchen schneiden, den Schinken in Streifen. Beides mit der Tomatensauce vermischen.

Den Pizzaboden einmal quer durchschneiden. Die Tomatenfüllung auf einen Boden streichen, mit Parmesan bestreuen und den zweiten Boden daraufsetzen. Die Torte mit dem Eigelb bestreichen und im heißen Backofen (200 °C) noch einmal 15 Minuten backen lassen.

Man kann die Füllung auch auf den rohen Teig geben. Dann wird die Hälfte des Teiges in die Kuchenform gegeben, die Füllung darübergestrichen und die zweite Hälfte des Teiges darübergelegt, bevor die Pizzatorte gebacken wird.

Empfohlener Wein: ein zarter, trockener Weißwein wie ein Etna bianco aus Sizilien

PIZZA MIT SPINAT UND THUNFISCH

Pizza con tonno e spinaci

Pro Portion: 950 Kalorien

TEIG
400 g Weizenmehl
1/2 TL Salz
20 g Hefe
knapp 1/4 l lauwarmes Wasser
Mehl zum Ausrollen
Olivenöl für das Backblech
BELAG
400 g Blattspinat (frisch oder tiefgekühlt)
2 Knoblauchzehen
8 EL Olivenöl
Salz
schwarzer Pfeffer
200 g Thunfisch in Öl
2 EL gehackte Petersilie
100 g frischgeriebener Parmesan
50 g Pinienkerne

Einen Pizzateig nach dem Grundrezept (Seite 139) zubereiten. 1 große oder 4 kleine Kugeln formen. 2 Stunden gehen lassen und ausrollen. Die Pizzen von der Mitte her flachdrücken, so daß ein Rand entsteht. Den Backofen auf 250–280 °C vorheizen.
Für den Belag den frischen Spinat gründlich waschen, tiefgekühlten Spinat leicht angetaut verwenden. Frischen Spinat tropfnaß in einem Topf erhitzen, bis die Blätter zusammengefallen sind. Den Spinat in Streifen schneiden, die Knoblauchzehen in Scheiben. 4 Eßlöffel Öl erhitzen, die Knoblauchscheiben darin glasig braten, den Spinat hinzufügen und 5 Minuten durchschmoren. Mit Salz und frischgemahlenem Pfeffer abschmecken.
Den Backofen auf der höchsten Schaltstufe vorheizen. Die große Pizza oder die 4 kleinen Pizzen mit dem Spinat belegen

(Rand freilassen). Den abgetropften Thunfisch zerpflücken und darübergeben. Mit Petersilie bestreuen. Parmesan und Pinienkerne auf die Pizzen streuen. Das restliche Olivenöl darüberträufeln.
Die Pizza auf die unterste Schiene des vorgeheizten Backofens schieben und bei starker Hitze (250–280 °C) in ca. 20 Minuten garbacken. Sofort heiß genießen.

Empfohlener Wein: ein frischer, trockener Weißwein wie ein Torgiano aus Umbrien

PIZZABROT

Focaccia

Pro Portion: 680 Kalorien

400 g Weizenmehl
1 TL Salz
20 g Hefe
knapp 1/4 l lauwarmes Wasser
10 EL Olivenöl
20 Spitzen von
frischen Rosmarinzweiglein
Mehl zum Ausrollen
Olivenöl für das Backblech

Einen Pizzateig nach dem Grundrezept (Seite 139) zubereiten und vor dem Schlagen des Teiges noch 5 Eßlöffel Olivenöl unter die Teigmasse geben. Eine Kugel formen und den Teig zugedeckt 2 Stunden gehen lassen.
Den Backofen auf 250–280 °C vorheizen.
Den Teig auf einem bemehlten Backbrett in Größe des Backblechs ausrollen und auf das mit Öl eingefettete Blech geben oder den Teig in kleine Kugeln teilen, zu Ovalen ausrollen und die Gebäckstücke ebenfalls auf das Backblech geben. Mit einer Gabel in regelmäßigen Abständen Löcher einstechen und mit dem restlichen Öl bestreichen. Die Spitzen von den frischen Rosmarinzweiglein abknipsen und in den Teig stecken.

Die Focaccia bei starker Hitze (250 °C) in gut 15 Minuten goldgelb backen, in große Stücke schneiden und warm auftragen.
Man kann auch 2 Teigplatten ausrollen und zwischen die beiden frische Salbeiblätter oder Zwiebelscheiben geben, der Teig muß dann vor dem Backen fest zusammengepreßt werden.

Pizzabrot

Fische & Meeresfrüchte

Pesci e frutti di mare

Wer durch Italien reist, sei es der Kunst oder der kulinarischen Genüsse wegen, sollte nicht den Besuch der bunten Märkte versäumen, die mit ihren kunstvoll aufgebauten vergänglichen Stilleben so manchem Bild im Museum den Rang ablaufen. Auf mich üben die Fischmärkte der Küstenstädte die größte Faszination aus. Man muß früh aufstehen, um die unglaubliche Vielfalt an Meerestieren aller Größen, Farben und Formen zu bewundern, die, ständig mit Wasser besprüht, noch meeresfeucht schimmern.

Höchst pittoresk und eindrucksvoll z.B. ist der Großmarkt für Fisch am Canal Grande in Venedig, gleich bei der Rialtobrücke. Da kann man neben silberglänzenden Edelfischen und Bergen von Sardinen die für Venetien so typische Auswahl an kleinen und großen Krustentieren von Scampi über Meeresspinnen bis zu riesigen Taschenkrebsen bewundern, die Tintenfische, deren Saft für den schwarzen Risotto unentbehrlich ist, und dazu die verschiedensten, bei uns unbekannten Muscheln in allen Größen und Farben. In Neapel kann man die Großfamilie der Tintenfische kennenlernen, riesige Kraken mit ihren langen Fangarmen und zahlreichen Saugnäpfen (die man dort zu einem herrlich klebrigen, zarten Ragout *alla Santa Lucia* verkocht), die Kalmare und Tintenfische, deren in Ringe geschnittene Fangarme und Körper wichtiger Bestandteil der *fritti misti* sind, oder die winzigen *moscardini* und *seppioline*, die vor allem zu jeder *insalata di mare* gehören. Hier gibt es auch neben den blauen Pfahlmuscheln die *vongole veraci*, die echten, kleinen, würzigen Venusmuscheln, die für die Zubereitung der *spaghetti alle vongole* unerläßlich sind und die nur im Golf von Neapel gedeihen. Auf dem *mercato del pesce* in Palermo beherrschen - wie überall in Sizilien - die riesigen, von einer Silberhaut umhüllten Leiber der Thunfische mit dem tiefroten Fleisch und die kaum weniger großen, schlanken Schwertfische mit dem bedrohlich wirkenden Dornfortsatz am Kopf den Markt. Sie werden in dicken Scheiben verkauft, und man weiß aus dem saftigen Fleisch hervorragende Gerichte zuzubereiten. Übrigens - in guten Restaurants präsentiert der Padrone auf einer Platte die zur Auswahl stehenden, noch rohen Fische, damit der Gast seine Wahl treffen kann (einer meiner römischen Freunde, ein Advokat und großer Feinschmecker, kennzeichnet, nachdem er mit dem Koch im Detail die Zubereitung abgesprochen hat, „seinen" Fisch mit dem Daumen durch ein deutliches Loch am Kopf. *Fidarsi è bene - non fidarsi è meglio* - Vertrauen ist gut, Vorsicht ist besser!).

„Freitags Fisch", dieses katholische Fastengebot wird in Italien noch überall befolgt, und selbst Restaurants im Innern des Landes, die sonst eher auf Fleischküche spezialisiert sind, haben am Freitag mindestens ein Fischgericht auf der Karte. Die Italienerin kauft am liebsten einen größeren Fisch im Ganzen für die Familie oder einen Portionsfisch für jeden Essensteilnehmer, weil der sich am besten so zubereiten läßt, daß er saftig bleibt. Auch im Restaurant werden nur sehr große Fische in Scheiben geschnitten oder - wenn sie besonders große Köpfe oder Stacheln haben wie der Petersfisch oder die Lotte - filetiert. Daß man einen schönen großen Fisch nicht unnötig zerschneiden soll, galt schon im alten Rom. Dort beriet man sich vor fast 2000 Jahren im Senat lange darüber, wie man dem Kaiser Domitian einen ungeheuren Steinbutt als Geschenk überreichen oder ihn gar im Ganzen für ihn zubereiten könnte. Schließlich hat man den Fisch in Tücher gehüllt, über einem riesigen Wasserbecken auf dem Feuer gedämpft und vermutlich mit einer mit *garum* angereicherten, gewürzten Ölsauce gereicht. Diese Methode des Dämpfens, *al vapore* genannt, wird heute von den jungen, kreativen Köchen wieder sehr geschätzt, da sie ihnen erlaubt, zu dem reinen Meergeschmack der Fische eigene Saucen zu kreieren, die in der klassischen italienischen Küche unbekannt sind.

Die beliebteste Art, einen Wolfsbarsch, eine Dorade oder einen anderen schönen, großen Mittelmeerfisch zu Tisch zu bringen, ist, ihn im Backofen – *al forno* – zuzubereiten. Dazu setzt man den leicht mit Meersalz eingeriebenen Fisch, vielleicht noch mit einem Zweiglein frischem Rosmarin oder etwas Oregano im Bauch, auf eine geölte Platte, beträufelt ihn reichlich mit feinstem Olivenöl und Zitronensaft und gart ihn im mäßig heißen Backofen *al dente* – er soll also noch fest im Fleisch, aber nicht mehr rosa an den Gräten sein. Da bleibt der ganze Saft unter der intakten, appetitlich gebräunten Haut erhalten. Beim Anrichten werden die ausgelösten Fischfilets nur noch mit feinstem kaltem Olivenöl erster Pressung übergossen. Das ist Fisch „pur", für mich der größte Genuß, den Italiens *cucina marinara* bieten kann.

Kleine Portionsfische werden gerne und häufig *al cartoccio*, in der Folie, zubereitet. So behalten sie ihren vollen Eigengeschmack, und beim Öffnen der Folie auf dem Teller geht nichts von dem köstlichen Saft verloren. *Al cartoccio* werden nicht nur kleine edle Meeresfische wie die Rotbarbe, die hochgeschätzte *triglia*, gegart, sondern auch die zarten Süßwasserfische, die vor allem in den Seen und Flüssen der lombardischen Voralpen an Land gezogen werden.

An südlichen Abenden wird in Italien gern im Freien gegrillt. Die Frische des Fisches ist auch hier von entscheidender Bedeutung. Im übrigen gilt: Ganze Fische lassen sich besser grillen als Scheiben (die gibt man besser in Folie), und fette Fische leichter als magere. Fische über 1 kg Gewicht sind nicht zum Grillen geeignet. *Alla griglia* heißt aber auch, daß man nur bestes Olivenöl nehmen und, wenn der Fisch vorher mariniert wird, die vielen duftenden Kräuter verwenden sollte, die die italienische Küche so attraktiv machen - von Basilikum über Minze, Thymian, Oregano, Rosmarin und Fenchel bis hin zum Knoblauch. Eine der billigsten Fischarten, die man *pesci dei poveri* oder *pesci azzurri* (Arme-Leute-Fische oder blaue Fische) nennt, nämlich die Sardinen, sind hervorragend zum Grillen geeignet. Ich mag diese kleinen glitzernden Fische aber auch besonders gerne, wenn sie, in Olivenöl ausgebacken, brutzelnd heiß angeboten werden. Zu diesen "blauen" Fischen gehören übrigens auch Makrelen, Bonito, Thunfisch und Schwertfisch, für die es gerade im Süden Italiens besonders schmackhafte Rezepte gibt. Die "*pesci nobili*" oder "*pesci signorili*", die Edelfische, sind auch in Italien oft teurer als Fleisch. Um auf die alten Römer zurückzukommen: Schon der Zensor Cato hat sich vor 2200 Jahren beim römischen Senat über die hohen Fischpreise beschwert, die für größere Exemplare schon fast den Preis eines ganzen Ochsen überträfen!

Gewaltig im Preis gestiegen ist auch ein anderer Fisch, der jahrhundertlang ebenfalls als Arme-Leute-Essen galt: der getrocknete, gesalzene Kabeljau aus dem hohen Norden, der Klippfisch, in Italien *baccalà* genannt. Erstaunlicherweise ist er besonders beliebt in Regionen und Städten, die über reichlich Frischfisch verfügen wie Ligurien, Venetien und Neapel. Aber wenn er richtig zubereitet wird, eignet sich dieser Trockenfisch, der erst nach einem 24stündigem Wasserbad kochfähig ist, tatsächlich als Grundlage vieler besonderer Gerichte, die man mit Frischfisch gar nicht zubereiten kann. Am berühmtesten ist der *baccalà alla vicentina*, der nicht nur eine 3–4stündige Kochzeit, sondern auch eine Menge gutes Olivenöl braucht, bevor er zusammen mit Polentascheiben auf den freitäglichen Mittagstisch kommt.

Unendlich groß ist die Auswahl an *frutti di mare*, zu denen alles eßbare Meeresgetier aus dem Adriatischen und Tyrrhenischen Meer gehört: Schalentiere, Krustentiere und Mollusken. Sie werden besonders gerne als Vorspeise serviert.

Unverzichtbar sind frische Meeresfrüchte auch für die Zubereitung zahlloser köstlicher Pasta- und Risottogerichte: Der aromatische Saft der *frutti di mare*, angereichert mit einem Hauch Knoblauch, Olivenöl und duftenden Kräutern, durchdringt die Nudeln oder Reiskörner ganz mit seinem unvergleichlichen Wohlgeschmack.

JAKOBSMUSCHELN GRATINIERT

Capesante gratinate

Zubereitungszeit: 45 Minuten
Pro Portion: 585 Kalorien

12 mittelgroße Jakobsmuscheln
100 g Butter
200 g Champignons
2 Schalotten
Meersalz
schwarzer Pfeffer
2 EL Mehl
1 Glas (1 dl) Weißwein
1/4 l Sahne
50 g frischgeriebener Parmesan
1 Eigelb
Butter für die Förmchen

Die Jakobsmuscheln gleich beim Einkauf auslösen lassen, die Muschelschalen mitnehmen. Tiefgekühlte Jakobsmuscheln auftauen lassen. Jede Muschel quer in 3 Scheiben schneiden und auf Küchenpapier abtropfen lassen.
50 g Butter in einer Pfanne erhitzen und die Jakobsmuscheln darin in wenigen Minuten leicht Farbe annehmen lassen. Aus der Pfanne nehmen und warmstellen.
Die Champignons einzeln unter fließendem Wasser gründlich waschen, auf Küchenpapier abtropfen lassen und in feine Scheiben, die Schalotten in feine Würfel schneiden. Die Schalottenwürfel in dem Bratfett der Muscheln glasig braten, die Champignons hinzufügen und 5 Minuten bei leichter Hitze dünsten. Mit Salz und frischgemahlenem Pfeffer abschmecken.
Die restliche Butter in einer Kasserolle erhitzen, das Mehl hinzufügen und hellgelb anrösten. Nach und nach unter ständigem Rühren mit einem Schneebesen zuerst den Wein, dann die Sahne hinzufügen und immer wieder aufkochen lassen. Die Sauce 5 Minuten einkochen, den Käse hinzufügen und die Sauce mit dem Eigelb legieren. Die Champignons an die Sauce geben und noch einmal mit Salz und Pfeffer

abschmecken. 4 gründlich gereinigte Muschelschalen oder Portionsförmchen mit Butter ausstreichen und in jede Schale 9 Scheiben Jakobsmuscheln geben. Die Sauce darüber verteilen und die Muscheln bei starker Hitze (250 °C) in wenigen Minuten goldgelb gratinieren. Sofort in den Formen servieren.

Beilage: frisches Weißbrot
Empfohlener Wein: ein milder, frischer Weißwein aus der Emilia-Romagna

MEERESFISCH IM BACKOFEN

Pesce al forno

Zubereitungszeit: 40 Minuten
Pro Portion: 520 Kalorien

1 frischer, ganzer Meeresfisch (Wolfsbarsch, Dorade, Zackenbarsch oder Meeräsche (von ca. 1,2–1,5 kg)
Meersalz
6 EL Olivenöl extravergine
1 Zweig frischer Rosmarin
2 Knoblauchzehen
1 Teelöffelspitze Oregano
4 EL gehackte Petersilie

Den Fisch ausnehmen, wenn nötig schuppen, und die Flossen abschneiden. Waschen und mit Küchenpapier gut abtrocknen. Mit Meersalz einreiben.
Das Olivenöl in eine feuerfeste Form aus Steingut geben. Den Rosmarinzweig darin wenden und in den Bauch des Fisches geben. Den Knoblauch fein wiegen. Die Form mit dem Öl erhitzen und den Knoblauch darin glasig braten. Oregano hinzufügen, den Fisch in die Form legen, die Hälfte der Petersilie zugeben und den Fisch mit der Ölsauce begießen.
Im vorgeheizten Backofen bei schwacher Mittelhitze (180 °C) in 25–30 Minuten überbacken, dabei hin und wieder sehr

vorsichtig mit dem Öl begießen, damit die Haut des Fisches nicht platzt. Während des Bratens auch darauf achten, daß der Fisch nicht an der Form hängen bleibt, das würde sein schönes Aussehen beeinträchtigen. Mit der restlichen Petersilie bestreuen.Den Fisch in der Form auftragen.
Man kann nach dem gleichen Rezept auch kleinere Portionsfische zubereiten und

noch Scheiben von Zitronen, Zwiebeln und Tomaten hinzufügen wie bei der nebenstehenden Farbaufnahme.

Beilage: junge Erbsen, knuspriges Weißbrot
Empfohlener Wein: ein frischer, säurebetonter Weißwein aus einer der vielen italienischen Weinregionen

Meeresfisch im Backofen

FORELLENRAGOUT

Trote in tegame

Zubereitungszeit: 40 Minuten
Thymianöl am Vortag zubereiten
Pro Portion: 610 Kalorien

1 frische Seeforelle (ca. 1 kg), filetiert
3 dl feinstes Olivenöl extravergine
5 Zweige frischer Thymian
Salz
200 g frische Spinatblätter
1 rote Paprikaschote (ca. 200 g)

Das Olivenöl am Vortag mit den abgestreiften Thymianblättern und einer Prise Salz gut vermischen und über Nacht ziehen lassen.
Die Forellenfilets in daumengroße Stücke schneiden.
Die Spinatblätter gründlich waschen, die Paprikaschote halbieren, entkernen, waschen und in ganz feine Streifen schneiden.
In einem Topf etwas leicht gesalzenes Wasser zum Kochen bringen und die Paprikastreifen darin in wenigen Minuten *al dente* kochen. In einem zweiten Topf ebenfalls etwas leicht gesalzenes Wasser zum Kochen bringen und die Spinatblätter vorsichtig hineinlegen, damit sie nicht zu sehr aneinanderkleben. Den Spinat kurz aufkochen lassen, aus dem Wasser nehmen und gut abtropfen lassen.
Die Forellenstücke in das Sieb eines Dampfkochtopfes legen und wenig Wasser in den unteren Topf geben. Den Topf fest zudecken und die Fischstücke in 5 Minuten gar dämpfen.
Die Spinatblätter auf 4 vorgewärmten Tellern verteilen. Die abgetropften Forellenstücke und die Paprikastreifen darauf anrichten. Mit dem Thymianöl übergießen.

Beilage: körnig gekochter Reis
Empfohlener Wein: ein frischer, nicht zu trockener Weißwein wie ein Riesling italico aus der Emilia-Romagna

AALSPIESSCHEN

Spiedini di anguilla

Zubereitungszeit: 40 Minuten
Pro Portion: 855 Kalorien

1 kg frische mittelgroße Aale
Meersalz
1/2 altbackenes Weißbrot
oder 2 Brötchen
einige frische Salbeiblättchen
2 EL Olivenöl
3 EL frischgemahlene Semmelbrösel

Die Aale gleich beim Einkauf abziehen und ausnehmen lassen. Die Fische waschen, mit Küchenpapier abtrocknen und in 4 cm breite Stücke schneiden. Mit Salz bestreuen. Brot oder Brötchen in 1 cm breite Scheiben schneiden.
Auf 4 kleine Spießchen abwechselnd Aalstücke, Salbei und Brotscheiben stecken. Die Aalspießchen mit einem Pinsel leicht einölen.
Den Grill des Backofens gut vorheizen.
Die Fischspießchen auf dem Grillrost unter gelegentlichem Wenden in 15–20 Minuten gar grillen. Während der Grillzeit hin und wieder mit Olivenöl bepinseln und mit Semmelbröseln bestreuen, die das heraustretende Fett aufsaugen sollen. Die Aalspießchen möglichst heiß servieren.
Anstelle von Salbeiblättern kann man auch halbe frische Lorbeerblätter auf die Spießchen stecken oder 1 Blatt Lorbeer feingewiegt mit den Semmelbröseln vermischen.

Empfohlener Wein: ein leicht gekühlter, junger Rotwein wie ein Cabernet aus Südtirol

SARDINEN GEGRILLT

Sarde in graticola

Zubereitungszeit: 30 Minuten
Marinierzeit: 12 Stunden
Pro Portion: 570 Kalorien

1 kg frische Sardinen
1 EL Olivenöl zum Grillen
MARINADE
1 Schalotte
1 Knoblauchzehe
2 Zweige Thymian
1 Zweig Rosmarin
1 TL Meersalz
schwarzer Pfeffer
1 dl Olivenöl

Die Sardinen an der Bauchseite aufschneiden und ausnehmen. Waschen und auf Küchenpapier abtrocknen lassen. In eine längliche Schüssel geben.
Für die Marinade die Schalotte und die Knoblauchzehe in Würfel schneiden und mit den Kräutern, Salz und frischgemahlenem Pfeffer in das Öl geben. Gut vermischen, bis das Salz aufgelöst ist. Das Kräuteröl über die Sardinen gießen und diese 12 Stunden marinieren lassen, dabei hin und wieder wenden.
Den Grill vorheizen. Den Rost mit Öl einpinseln und die marinierten, gut abgetropften Sardinen darauflegen. Von beiden Seiten in einer Minute goldbraun grillen. Während der Grillzeit mit der Marinade bepinseln. Darauf achten, daß die Hitze nicht zu stark ist, da die Sardinen sonst zu trocken werden.
Auf einer vorgewärmten Platte anrichten.

Beilage: frisches Weißbrot, gegrilltes Gemüse
Empfohlener Wein: ein frischer Rosé wie ein Lagrein Kretzer aus Südtirol

AAL MIT SALBEI

Anguilla alla fiorentina

Zubereitungszeit: 1 Stunde
Pro Portion: 955 Kalorien

1 kg frische mittelgroße Aale
Meersalz
6 EL Olivenöl
2 Knoblauchzehen
einige Salbeiblättchen
4 EL frischgemahlene Semmelbrösel
1 dl Weißwein

Die Aale gleich beim Einkauf abziehen und in 4 cm lange Stücke schneiden lassen. Die Aalstücke waschen und mit Küchenpapier abtrocknen. Salzen und mit 2 Eßlöffel Olivenöl beträufeln. 10 Minuten marinieren lassen.
Das restliche Olivenöl in einer flachen, feuerfesten Form erhitzen. Die Knoblauchzehen darin hellgelb anrösten und wieder herausnehmen. Die Salbeiblätter in dem Öl kurz braten.
Die Aalstückchen in den Semmelbröseln wenden. Nebeneinander in die Form geben und im vorgeheizten Backofen bei mittlerer Hitze (200 °C) 30 Minuten backen lassen. Nach und nach den Wein hinzugießen, dieser soll zu Ende der Backzeit ganz von den Aalstückchen aufgesogen sein. Sehr heiß servieren.

Beilage: junge grüne Erbsen
Empfohlener Wein: ein frischer, trockener Weißwein wie ein Vernaccia di San Gimignano aus der Toskana

FORELLEN IM BACKOFEN

Trote al forno

Zubereitungszeit: 50 Minuten
Pro Portion: 450 Kalorien

8 küchenfertige Forellen
Salz
weißer Pfeffer
frischer Rosmarin
300 g Egerlinge (Champignons mit
braunen Köpfen)
5 Schalotten
1 Knoblauchzehe
1 kleiner Bund glatte Petersilie
2 unbehandelte Zitronen
50 g Butter
2 Bund Frühlingszwiebeln
gut 1/8 l Weißwein
Butter für die Folie

Die Fische waschen, mit Küchenpapier
trockentupfen und innen und außen mit
Salz und frischgemahlenem Pfeffer einreiben. In das Innere jeder Forelle ein Rosmarinzweiglein stecken.
Die geputzten Champignons in Scheiben,
die Schalotten in Würfel schneiden, die
Knoblauchzehe zerdrücken. Die Petersilie
hacken und alles miteinander vermischen.
Eine Zitrone dünn schälen und die Zitronenschale in kleine Stückchen schneiden,
die zweite Zitrone in Scheiben.
Eine große, rechteckige, feuerfeste Form
mit Butter ausstreichen und mit der Pilz-
mischung bestreuen. Die Forellen nebeneinander darauflegen. Die Zitronenscheiben dazwischen stecken. Die Zwiebeln putzen und der Länge nach vierteln. Zwischen die Forellen und an den Rand der
Form legen. Mit Zitronenschale, Rosmarin
und Butterflöckchen besetzen. Den Wein
hinzugießen.
Pergamentpapier oder Alufolie mit Butter
bestreichen, über die Fische decken und
den Rand fest verschließen. Im Backofen
bei 220 °C in etwa 35 Minuten gar backen.

Empfohlener Wein: ein trockener Weißwein wie Riesling Italico aus dem Trentino

Forellen im Backofen

GEFÜLLTE DORADE

Orata ripiena

Für 4–6 Personen
Zubereitungszeit: 1 Stunde 30 Minuten
Pro Portion: 380 Kalorien

1 Dorade (ca. 1 kg)
Meersalz
weißer Pfeffer
1 Fenchelknolle
1 große Zwiebel
5 EL Olivenöl
1 Glas (1 dl) Weißwein
1 Zweig Thymian
1 EL frischgemahlene Semmelbrösel
FÜLLUNG
1 eingeweichtes Brötchen
2 Knoblauchzehen
1 kleine Zwiebel
1 EL gehackte Petersilie
1 EL gehacktes Fenchelgrün
1 kleines Ei
1 EL Pastis (Anisschnaps)
Salz
Pfeffer

Die Dorade gleich beim Einkauf ausnehmen, die Kiemen entfernen und die Hauptgräte herauslösen lassen, das ist bei der stacheligen Dorade nicht ganz einfach.
Die Dorade waschen, mit Küchenpapier abtrocknen, salzen und pfeffern.
Für die Füllung das eingeweichte Brötchen gut ausdrücken und in eine Schüssel geben. Die abgezogenen Knoblauchzehen und die Zwiebel in kleine Würfel schneiden und mit den gehackten Kräutern zum Brötchen geben. Das Ei mit einer Gabel verschlagen und mit dem Brot, dem Pastis und den Kräutern vermischen. Herzhaft mit Salz und frischgemahlenem Pfeffer abschmecken. In die Dorade füllen und die offene Bauchdecke mit einem Baumwollfaden zusammennähen.
Die Fenchelknolle von den harten Außenblättern befreien, waschen und wie die Zwiebel in Streifen schneiden.
Das Gemüse in eine feuerfeste Platte mit hohem Rand legen, leicht salzen und pfeffern. Mit 2 Eßlöffel Olivenöl beträufeln. Den Fisch auf das Gemüsebett legen und mit 1 Eßlöffel Olivenöl einpinseln. Den Wein über das Gemüse geben und mit den zerriebenen Thymianblättern bestreuen.
Im vorgeheizten Backofen bei leichter Mittelhitze (190 °C) 25 Minuten backen lassen, dabei hin und wieder mit dem austretenden Fischsaft begießen. Dann die Semmelbrösel über den Fisch verteilen, mit dem restlichen Öl beträufeln und den Schwanz der Dorade mit Folie abdecken. Weitere 15–20 Minuten backen lassen. Der Fisch ist gar, wenn sich eine Rückenflosse herausziehen läßt.
Die Dorade entweder in der Form auf dem Gemüsebett servieren oder vorsichtig auf eine vorgewärmte Platte geben und das Gemüse um den Fisch anrichten.

Beilage: knuspriges Weißbrot
Empfohlener Wein: ein trockener, würziger Weißwein wie ein Vernaccia di San Gimignano aus der Toscana

KLIPPFISCH VICENTINISCHE ART

Baccalà alla vicentinia

Zubereitungszeit: 45 Minuten
Garzeit: 3–4 Stunden
Klippfisch 24 Stunden wässern
Pro Portion: 1340 Kalorien

800 g Klippfisch
2 Selleriestangen
2 Stengel Petersilie
100 g gewässerte Sardellenfilets
4 Knoblauchzehen
1 Zwiebel
2 EL Butter
1/4 l Olivenöl extravergine
1 EL gehackte Petersilie
1–2 EL Mehl
100 g frischgeriebener Parmesan
3/4 l Milch oder 1/2 l Milch
und 1/4 l Sahne
schwarzer Pfeffer
1 Stückchen Zimtstange

Den Klippfisch mit einem scharfen Messer in 2–3 Stücke schneiden und in reichlich Wasser 24 Stunden einweichen, dabei das Wasser hin und wieder erneuern.
Den Stangensellerie in Stückchen schneiden. Mit den Petersilienstengeln und dem Klippfisch in einen Topf geben, mit Wasser bedecken und 10 Minuten kochen lassen. Aus dem Kochwasser nehmen und gut abtropfen lassen. Die Haut abziehen, den Fisch entgräten und in Streifen schneiden.

Die Sardellenfilets abtropfen lassen und fein hacken. Knoblauch und Zwiebel in feine Würfel schneiden. Die Butter und 4 Eßlöffel Öl in einer Pfanne erhitzen und Knoblauch und Zwiebel darin glasig braten und die Sardellen kurz mitbraten. Die Petersilie zum Schluß hinzufügen.
Eine feuerfeste Form aus Steingut mit etwas Olivenöl ausgießen. Das Mehl und den Parmesan vermischen und die Klippfischstreifen darin wenden. Die Hälfte der Klippfischstreifen in die Form geben und die Hälfte der Sardellenmischung darübergeben. Die zweite Hälfte der Fischstreifen einschichten und mit der restlichen Sardellenmischung bedecken.
Die Milch in einem kleinen Topf erwärmen, mit dem restlichen Öl, frischgemahlenem Pfeffer und der Zimtstange vermischen und über den Fisch gießen.
Im vorgeheizten Backofen bei mäßiger Hitze (180 °C) in 3–4 Stunden garen lassen.

Beilage: Scheiben von gebratener Polenta
Empfohlener Wein: ein trockener, körperreicher Weißwein wie ein weißer Breganze Vespailo aus Venetien

Klippfisch auf vicentinische Art gilt als die klassische Zubereitung des so hochgeschätzten Salzfisches aus dem hohen Norden. Beim Nachkochen sollte nur bestes Olivenöl Verwendung finden.

SCHWERTFISCH MIT FENCHEL

Pesce spada con finocchio

Zubereitungszeit: 25 Minuten
Pro Portion: 495 Kalorien

4 Schciben Schwertfisch (je 250 g)
Meersalz
schwarzer Pfeffer
2 EL Mehl
1 Fenchelknolle mit Grün
4 EL Olivenöl
1 Lorbeerblatt
5 cl Marsalawein
5 cl Wasser
Saft von 1/2 Zitrone
3 EL Butter

Die Schwertfischscheiben waschen und mit Küchenpapier trockentupfen. Mit Salz und frischgemahlenem Pfeffer einreiben und leicht in dem Mehl wenden. Überflüssiges Mehl abklopfen.
Die Fenchelknolle von den harten Außenblättern befreien, waschen, halbieren und in feine Streifen schneiden, das zarte Grün hacken.
3 Eßlöffel Öl in einer großen Pfanne erhitzen und die Fischscheiben darin von beiden Seiten in 3 Minuten hellbraun braten. Aus der Pfanne nehmen und mit Alufolie bedeckt warmstellen. Das Bratfett abgießen.
Das restliche Öl in die Pfanne geben und die Fenchelstreifen darin glasig braten. Lorbeerblatt und Fenchelgrün hinzufügen, mit Marsalawein und Wasser aufgießen und 6–8 Minuten köcheln lassen, bis die Sauce anfängt dicklich zu werden. Die Fischscheiben in die Sauce geben und etwas durchziehen lassen.
Den Saft der halben Zitrone an die Sauce geben und noch einmal aufkochen lassen. Die Schwertfischscheiben auf einer vorgewärmten Platte anrichten.
Die Butter in Flöckchen unter die Sauce rühren, sie darf nicht mehr kochen. Die Fischscheiben mit der Sauce überziehen.

In Kalabrien wird die Sauce nicht mit Butter, sondern mit 2 Eßlöffeln Olivenöl extravergine abgerundet.

Empfohlener Wein: ein frischer Weißwein wie ein Soave aus Venetien

GARNELEN MIT MINZE

Gamberi con foglie di menta

Zubereitungszeit: 25 Minuten
Pro Portion: 430 Kalorien

1 kg frische Riesengarnelenschwänze mit Schale
4 Knoblauchzehen
8 EL Olivenöl extravergine
Meersalz
schwarzer Pfeffer
1 Glas (1 dl) Weißwein
frische Minzeblätter oder glatte Petersilie

Die Garnelen gründlich waschen und auf Küchenpapier trocknen lassen. Oben an der Schale mit einem spitzen Messer aufschneiden und den schwarzen Darm entfernen. Die Knoblauchzehen nach Geschmack in Scheiben oder in kleine Würfel schneiden.
Das Öl in einer Pfanne mit hohem Rand erhitzen und die Knoblauchwürfel darin glasig braten. Die Garnelen hinzufügen und bei starker Hitze 3–4 Minuten braten lassen. Die Minzeblätter oder die Petersilie mit einer Schere streifig schneiden und die Garnelen damit bestreuen.
Die Krustentiere aus der Pfanne nehmen und mit dem Bratsaft auf vorgewärmten Tellern oder in kleinen Schalen anrichten. Fingerschalen und große Servietten dazu auf den Tisch stellen.

Beilage: knuspriges Weißbrot
Empfohlener Wein: ein frischer, trockener Weißwein wie ein Verduzzo aus Friaul

MEERESFISCH IN DER SALZKRUSTE

Pesce di mare in crosta di sale

Zubereitungszeit: 45 Minuten
Pro Portion: 550 Kalorien

1 frischer Wolfsbarsch oder eine Dorade
(1,2–1,5 kg)
1 Handvoll frische gemischte Kräuter
(Fenchelgrün, Basilikum, Rosmarin,
Petersilie)
2–2 1/2 kg grobes Meersalz
SAUCE
120 g Butter
2 EL Zitronensaft
weißer Pfeffer
oder
8 EL Olivenöl extravergine
2 EL Zitronensaft
1/2 EL gehackte Petersilie

Die Kiemen am Kopf des Fisches entfernen. Den Fisch an der Bauchseite nur am Kiemenende quer aufschneiden und ausnehmen. Waschen und mit Küchenpapier gut abtrocknen. In die entstandene Öffnung die Kräuter füllen.
Auf eine feuerfeste Platte eine etwa 3 cm dicke Schicht Salz geben und den Fisch darauflegen. Das restliche Salz als dicke Schicht auf und um den Fisch verteilen, dieser muß vollständig mit dem Salz umhüllt sein.
Den Fisch im vorgeheizten Backofen bei mittlerer Hitze (200 °C) in 30–35 Minuten gar backen. 5 Minuten ruhen lassen.
In der Backzeit für die Sauce die Butter in einer kleinen Kasserolle zerlassen, den Zitronensaft hinzufügen und mit frischgemahlenem Pfeffer abschmecken oder das Olivenöl mit Zitronensaft und gehackter Petersilie mit einer Gabel zu einer glatten Ölsauce verschlagen.

Die Salzkruste erst bei Tisch mit einem kleinen Hammer aufschlagen und abheben. Die Haut vorsichtig von dem Fisch abziehen und die Filets herauslösen. Auf vorgewärmte Teller geben und mit der Sauce übergießen.

Beilage: knuspriges Weißbrot, gegrillte Tomaten
Empfohlener Wein: ein trockener, harmonischer Weißwein wie ein Pinot bianco aus Friaul

ROTBARBE MIT TOMATEN

Triglie alla livornese

Zubereitungszeit: 40 Minuten
Pro Portion: 585 Kalorien

4 große oder 8 kleine Rotbarben
Meersalz
8 reife Tomaten
2 Knoblauchzehen
1 Zwiebel
10 EL Olivenöl
Salz
1/2 Lorbeerblatt
1 Zweig Thymian
1 EL Mehl
1 EL gehackte Petersilie
1 unbehandelte Zitrone

Die Rotbarben gleich beim Einkauf schuppen und ausnehmen lassen. Waschen, mit Küchenpapier abtrocknen und die Fische innen und außen salzen.
Die Tomaten waschen und in Viertel schneiden. In einen Topf geben, knapp mit Wasser bedecken und weichkochen. Durch ein Sieb streichen.

Die Knoblauchzehen und die Zwiebel fein würfeln. 5 Eßlöffel Olivenöl in einer Kasserolle erhitzen und die Knoblauch- und die Zwiebelwürfel darin glasig braten. Das Tomatenmark, Salz, Lorbeerblatt und Thymian hinzufügen und 15 Minuten einkochen lassen. Den Thymianzweig herausfischen.

In der Kochzeit der Sauce die Fische in Mehl wenden. Überflüssiges Mehl abklopfen. Das restliche Olivenöl in einer großen Pfanne erhitzen und die Fische darin von beiden Seiten knusprig braun braten. Die Tomatensauce zum Schluß hinzufügen und mit den Fischen etwas einkochen lassen. Mit der Petersilie bestreut und mit Zitronenscheiben garniert servieren.

Dies ist ein klassisches Rezept der italienischen Küche. Anstelle von Petersilie kann man auch Fenchelgrün an die Fische geben.

Beilage: knuspriges Weißbrot
Empfohlener Wein: ein fruchtiger, trockener Weißwein wie ein Torgiano bianco aus Umbrien

ROULADEN VON SARDINEN AUF SIZILIANISCHE ART

Sarde al beccaficu

Für 6 Personen
Zubereitungszeit: 1 Stunde
Pro Portion: 655 Kalorien

1 kg frische Sardinen
Meersalz
50 g Rosinen
10 EL Olivenöl
100 g frischgemahlene Semmelbrösel
4 EL Pinienkerne
1 EL feingeschnittene Basilikumblätter
6 gewässerte Sardellenfilets
50 g Pecorino oder Parmesan
schwarzer Pfeffer
2 Eier
2 EL Mehl

Die Sardinen vorsichtig schuppen, an der Bauchseite aufschneiden, ausnehmen und die Hauptgräte entfernen. Die Sardinen sollen zusammenhängend bleiben und sich aufklappen lassen. Waschen und mit Küchenpapier abtrocknen. Mit Salz bestreuen.

Die Rosinen in lauwarmem Wasser einweichen. 3 Eßlöffel Öl in einer Pfanne erhitzen und 40 g Semmelbrösel darin hellgelb anrösten. Mit den abgetropften, abgetrockneten Rosinen, den Pinienkernen, den Basilikumblättern, den feingewiegten Sardellenfilets und dem in kleine Stückchen zerbröckelten Käse vermischen. Herzhaft mit Salz und frischgemahlenem Pfeffer abschmecken. Mit einem Holzlöffel oder einem Mörser zu einer glatten Paste verarbeiten.

Auf jede Sardine einen Löffel der Füllung geben und diese so aufrollen, daß das Schwänzchen nach oben steht. Mit einem hölzernen Zahnstocher zusammenhalten. Salz mit den Eiern verrühren. Die Sardinenrouladen zuerst in dem Mehl, dann in der Eiermasse und zum Schluß in den restlichen Semmelbröseln wenden. Das restliche Olivenöl in einer tiefen Pfanne erhitzen und die Fischröllchen darin goldbraun braten.

Beilage: knuspriges Weißbrot
Empfohlener Wein: ein trockener, fruchtiger Weißwein wie ein Etna bianco aus Sizilien

TINTENFISCH SIZILIANISCHE ART,

Calamari alla siciliana

Zubereitungszeit: 1 Stunde 30 Minuten
Pro Portion: 550 Kalorien

1 kg möglichst kleine Tintenfische
6 EL Olivenöl
1 Knoblauchzehe
500 g Tomaten
Meersalz
schwarzer Pfeffer
20 g Pinienkerne
4 EL schwarze Oliven
2 EL Rosinen
4 Scheiben Weißbrot
1 EL gehackte Petersilie

Die Tintenfische gründlich waschen, das Innere entfernen und mit einem spitzen Messer das Tintensäckchen, Maul und Augen herausschneiden. Die Tintenfische enthäuten und wieder waschen. Die Fische müssen innen und außen ganz weiß sein. Die Fangarme und die Körper der Tintenfische in Stücke schneiden.
Das Olivenöl in einem Topf erhitzen und die Knoblauchzehe darin hellgelb anrösten, dann wieder herausfischen.
Die Tomaten mit kochendem Wasser überbrühen, abziehen und in Stückchen schneiden, dabei das harte gelbe Mark entfernen. Die Tomatenstückchen in dem Öl in der Pfanne andünsten, mit Salz und frischgemahlenem Pfeffer würzen und 10 Minuten einkochen lassen. Die Tintenfischstückchen hinzufügen und alles 30 Minuten schmoren lassen. Etwas Wasser hinzufügen, wenn die Tomatensauce eine zu feste Konsistenz bekommt.
Dann die Pinienkerne, Oliven und Rosinen an die Sauce geben und erneut 10 Minuten bei leichter Hitze kochen lassen.
Auf vier Teller je ein Scheibe Weißbrot geben, die Tintenfische darauf anrichten und mit Petersilie bestreuen. Sehr heiß auftragen.

Empfohlener Wein: ein junger, trockener Weißwein wie ein Collio Pinot bianco aus Friaul

In Venetien läßt man bei der Zubereitung der geschmorten Tintenfische Rosinen und Pinienkerne fort, bestreut sie dafür mit frischgeriebenen Semmelbröseln und gratiniert sie vor dem Auftragen kurz im heißen Backofen. Dazu werden Polenta oder Bigoli (Nudeln aus Vollkornmehl) gereicht.

STEINBUTTFILETS MIT ACETO BALSAMICO

Rombo con aceto balsamico

Zubereitungszeit: 30 Minuten
Pro Portion: 505 Kalorien

1 Steinbutt (ca. 1 kg) oder
4 Steinbuttfilets (je 150 g) und Kopf und Gräten von 1 Steinbutt
1 Selleriestange
1 Zwiebel
1 Möhre
Meersalz
weißer Pfeffer
150 g Butter
2 EL Mehl
1 Glas (1 dl) Weißwein
5 cl Aceto Balsamico
1 Zweig Estragon

Den Steinbutt gleich beim Einkauf filetieren lassen. Kopf und Gräten für die erforderliche Fischbrühe mit einpacken lassen. Das Gemüse putzen und in Streifen schneiden, den Fischkopf und die Gräten waschen und alles in einen Topf geben.

1/2 l Wasser, Salz und Pfeffer hinzufügen und 10 Minuten bei starker Hitze einkochen lassen.

2 Eßlöffel Butter in einer großen Pfanne erhitzen. Die Fischfilets in dem Mehl wenden, überflüssiges Mehl abklopfen und in der Pfanne 5 Minuten anbraten. Mit dem Wein aufgießen und weitere 5 Minuten dünsten lassen. Die Fischfilets aus der Pfanne nehmen und warmstellen.

In der Zwischenzeit den Fischsud durch ein Sieb in einen kleinen Topf geben. Aceto Balsamico und Estragon hinzufügen und 5 Minuten einkochen lassen. Vom Herd nehmen und die restliche Butter mit einem Schneebesen in kleinen Flöckchen unterrühren, die Sauce darf nicht mehr kochen.

Die Steinbuttfilets auf Tellern anrichten und mit der Sauce überziehen.

Beilage: streifiggeschnittene rote, gelbe und grüne Paprika, in Öl gedünstet
Empfohlener Wein: ein aromatischer, herzhafter Weißwein wie ein Cinque Terre aus Ligurien

schen und mit Küchenpapier abtrocknen. Den Speck in schmale Streifen schneiden, die Knoblauchzehen in Stifte schneiden. Den Fisch mit Speckstreifen und Knoblauchstiften spicken und die abgezupften Rosmarinblätter leicht in den Fisch drücken.

2 Eßlöffel Butter in einer länglichen, feuerfesten Form erhitzen und den Fisch darin von allen Seiten anbraten. Salzen und pfeffern und dann im vorgeheizten Backofen bei mittlerer Hitze (200 °C) in 25 Minuten gar backen.

In der Zwischenzeit die Sardellen fein hacken. Die restliche Butter in einer kleinen Pfanne erhitzen, die Sardellenstückchen hinzufügen und bei leichter Hitze schmoren lassen, bis sie aufgelöst sind. Den Fisch während der Garzeit im Ofen nach und nach mit der Sardellenbutter begießen. Den Fisch auf einer Platte anrichten oder in der Form auftragen.

Man kann den delikaten Fischsaft mit einem halben Glas Weißwein in einem kleinen Topf aufkochen lassen und als Sauce getrennt zu dem Fisch reichen.

Beilage: Salzkartoffeln
Empfohlener Wein: ein delikater, trockener Weißwein wie ein Valcalepio bianco aus der Lombardei

SCHELLFISCH MIT SARDELLENBUTTER

Nasello alla salsa d'acciughe

Zubereitungszeit: 45 Minuten
Pro Portion: 495 Kalorien

1 kleiner Schellfisch mit Kopf und
Schwanz (1,2–1,5 kg)
50 g Speck
2 Knoblauchzehen
1 Zweig Rosmarin
100 g Butter
Meersalz
schwarzer Pfeffer
5 gewässerte Sardellenfilets

Den Fisch gleich beim Einkauf ausnehmen, die Kiemen entfernen lassen, der Kopf soll am Fisch bleiben. Den Fisch wa-

AUSGEBACKENE FISCHE UND MEERESFRÜCHTE

Fritto misto di mare

Für 4–6 Personen
Zubereitungszeit: 30 Minuten
Pro Portion: 230 Kalorien

500 g kleine Fische
(Rotbarben und Sardinen)
4 ganz kleine Tintenfische
400 g kleine Scampi oder Garnelen
Meersalz
2 EL Mehl
Olivenöl zum Ausbacken
Zitronenspalten

Die Fische waschen und mit einem Küchentuch abtrocknen. Die Tintenfische gründlich von innen und außen säubern, kleine ganz lassen, von den größeren den Körper und die Fangarme in Ringe schneiden. Kleine Scampi nur gründlich waschen und abtrocknen, größere aus der Schale lösen.
Die Meerestiere salzen und portionsweise in Mehl wenden, überflüssiges Mehl abklopfen.
Reichlich Olivenöl in einer tiefen Pfanne erhitzen. Zuerst die Fische, dann die Tintenfische und zum Schluß die Garnelen in dem heißen Öl in wenigen Minuten goldgelb backen. Mit einem Schaumlöffel herausnehmen und auf saugfähiges Küchenpapier zum Abtropfen geben.
Sofort auf einer vorgewärmten Platte anrichten und mit Zitronenspalten garnieren. Fritto misto muß bruzzelnd heiß genossen werden.

Empfohlener Wein: ein junger, leichter Weißwein wie ein Est! Est!! Est!!! aus Latium

GARNELEN ODER SCAMPI AUS DER PFANNE

Gamberi o scampi in padella

Für 1 Person
Zubereitungszeit: 25 Minuten
Pro Portion: 360 Kalorien

300 g frische Riesengarnelen oder
4–6 Scampi in der Schale
1–2 Knoblauchzehen
2 EL bestes Olivenöl
1 reife Tomate
Meersalz
grobgemahler Pfeffer
5 EL Weißwein
1 EL gehackte Petersilie

Die Krustentiere gründlich waschen und auf einem Durchschlag abtropfen lassen. Die Scampi mit einer spitzen Schere an der Bauchseite aufschneiden und den kleinen schwarzen Darm am Rücken entfernen.
Die Knoblauchzehen in Würfel schneiden. Das Öl in einer Pfanne mit hohem Rand erhitzen und die Knoblauchwürfel darin glasig braten. Garnelen oder Scampi unausgelöst im Ganzen hineingeben. Bei starker Hitze unter Wenden 3 Minuten anbraten. Die Tomate überbrühen, häuten und in Stücke schneiden, dabei das harte gelbe Mark entfernen. Die Tomatenstücke in die Pfanne geben. Salzen und gut pfeffern. Alles 3–4 Minuten schmoren lassen. Mit dem Wein aufgießen und noch 1 Minute weiterschmoren. Mit der Petersilie bestreuen.
Die Krustentiere aus der Pfanne nehmen und mit dem Bratensaft auf einem vorgewärmten Teller anrichten.

Beilage: ofenfrisches Weißbrot
Empfohlener Wein: ein leichter, trockener Spumante oder Prosecco

THUNFISCH SIZILIANISCHE ART

Tonno alla siciliana

Zubereitungszeit: 45 Minuten
Pro Portion: 545 Kalorien

4 Scheiben roter Thunfisch (je 200 g)
Meersalz
2 EL Mehl
6 EL Olivenöl
1 Knoblauchzehe
1 Zwiebel
3 gewässerte Sardellenfilets
1 EL gehackte Petersilie
6 große Tomaten
1 Glas (1 dl) Weißwein
schwarzer Pfeffer
einige Blättchen frische Minze

Die Thunfischscheiben waschen und mit Küchenpapier abtrocknen. Salzen und leicht in Mehl wenden.

Das Olivenöl in einer großen Pfanne erhitzen und die Fischscheiben darin von beiden Seiten goldbraun backen. Aus der Pfanne nehmen und warmstellen. Die Knoblauchzehe in dem Öl anbraten, dann wieder herausnehmen.

Die Zwiebel in Ringe schneiden, die Sardellenfilets fein hacken. Die Zwiebelringe in der Pfanne glasig braten, die Sardellenfilets und die Petersilie hinzufügen und kurz durchschmoren.

Die Tomaten mit kochendem Wasser überbrühen, abziehen und in Stückchen schneiden, dabei das harte gelbe Mark zurücklassen. In die Pfanne geben, salzen und kurz durchschmoren. Mit dem Wein aufgießen und die Tomatensauce 10 Minuten kochen lassen. Mit Pfeffer abschmecken und die Minzeblätter hinzufügen.

Die Thunfischscheiben auf die Sauce legen und noch einmal 10 Minuten schmoren lassen.

Beilage: knuspriges Weißbrot
Empfohlener Wein: ein heller Rosé wie ein Cerasuolo di Vittòria aus Sizilien

SCAMPI IM OFEN GEBACKEN

Scampi al forno

Zubereitungszeit: 30 Minuten
Pro Portion: 340 Kalorien

16–20 frische Scampi
4 EL Olivenöl
1 Gläschen (5 cl) Weißwein
Meersalz
schwarzer Pfeffer
Oregano

Die Scampi gründlich waschen und mit Küchenpapier abtrocknen. Die Krustentiere auf dem Rücken leicht einschneiden und mit einem spitzen Messer den schwarzen Darm entfernen.

Das Olivenöl in einem flachen, feuerfesten Topf oder einer Pfanne erhitzen und die Scampi mit den Schalen hineingeben. Den Topf gut durchschütteln, damit die Scampi gut vom Öl überzogen sind und beim Backen nicht ansetzen.

Den Wein über die Scampi gießen und mit Salz, frischgemahlenem Pfeffer und Oregano würzen. Im vorgeheizten Backofen bei starker Hitze (250 °C) in 10–15 Minuten garen. Die Scampi hin und wieder mit dem Wein begießen.

Auf einer vorgewärmten Platte anrichten. Fingerschalen und reichlich Papierservietten mit auf den Tisch stellen.

Beilage: knuspriges Weißbrot
Empfohlener Wein: ein leichter, fruchtiger Weißwein wie ein Leverano aus Apulien

WOLFSBARSCH MIT FEINSTEM OLIVENÖL

Spigola con olio d' oliva

Zubereitungszeit: 30 Minuten
Pro Portion: 475 Kalorien

4 ausgelöste Filets von frischem Wolfsbarsch (je 125 g)
10 EL feinstes Olivenöl extravergine
2 große Tomaten
1 Zweiglein Thymian
1 Löffelspitze grobes Meersalz

Dieses ganz einfache Rezept für den edlen
Wolfsbarsch ist nicht zu übertreffen, wenn
der Fisch ganz frisch und das Olivenöl von
der besten Sorte und extravergine ist.
Die Wolfsbarschfiles von allen anhaftenden Häuten und Gräten befreien, waschen
und mit Küchenpapier trockentupfen.
Auf eine feuerfeste Platte 4 Eßlöffel Olivenöl gießen und die Fischfilets darin wenden. Im vorgeheizten Backofen bei schwacher Mittelhitze (180 °C) in 5 Minuten
leicht bräunen lassen, dabei den Fisch
zweimal wenden.
In der Zwischenzeit die Tomaten mit kochendem Wasser überbrühen, abziehen
und in kleine Würfel schneiden, dabei das
harte gelbe Mark entfernen. Die Tomatenwürfel mit dem restlichen Olivenöl
und den Thymianblättern vermischen.
Den Fisch auf vier vorgewärmten Tellern
anrichten, mit dem gewürzten Öl und den
Tomaten übergießen und leicht salzen.

Beilage: knuspriges Weißbrot
Empfohlener Wein: ein rassiger, trockener
Weißwein wie ein Vernaccia di San Gimig-
nano aus der Toskana

THUNFISCH MIT ERBSEN

Tonno con piselli

Zubereitungszeit: 50 Minuten
Pro Portion: 835 Kalorien

1,5 kg junge Erbsen mit Schoten oder
1 Packung tiefgekühlte Erbsen (500 g)
2 EL Butter
1 kleine Zwiebel
Meersalz
1 Glas (1 dl) trockener Weißwein
8 dünne Scheiben Thunfisch (je 100 g)
2 EL Mehl
6 EL Olivenöl
schwarzer Pfeffer
2 EL gehackte Petersilie

Die Erbsen enthülsen. Tiefgekühlte Erbsen unaufgetaut verwenden. Die Butter in
einem Topf zerlassen. Die Zwiebel in kleine Würfel schneiden und in der Butter
glasig braten. Die Erbsen hinzufügen, salzen, mit dem Wein aufgießen und zugedeckt in etwa 20 Minuten gar kochen.
Die Thunfischscheiben waschen und mit
Küchenpapier abtrocknen. Salzen und in
Mehl wenden. Überflüssiges Mehl abklopfen. Das Olivenöl in einer Pfanne erhitzen
und die Fischscheiben darin schnell von
beiden Seiten goldbraun braten.
Mit frischgemahlenem Pfeffer bestäuben
und auf die Erbsen legen. Die Petersilie
darüberstreuen und weitere 5 Minuten zusammen dünsten lassen.

Empfohlener Wein: ein trockener, frichti-
ger Weißwein wie ein Torgiano bianco aus
Umbrien

SALAT VON MEERESFRÜCHTEN

Insalata di frutti di mare

Zubereitungszeit: 1 Stunde
Marinierzeit: 3 – 4 Stunden
Pro Portion: 335 Kalorien

300 g möglichst kleine Tintenfische
1 EL Essig
Meersalz
500 g Miesmuscheln oder Venusmuscheln
(oder beide Sorten gemischt)
2 EL Olivenöl
500 g kleine Garnelen oder Scampischwänze in der Schale
(oder beide Sorten gemischt)
1 EL gehackte Petersilie
MARINADE
Saft von 1 Zitrone
Salz
6 EL Olivenöl extravergine
schwarzer Pfeffer

Die Tintenfische gründlich waschen, das Innere entfernen und mit einem spitzen Messer Augen, Maul und Tintensack herausschneiden. Die Tintenfische enthäuten und wieder waschen. Die Fische müssen innen und außen ganz weiß sein. Kleine Tintenfische ganz lassen, etwas größere in Ringe schneiden.

In einem Topf ca. 1/2 l Wasser zum Kochen bringen, Essig und Meersalz hinzufügen und die Tintenfische darin in 8–10 Minuten knapp gar kochen.

Die Muscheln aussortieren, geöffnete Muscheln wegwerfen. Die Muscheln unter fließendem Wasser gründlich schrubben und abtropfen lassen.

Das Olivenöl in einer tiefen Pfanne erhitzen und die Muscheln hineinschütten. Dämpfen lassen, bis sie sich öffnen. Muscheln, die geschlossen bleiben, wegwerfen. Das Muschelfleisch aus den Schalen lösen, den Muschelkochsud durch ein Sieb geben.

Die Garnelen oder Scampischwänze je nach Größe in dem Kochwasser der Tin-

tenfische in 3–4 Minuten gar ziehen lassen. Auf einem Sieb abtropfen lassen und die Garnelenschwänze aus der Schale lösen.

Tintenfische, Muscheln, Garnelen und Petersilie in einer Schüssel miteinander vermischen. Je nach Geschmack können noch streifiggeschnittener Salat, Würfel

von gekochten Kartoffeln, rohe Paprikastreifen oder Tomaten an den Salat gegeben werden, um ihn zu einer vollständigen
Sommermahlzeit zu verwandeln.
Für die Marinade den Zitronensaft in einer
kleinen Schüssel solange mit dem Salz vermischen, bis es sich aufgelöst hat. Nach
und nach unter Rühren das Olivenöl und

2 Eßlöffel von dem Muschelkochsud hinzufügen. Mit Pfeffer würzen.
Die Marinade über die Meeresfrüchte
gießen. Den Salat an einem kühlen Ort –
aber nicht im Kühlschrank – 3 bis 4 Stunden ziehen lassen.

Beilage: frisches Weißbrot

Salat von Meeresfrüchten

SEETEUFELFILETS MIT FEINER KRÄUTERSAUCE

Filetti di coda di rospo con salsa alle erbe fini

Zubereitungszeit: 20 Minuten
Pro Portion: 460 Kalorien

4 Scheiben Seeteufel (je 200 g)
Meersalz
2 EL Mehl
2 EL Öl
1 Gläschen (5 cl) Weißwein
4 EL Fischfond (aus dem Glas)
1 TL Tomatenmark
6 EL Crème fraîche
einige Blättchen Estragon
1 EL frische Kresseblätter
1 EL gehackte Petersilie
1 Löffelspitze Oregano
40 g Butter

Die beiden Filets jeder Seeteufelscheibe von der Mittelgräte lösen, so daß man 8 Filetscheibchen erhält. Salzen und leicht in Mehl wenden. Das Öl in einer Pfanne erhitzen und die Fischfilets darin von beiden Seiten in 6–8 Minuten goldbraun backen. Den Wein mit dem Fischfond um die Hälfte des Umfangs einkochen lassen. Das Tomatenmark und die Crème fraîche hinzufügen und noch etwas einkochen lassen.
Die Filets aus der Pfanne nehmen und warmstellen. Das Bratfett abgießen und die eingekochte Sauce in die Pfanne geben. Die Estragon- und die Kresseblätter mit einer Schere streifig schneiden und mit der Petersilie und dem Oregano hinzufügen. Noch einmal kräftig durchkochen lassen. Von der Kochstelle nehmen und die Butter in Flöckchen unterrühren. Die Fischfilets auf vorgewärmten Tellern anrichten und mit der Sauce überziehen.

Beilage: körnig gekochter Reis
Empfohlener Wein: ein aromatischer Weißwein wie ein Müller-Thurgau aus dem Trentino

ROULADEN VON SCHWERTFISCH

Involtini di pesce spada

Zubereitungszeit: 40 Minuten
Pro Portion: 640 Kalorien

5 dünne, lange Scheiben Schwertfisch (je 200 g)
1 Zwiebel
6 EL Olivenöl
einige Basilikumblätter
1 EL gehackte Petersilie
Meersalz
schwarzer Pfeffer
60 g frischgeriebene Semmelbrösel
2 Eier
Saft von 1/2 Zitrone
4 Scheiben Provolone oder Mozzarella
Olivenöl zum Bestreichen

Die Schwertfischscheiben waschen und mit Küchenpapier abtrocknen. Eine Scheibe in kleine Stückchen schneiden, die Zwiebel in kleine Würfel.
Das Olivenöl in einer Pfanne erhitzen und die Zwiebelwürfel darin glasig braten. Das kleingeschnittene Fischfleisch hinzufügen und weich braten. Basilikum mit einer Schere streifig schneiden und mit der Petersilie, Salz, frischgemahlenem Pfeffer, Semmelbröseln, Eiern und dem angebratenen Fisch zu einer glatten Paste verarbeiten.
Die Fischscheiben mit Salz bestreuen und mit Zitronensaft beträufeln. Mit je einer Käsescheibe belegen, mit einem Viertel der Füllung bestreichen und aufrollen. Mit einem hölzernen Zahnstocher zusammenhalten. Den Grill vorheizen.
Die Rouladen und den Grillrost mit Öl einpinseln. Die Fischröllchen auf den Rost legen und in 15 Minuten hellbraun grillen.

Beilage: knuspriges Weißbrot
Empfohlener Wein: ein neutraler, trockener Weißwein wie ein Castel del Monte aus Apulien

ROTBARBE IN DER FOLIE

Triglie al cartoccio

Zubereitungszeit: 35 Minuten
Pro Portion: 370 Kalorien

---

4 große oder 8 kleine Rotbarben
Meersalz
5 EL Olivenöl
4 Knoblauchzehen
1 Bund Petersilie
2 TL Koriander- oder Fenchelsamen

Die Rotbarben gleich beim Einkauf schuppen und ausnehmen lassen. Die Fische waschen, mit Küchenpapier abtrocknen und innen und außen salzen.
4 quadratische Bögen Alufolie zurechtschneiden und mit etwas Olivenöl einpinseln, den Rand dabei freilassen. Die Knoblauchzehen schälen und in Würfel schneiden, die Petersilie fein hacken.
2 Eßlöffel Olivenöl mit der Hälfte der Koriander- oder Fenchelsamen vermischen und in die Fische füllen. Die Bauchränder zusammendrücken und die Fische in die Mitte der Folien legen. Mit den restlichen Samen und dem Knoblauch-Petersilien-Gemisch bestreuen und mit dem restlichen Olivenöl beträufeln.
Die Folien fest über den Rotbarben zusammenfalten, dabei etwas Luft zwischen Fisch und Folie lassen, weil sich die Folie beim Backen aufbläht. Auf eine feuerfeste Platte oder ein Backblech legen.
Im vorgeheizten Backofen bei starker Hitze (250 °C) 15 Minuten backen lassen. Die Folie soll ganz aufgebläht sein, wenn der Fisch serviert wird. Sie wird erst bei Tisch geöffnet.

Beilage: hausgemachte Eierbandnudeln – in der Saison mit schwarzen Trüffelstückchen vermischt
Empfohlener Wein: ein aromatischer, trockner Weißwein wie ein Bianco di Custoza aus Venetien

LACHSFORELLE MIT FENCHEL

Trota salmonata con finocchio

Zubereitungszeit: 20 Minuten
Pro Portion: 415 Kalorien

---

2 Lachsforellen (je 500 g)
6 EL Olivenöl extravergine
Meersalz
schwarzer Pfeffer
2 Fenchelknollen mit Grün
2 Zitronen

Die Lachsforellen gleich beim Einkauf filetieren lassen.
Die Hälfte des Olivenöls in eine flache, feuerfeste Form geben. Die Forellenfilets salzen, pfeffern und nebeneinander in die Form legen.
Die Fenchelknollen von harten Außenblättern befreien, waschen, halbieren und in feine, dünne Streifen schneiden. Die Forellenfilets damit bedecken, leicht salzen und pfeffern und mit dem restlichen Olivenöl und dem Zitronensaft beträufeln. Einige Zweiglein frisches Fenchelgrün auf das Gemüse geben.
Die Form mit Alufolie sorgfältig verschließen und die Lachsforellenfilets im vorgeheizten Backofen bei mittlerer Hitze (200 °C) 10 Minuten garen lassen. Die Forellenfilets in der Form servieren.

Beilage: knuspriges Weißbrot
Empfohlener Wein: ein frischer Weißwein wie ein Soave aus Venetien

FLEISCH, GEFLÜGEL & WILD

*Carni,
pollame e selvaggina*

Die gemeinsame Liebe zur Pasta eint die italienische Nation. Bei arm und reich gibt es die gleichen Nudelgerichte, deren Zutaten sich nach den klassischen Rezepten richten. Ganz anders ist es bei Fleischspeisen. Hier unterscheidet sich die gutbürgerliche, feine Küche der Städte deutlich von der eher ländlich geprägten Regionalküche. In der bürgerlichen Küche, der *cucina borghese*, finden vor allem edle Fleischstücke wie Keule, Rücken, Filets und die daraus geschnittenen Schnitzel und Steaks Verwendung, während in der bäuerlichen Küche, der *cucina contadina*, die preiswerteren Fleischstücke und Innereien in den Kochtopf wandern. Dabei gibt es für beide Küchen hervorragende Rezepte, und – das liegt im allgemeinen Küchentrend – gerade die in Vergessenheit geratenen Rezepte der Großmütter werden überall neu entdeckt. Hinzu kommt natürlich, daß die angebotenen Fleischarten je nach Landschaft verschieden sind, da Bodenverhältnisse und Klimabedingungen sehr unterschiedliche Viehhaltung möglich machen. Und da sich die Küche immer an den heimischen Produkten orientiert, sind die Fleischrezepte in den verschiedenen Provinzen auch höchst unterschiedlich.

Im Norden Italiens – vor allem im Aostatal, in Piemont und der Lombardei, wo hochklassige Rinderrassen gezüchtet werden - ist Rindfleisch, *manzo*, die bevorzugte Fleischsorte. Als klassischer Sonntagsbraten gilt daher ein Rinderschmorbraten aus Mastochsenfleisch, *brasato*, *stracotto* oder *stufato* genannt. Er wird nach einem der zahllosen Familienrezepte – ob mit Speck gespickt oder ungespickt – in edlem Rotwein, vornehmlich Barolo oder Barbera, mariniert oder ungebeizt mit diesem Wein geschmort. Dazu kommen neben feingeschnittenem Suppengemüse allerlei Kräuter, auch Gewürze wie Zimt und Nelken. Am Ende der Schmorzeit soll der Braten nicht etwa faserig sein, sondern so mürbe, daß man ihn mit dem Löffel essen kann. Der entstandene Bratsaft wird zum Teil als *sugo* beiseitegestellt für die *agnolotti*, die am Montag zubereitet werden. Auch die Füllung dieser Teigtaschen besteht zum Großteil aus den Resten des Sonntagsbratens. Kalbfleisch gehört in diesen Regio-

nen ebenfalls zu den bevorzugten Fleischsorten. *Vitello tonnato*, dünne Scheiben von kalter, gebratener Kalbsnuß mit einer mayonnaiseartigen Sauce, die Thunfisch und Kapern enthält, ist eine allgemein beliebte sommerliche Delikatesse. Und wer kennt nicht *ossobuco*: man schmort dicke Scheiben von Kalbshaxe (mit dem *buco*, dem Loch, in der Mitte des Knochens) mit würzigen Gemüsen und Kräutern, eine lombardische Spezialität, die mit safrangelbem Mailänder Risotto serviert wird. Gebraten und gesotten wird in Norditalien fast überall mit Butter, manchmal auch mit etwas Speck. Sahne dagegen ist bei der Saucenzubereitung so gut wie unbekannt. Eine Ausnahme bilden auch hier, wie bei der Pasta, die Emilianer, die ihre feinen Kalbs- und Putenschnitzel hin und wieder gerne mit etwas Sahne verfeinern. Im übrigen sollte man glauben, daß in der emilianischen Küche die hier so hochgeschätzten Schweine, deren Hinterkeulen für die Herstellung der berühmten Parmaschinken, den *prosciutti di Parma*, benötigt werden, besonders häufig Verwendung finden. Das ist jedoch nicht der Fall. Das Schweinefleisch wird hier fast ausschließlich zu den verschiedensten Würsten und anderen kalten Spezialitäten verarbeitet. Etwa für die *zamponi*, dicke gefüllte Schweinefüße, die vor allem im Winter zu Gerichten aus Hülsenfrüchten so gut schmecken. Sie sind auch Bestandteil der großen Fleischplatte, dem *bollito misto*, den man in seiner ganzen Vielfalt nur im Restaurant bekommt: Die verschiedensten Stücke von Rind und Kalb, auch Kalbskopf und Zunge, dazu Huhn, Speck und Wurst werden in einer Brühe gekocht, und bei Tisch sucht sich jeder aus der große Fülle seine Lieblingsstücke heraus. (Natürlich ist die genaue Zusammensetzung des *bollito misto* je nach Region unterschiedlich.) Dazu gibt es *salsa verde*, sowie verschiedene andere Ölsaucen mit Kräutern und die berühmten Senffrüchte aus Modena. Für einen großen Gästekreis läßt sich das Gericht in bescheidener Form an einem Winterabend gut nachkochen.

Um wieder auf die "normalen" Fleischgerichte zurückzukommen – ein Mailänder Schnitzel, "La Milanese" genannt, ist nichts weiter als ein hauchdünnes, am Knochen hängendes Kalbskotelett, das wie ein Wiener Schnitzel mit Ei und Semmelbrösel paniert und goldbraun gebraten wird. Nur ob die Österreicher während der Herrschaft der Habsburger über Mailand das Rezept mit nach Wien nahmen oder ob es umgekehrt war, darüber wird noch heute diskutiert. "La Fiorentina" ist das legendäre, dicke, tellergroße Florentiner T-Bone-Steak, das nur dann so gut ist wie sein Ruf, wenn es vom exzellenten Mastochsenfleisch der weißen toskanischen Rinder stammt und ohne Zutat auf dem Grill schnell und saftig gegart wird. Erst vor dem Auftragen kommen außer Salz und frischgemahlenem Pfeffer noch ein paar Spritzer feinstes Olivenöl über das Fleisch.

Von der hügeligen Landschaft der Toskana an wird zum Kochen fast ausschließlich Olivenöl verwendet. Ebenso wie in Umbrien wird hier das Fleisch am liebsten als ganzer Braten, mit viel duftenden Kräutern parfümiert, auf dem Spieß über dem Feuer oder auf dem Grill zubereitet. Die *arista alla fiorentina,* ein ausgelöstes Schweinerückenstück, mit Zweigen von frischem Rosmarin umwickelt und auf dem Spieß über dem Grillfeuer gegart, ist ein gutes Beispiel für die Kunst der Bratenzubereitung in der Toskana.

Fährt man weiter in Richtung Rom, wird der Boden bald karger, und man trifft überall auf große Schafherden, die mit ihrem Schäfer gemächlich durch das Land ziehen. Lamm und Hammel sind von nun an bis in den tiefen Süden außer Hühnern und Kaninchen die Hauptlieferanten für Fleisch. Zu Ostern werden allerdings Braten von Milchlamm oder Zicklein auch in den nördlichen Regionen hochgeschätzt. Unvergleichlich ist der *abbacchio romano,* der zarte Lammbraten, an dessen Keule noch die winzigen Koteletts und die Niere hängen sollten. Er ist von zarter Knusprigkeit und gehört für mich zu den besten italienischen Fleischgerichten. Nach dem gleichen Rezept werden auch die größeren Lamm- und jungen Hammelkeulen zubereitet. Überhaupt ergeben Lamm und Hammel die delikatesten Braten, Grillgerichte und Ragouts. In den Abruzzen sind letztere übrigens teuflisch scharf, weil man sie mit den kleinen Pfefferschoten würzt, die nicht umsonst *diavoletti* genannt werden.

Neben dem Braten, Schmoren und Grillen gibt es noch eine Reihe von speziellen, in ganz Italien gebräuchlichen Zubereitungsmethoden für die verschiedenen Fleischarten. Dazu gehören vor allem die kleinen appetitlichen Rouladen, *involtini* genannt, die meistens aus Schweine- und Kalbfleisch hergestellt werden und für die es je nach Region völlig unterschiedliche Füllungen gibt, so daß man allein mit diesem Thema ein eigenes Kapitel schreiben könnte. Auch Innereien sind in ganz Italien hoch geschätzt, wobei Kalbsbries besonders in Piemont und in der Emilia beliebt ist, während die Bewohner des Veneto und der Toskana eine Schwäche für Leber haben. Salbei ist das beliebteste Gewürz dazu. Und wenn auch jede Provinz ihr eigenes Rezept für die *trippa* – die Kutteln - hat, in Rom ist dieses rustikale Gericht aus Kalbs- oder Rindermagen Favorit - vor allem im Winter. Am Samstag steht besonders in Trastevere an vielen Trattorien das Schild: *oggi trippa,* und diese Gasthäuser haben immer regen Zulauf. Die römische *trippa* wird übrigens reichlich mit frischer Minze gewürzt.

FLEISCH

Carni

FLORENTINER STEAK

La Fiorentina

Zubereitungszeit: 10 Minuten
Pro Portion: 350 Kalorien

2 große Steaks (2 1/2 cm dick)
mit Mittelknochen und Filet (je ca. 600 g)
Salz
schwarzer Pfeffer
2 TL feinstes Olivenöl extravergine
Zitronenviertel zum Garnieren

Es ist fraglich, ob man hier ein richtiges Florentiner Steak überhaupt zubereiten kann. Ein echtes Florentiner Steak stammt nämlich von 1 1/2 Jahre alten resp. jungen Rindern toskanischer Zucht – *vitellone toscana*. Es wird so geschnitten, daß es in der Mitte den Knochen mit dem anhängenden Filet hat. Ganz richtig gerät es nur auf einem Holzkohlengrill. Das Steak darf weder mit Öl eingerieben noch gewürzt werden.
Den Grill stark vorheizen und die Steaks auf den Rost legen. Von jeder Seite etwa 5 Minuten stark grillen, dabei soll das Fleisch von außen ganz dunkel, von innen noch rot sein. Wenn die erste Seite gegrillt ist, die gegrillte Seite salzen und mit Pfeffer bestreuen. Erst unmittelbar vor dem Auftragen mit bestem Olivenöl, am besten toskanischem, beträufeln.

Beilage: Weiße Bohnen toskanische Art
Empfohlener Wein: ein toskanischer Rotwein wie ein Chianti classico.

KALBSFILET MIT NUSSAUCE

Lombo di vitello in casseruola

Zubereitungszeit: 1 Stunde 30 Minuten
Pro Portion: 630 Kalorien

750 g Kalbsfilet
Salz
Mehl
80 g Butter
1 Glas (1 dl) Marsalawein
100 g Walnußkerne
1/8 l Sahne

Das Kalbsfilet mit Salz einreiben, leicht in Mehl wenden (restliches Mehl abklopfen) und in einer Kaserolle in der erhitzten Butter von allen Seiten goldbraun rösten. Die Hälfte des Marsalaweins hinzufügen und das Fleisch bei leichter Hitze unter Begießen mit dem Bratensaft in etwa einer Stunde gar schmoren.
Die Walnüsse in der Mandelmühle mahlen (8 Walnußhälften zum Garnieren zurücklassen) und in den Bratensaft geben. Den restlichen Wein und die Sahne hinzufügen und kurz durchkochen lassen. Das Fleisch mit der dicken Creme überziehen und mit den Nüssen garniert servieren.

Beilage: junge grüne Bohnen, Pommes frites
Empfohlener Wein: ein milder Weißwein wie ein Sauvignon aus Friaul

BEEFSTEAK MIT PIKANTER TOMATENSAUCE

Bistecca alla pizzaiola

Zubereitungszeit: 15 Minuten
Marinierzeit: über Nacht
Pro Portion: 510 Kalorien

4 abgehangene Beefsteaks (je 200 g)
Olivenöl zum Marinieren
3 EL Olivenöl
8 Tomaten
2 Knoblauchzehen
1 Stückchen Butter
Salz
schwarzer Pfeffer
Oregano
1 EL gehackte Petersilie

Die Beefsteaks mit Öl bestreichen und eine Nacht im Kühlschrank stehen lassen.
Eine Pfanne erhitzen, die Beefsteaks hineingeben. Nach einer Minute wenden, 3 Eßlöffel Öl hinzufügen und die Steaks darin von beiden Seiten in weiteren 6 Minuten braun braten.
Inzwischen die Tomaten überbrühen, abziehen und in Stückchen schneiden, dabei das harte gelbe Mark entfernen. Die Knoblauchzehen fein wiegen.
Die Steaks aus der Pfanne nehmen und warmstellen. Ein Stückchen Butter in die Pfanne geben und den Knoblauch darin anrösten. Die Tomaten hinzufügen sowie Salz, frischgemahlenem Pfeffer, Oregano und Petersilie. 5 Minuten schmoren lassen und die Beefsteaks vor dem Auftragen kurz in der Sauce erhitzen.

Beilage: Kartoffelpüree
Empfohlener Wein: ein frischer Rotwein wie ein Vesuvio rosso

KALBSLEBER SÜSS-SAUER

Fegato in agrodolce

Zubereitungszeit: 25 Minuten
Pro Portion: 430 Kalorien

500 g Kalbs- oder Schweineleber
Mehl
Salz
1 Ei
130 g Butter
Semmelbrösel zum Panieren
1/2 TL Zucker
2 EL Weinessig

Die Leber in dünne Scheiben schneiden. Mehl mit Salz vermischen. Das Ei auf einem Teller mit der Gabel verquirlen. 80 g Butter in einer Pfanne erhitzen. Die Leber zuerst im Mehl, dann im Ei und zum Schluß in den Semmelbröseln wenden. In der heißen Butter sehr schnell portionsweise goldbraun braten und warmstellen.
In einer zweiten Pfanne die restliche Butter zerlassen, den Zucker hineingeben, etwas schmelzen lassen und mit dem Weinessig aufgießen. Durchkochen lassen und über die gebratene Leber gießen.

Beilage: Spinat, Risotto
Empfohlener Wein: ein mundiger Rotwein wie ein Valpolicella aus Venetien

Nach anderen Rezepten wird die gebratene Leber mit Zucker bestreut, mit etwas Essig bespritzt und kurz in dem sehr heißen Backofen gebacken, bis der Zucker leicht schmilzt.

Gefüllte Kalbsbrust Genueser Art

Cima ripiena alla genovese

Für 6–8 Personen
Zubereitungszeit: 1 Stunde
Kochzeit: 3 Stunden
Pro Portion: 555 Kalorien

1 kg entbeinte Kalbsbrust
Salz
einige Pfefferkörner
1/2 Lorbeerblatt
1 Zwiebel
1 Bund Suppengrün
evtl. ein Kalbsnetz
FÜLLUNG
200 g Kalbfleisch
200 g Kalbshirn, blanchiert
40 g Butter
100 g Schinkenspeck
100 g Semmelbrösel
5 EL Milch
100 g junge Erbsen
20 g getrocknete, eingeweichte Pilze
1 Knoblauchzehe
4 Eier
30 g Pinienkerne
40 g Parmesankäse
Salz
schwarzer Pfeffer
Muskat

Beim Einkauf der Kalbsbrust gleich eine Tasche hineinschneiden lassen zum Füllen.
Für die Füllung das Kalbfleisch und das blanchierte Hirn in der Butter anbraten und zusammen mit dem Speck durch den Fleischwolf passieren. Die Semmelbrösel in der Milch einweichen. Die Erbsen kurz aufkochen. Die eingeweichten, abgetropften Pilze fein hacken. Die Knoblauchzehe zerdrücken. Die Eier verquirlen. Die Pinienkerne hacken. Die Zutaten einschließlich des Parmesankäses miteinander vermischen. Herzhaft mit Salz, frischgemahlenem Pfeffer und geriebener Muskatnuß abschmecken. Die weiche Füllung in die

Tasche der Kalbsbrust füllen, dabei einen Rand freilassen, weil sich die Füllung beim Garen ausdehnt. Mit einem Baumwollfaden zunähen.
Einen Topf mit genügend Wasser, um die Kalbsbrust zu bedecken, aufsetzen und Salz, Gewürze, geschälte Zwiebel und Suppengrün hinzufügen. Das Wasser zum Kochen bringen. Die Kalbsbrust, wenn möglich, in ein Kalbsnetz hüllen, sonst in ein weißes Mülltuch einschlagen und mit ei-

nem dünnen Bindfaden rollenartig zusammenbinden. In die kochende Brühe geben und in etwa 3 Stunden weich kochen. Die Kalbsbrust auf einem Marmortisch oder einer flachen Platte völlig abkühlen lassen und für einige Stunden in den Kühlschrank geben. Sie wird in Scheiben aufgeschnitten serviert. Aber auch warm erfreut sich die *cima alla genovese* größter Beliebtheit.

Empfohlener Wein: ein duftiger, zart bitterer Rotwein wie ein Rossese di Dolceacqua aus Ligurien

Es gibt unzählige Rezepte für die *cima alla genovese*, die fast alle noch komplizierter sind als die beschriebene Zubereitung. Es kommen dann noch Kalbsmilch, Kalbszitzen, Mangold, Schinken, Kalbsnierentalg und Schweinefleisch hinzu.

Gefüllte Kalbsbrust Genueser Art

KALBSROULADEN MIT ARTISCHOCKEN

Involtini di vitello alla milanese

Zubereitungszeit: 1 Stunde 30 Minuten
Pro Portion: 470 Kalorien

8 dünne Scheiben Kalbsschnitzel
(je 50 g)
50 g durchwachsener Speck
3 EL Olivenöl
3/8 l Fleischbrühe
FÜLLUNG
100 g Kalbfleisch
4 junge Artischocken oder Artischockenböden aus dem Glas
Saft von 1 Zitrone
3 EL Olivenöl
Salz
schwarzer Pfeffer

Für die Füllung das Kalbfleisch in der
Küchenmaschine fein hacken. Die Artischocken von den äußeren Blättern befreien, die spitzen Blätter bis zur Hälfte abschneiden. Zuerst in Scheiben und dann
in kleine Stückchen – Artischockenböden
in Würfel – schneiden. Sofort in mit Zitronensaft vermischtes Wasser geben.
3 Eßlöffel Öl erhitzen und die gut abgetropften Artischockenstückchen darin unter Rühren goldgelb braten. Salzen. Einen
Teil der Artischocken mit dem Kalb-
fleischhack vermischen und mit Salz und
frischgemahlenem Pfeffer vermischen.
Die Kalbsschnitzel auf einem Holzbrett
ausbreiten, mit der Hackfleisch-Ar-
tischocken-Mischung bestreichen und aufrollen.

Den Speck in kleine Würfel schneiden
und in dem Öl goldgelb braten. Die Kalb-
fleischröllchen darin gut anbraten und die
übrigen Artischockenstückchen hinzufügen. Nach weiteren 5 Minuten die Fleischbrühe über die Rouladen gießen und den
Topf verschließen.
Im vorgeheizten Backofen bei starker Hitze (250 °C) in 45 Minuten gar schmoren
lassen. Die Sauce soll fast sirupartig sein –
muß also eventuell noch im offenen Topf
etwas einkochen.

Beilage: Kartoffelpüree
Empfohlener Wein: ein frischer, lieblicher
Weißwein wie ein Malvasia aus der Emilia-
Romagna

FLEISCHRAGOUT TRENTINER ART

Tonco alla vecchia Trento

Zubereitungszeit: 2 Stunden
Pro Portion: 820 Kalorien

300 g Kalbsschulter
300 g Schweinefleisch (aus der Keule)
1 frische grobe Schweinebratwurst (150 g)
30 g fetter Speck
50 g Butter
1 Knoblauchzehe
40 g Mehl
2 EL Weißwein
1 EL Weinessig
1/2 l Fleischbrühe
1 Zweiglein Rosmarin
1 Lorbeerblatt
einige Salbeiblätter
Salz
schwarzer Pfeffer
50 g geriebener Grana trentino
oder Parmesan

Das Fleisch in Würfel schneiden, die Bratwurst in dicke Scheiben. Den Speck in Würfel schneiden und in einem flachen Schmortopf in der zerlassenen Butter glasig braten, die Knoblauchzehe darin bräunen und wieder herausfischen.

Das Fleisch und die Bratwurstscheiben in dem Fett unter gelegentlichem Wenden anbräunen. Das Mehl auf einer flachen Platte im Ofen hellbraun rösten. Über das Fleisch streuen. Mit Wein, Essig und Fleischbrühe aufgießen. Die Gewürze hinzufügen und mit Salz und frischgemahlenem Pfeffer würzen. Eine Stunde zugedeckt bei leichter Hitze kochen lassen.

Den Käse unter das Ragout rühren und das Gericht im verschlossenen Topf im Backofen bei mittlerer Hitze (200 °C) weitere 20 Minuten zugedeckt schmoren lassen.

Beilage: weiche Polenta
Empfohlener Wein: ein frischer, körperreicher Rotwein wie ein Teroldego Rotaliano D.O.C.

In der modernen Trentiner Küche wird häufig auf die Mehlbindung verzichtet. Dann verwendet man nur 3/8 l Fleischbrühe und bindet mit 1 EL Crème fraîche.

KALBSKOTELETTS MIT KÄSE

Costolette alla valdostana

Zubereitungszeit: 35 Minuten
Pro Portion: 555 Kalorien

4 Kalbskoteletts, am Knochen hängend
(etwa 2 cm dick)
Salz
Mehl
1–2 Eier
6 EL Semmelbrösel
80 g Butter zum Braten
4 Scheiben (ca. 120 g) Fontinakäse

Die Koteletts mit dem Fleischklopfer dünn klopfen. Sie müssen fast das Doppelte ihres Umfanges erreichen, aber am Knochen hängenbleiben.

Salz und Mehl vermischen und die Koteletts darin wenden. Die Butter in einer großen Pfanne erhitzen. Das Fleisch in dem verquirlten Ei und den Semmelbröseln wenden. In der heißen Butter von beiden Seiten goldbraun braten.

Den Backofen oder den Grill vorheizen. Das heiße Fleisch mit dem Fontina belegen und kurz in den Backofen geben. Der Käse soll nur zerschmelzen, nicht bräunen. In der Saison werden ein paar Trüffelscheiben auf den Käse gehobelt.

Beilage: Möhren in Marsalawein, Kartoffelpüree
Empfohlener Wein: ein kräftiger Rotwein wie ein Pinot nero aus dem Aostatal

KALBSSCHNITZEL MIT SCHINKEN UND SALBEI

Saltimbocca alla romana

Zubereitungszeit: 20 Minuten
Pro Portion: 355 Kalorien

8 dünne Kalbsschnitzel (je 60 g)
Salz
schwarzer Pfeffer
8 frische Salbeiblätter
8 hauchdünne Scheiben Parmaschinken
oder geräucherter Schinken
40 g Butter zum Braten
SAUCE
3 EL Weißwein oder Marsalawein
30 g frische Butter

Die Kalbsschnitzel leicht klopfen, mit wenig Salz und Pfeffer bestreuen und mit je einem Salbeiblatt belegen. Auf jedes Schnitzel eine Schinkenscheibe legen. Evtl. mit einem Zahnstocher aus Holz befestigen.
Die Butter in einer Pfanne erhitzen und die Schnitzel darin von beiden Seiten bei starker Hitze in etwa 6–8 Minuten gar braten. Das Fleisch aus der Pfanne nehmen und auf eine vorgewärmte Platte legen. Den Bratensaft mit dem Wein aufkochen lassen, ein Stückchen frische Butter hinzufügen, kurz durchkochen und über das Fleisch schütten.

Beilage: junge Erbsen, Kartoffelpüree
Empfohlener Wein: ein leichter, spritziger Weißwein wie ein Frascati aus dem Latium

PIEMONTESER KANINCHEN MIT PAPRIKAGEMÜSE

Coniglio con peperonata

Für 6 Personen
Zubereitungszeit: 2 Stunden
Pro Portion: 465 Kalorien

1 junges Kaninchen
1/2 TL Rosmarinblätter
60 g Butter
1/2 Lorbeerblatt
Salz
1/4 l Fleischbrühe
3 gewässerte Sardellen
4 EL Olivenöl
3 gelbe Paprikaschoten
1 Knoblauchzehe
3 EL Weinessig

Das Kaninchen in Portionsstückchen schneiden, waschen und abtrocknen, Rosmarin fein wiegen. Die Butter in einem Bratentopf zerlassen und die Kaninchenstücke, den Rosmarin und das Lorbeerblatt hineingeben. Wenn das Kaninchenfleisch leicht gebräunt ist, salzen, mit etwas Fleischbrühe aufgießen und 1/2 Stunde schmoren lassen.
In einem zweiten Topf die gehackten Sardellen in dem Öl erhitzen und auflösen.
Von den Paprikaschoten einen Deckel abschneiden und das Mark mit den anhängenden Kernen entfernen. Die Paprika in Streifen schneiden. Die Paprikastreifen an das Öl zu den Sardellen geben sowie die Knoblauchzehe. Salzen, etwa 15 Minuten rösten lassen, dabei immer wieder mit etwas Essig aufgießen, bis er verdunstet ist. Dann das halbfertige Kaninchenfleisch hinzugeben und alles zusammen in 45 Minuten zugedeckt weich schmoren lassen. Wenn nötig, etwas Fleischbrühe nachgießen.

Beilage: Polenta
Empfohlener Wein: ein harmonischer Rotwein wie ein Nebbiolo d'Alba aus Piemont

KALBFLEISCHROULADEN SIZILIANISCHE ART

Involtini di vitello alla siciliana

Zubereitungszeit: 40 Minuten
Pro Portion: 630 Kalorien

8 dünne, kleine Kalbfleischschnitzel
(je 80 g)
1 EL Mehl
3 EL Olivenöl
1/2 Gläschen (5 cl) Marsalawein
40 g frische Butter
FÜLLUNG
4 EL Semmelbrösel
3 EL Olivenöl
50 g Beefsteakhack
3 EL Pinienkerne (können durch
Mandelstifte ersetzt werden)
4 EL Rosinen
4 EL frischgeriebener Parmesan
1 Eiweiß
Salz
schwarzer Pfeffer

Für die Füllung die Semmelbrösel in dem Öl hellbraun rösten, das Beefsteakhack hinzufügen sowie die Pinienkerne, die Rosinen und den Käse. In einer Schüssel mit dem Eiweiß vermischen und mit Salz und Pfeffer abschmecken.
Die Kalbfleischschnitzel mit je einem Löffel Füllung belegen, aufrollen und mit einem Hölzchen zustecken. Ganz leicht mit Mehl bepudern.
Das Öl in einem Schmortopf erhitzen und die Rouladen darin anbraten. Unter ständigem Wenden von allen Seiten hellbraun braten. Nach 30 Minuten den Marsalawein in den Topf geben. Die Rouladen herausnehmen, auf Tellern warmhalten. Den Bratensaft etwas einkochen lassen und die Butter in Flöckchen einrühren. Die Sauce auf den Rouladen verteilen.

Beilage: Paprikagemüse, gebratene kleine Kartoffeln
Empfohlener Wein: ein fruchtiger Weißwein wie ein Corvo aus Sizilien

KALBSLEBER VENEZIANISCHE ART

Fegato di vitello alla veneziana

Zubereitungszeit: 50 Minuten
Pro Portion: 460 Kalorien

500 g Kalbsleber
400 g Zwiebeln
6 EL Olivenöl
1 EL Butter
2 EL gehackte Petersilie
4 EL Fleischbrühe
1 EL Weinessig
Salz
schwarzer Pfeffer

Die Kalbsleber in feine Scheibchen schneiden. Die Zwiebeln ebenfalls in Scheiben schneiden.
Olivenöl und Butter erhitzen und die Zwiebeln und die Petersilie hineingeben. Bei ganz leichter Hitze etwa 40 Minuten schmoren lassen, die Zwiebeln sollen weich und glasig, aber nicht gebräunt sein. Wenn sie zu bräunen beginnen, Brühe und Essig hinzufügen. Zum Schluß die Bratenhitze stark aufdrehen und die Leber unter Wenden in 3–4 Minuten in den Zwiebeln gar braten. Auf eine vorgewärmte Platte geben.
Anstelle von Brühe und Weinessig kann man auch einen trockenen Weißwein an die Zwiebeln geben. Mir schmeckt das sogar besser. Die Flüssigkeit muß auf jeden Fall zum Ende der Kochzeit ganz von den weichen Zwiebeln aufgesogen sein.
Bei dieser Zubereitungsart bekommen die Zwiebeln einen leicht süßlichen Geschmack, der sich auf das angenehmste mit der Leber verbindet und erklärt, warum die venezianische Leber so berühmt ist.

Beilage: weiche Polenta oder gebratene Polentascheiben
Empfohlener Wein: ein junger, trockener Rotwein wie ein Merlot aus Venetien

Kalbsleber venezianische Art

KUTTELN AUF RÖMISCHE ART

Trippa alla romana

Zubereitungszeit: 1 Stunde 15 Minuten
Kutteln 2 Stunden wässern
Pro Portion: 590 Kalorien

1 kg gekochter Kälbermagen (Kutteln)
Salz
100 g durchwachsener Speck
1 EL Schmalz
1 Zwiebel
1 Möhre
1 Selleriestange
2 EL Tomatenmark
1/2 Glas (5 cl) Rotwein
2 Nelken
1/4 l Fleischbrühe
schwarzer Pfeffer
150 g Pecorinokäse
Blätter von frischer Minze

Den gekochten Kälbermagen 2 Stunden in kaltes Salzwasser legen. Die Kutteln in Rhomben schneiden. Den Speck in Würfel schneiden und in dem zerlassenen Schmalz glasig braten. Zerkleinerte Zwiebel, Möhre und Sellerie hinzufügen und etwas durchrösten lassen. Das Tomatenmark mit dem Wein verrühren und zu dem Gemüse geben. Die Nelken an die Tomatensauce geben und etwas einkochen lassen.
Nach und nach mit der Fleischbrühe aufgießen. Salzen und pfeffern. In einen Topf etwas von der Tomatensauce geben, einen Teil der Kutteln hinzufügen. Perocino und gehackte Minzeblätter vermischen und die Kutteln mit einem Teil davon bedecken. Darauf wieder eine Schicht Kutteln, Tomatensauce, Käse und Minze und so fortfahren, bis alle Zutaten verbraucht sind. Die *trippa* soll mit Sauce bedeckt sein, evtl. etwas Fleischbrühe nachfüllen.

Zugedeckt in den vorgeheizten Backofen (200 °C) geben und eine halbe Stunde schmoren lassen. Bei Tisch streut sich jeder noch einmal Pecorino, mit Minze vermischt, auf das Gericht.

Empfohlener Wein: ein trockener, kräftiger roter Landwein

KALBSHAXE MAILÄNDER ART

Ossibuchi alla milanese

Zubereitungszeit: 1 Stunde 30 Minuten
Pro Portion: 415 Kalorien

4 dicke Scheiben (200-250 g) Kalbshaxen
mit Knochen
1 Zwiebel
1 Möhre
1 Selleriestange
3 Tomaten
100 g Butter
Mehl
Salz
schwarzer Pfeffer
Rosmarin
1 Glas (1 dl) Weißwein
1 EL gehackte Petersilie
1 Knoblauchzehe
2 gewässerte Sardellen
Schale von 1 unbehandelten Zitrone

Die Kalbshaxe beim Einkauf in 4–6 etwa 4 cm dicke Scheiben sägen lassen. Die Zwiebel in Streifen, die geputzte Möhre in Scheiben, Sellerie in Stückchen schneiden. Die Tomaten überbrühen, abziehen und in Viertel schneiden, dabei das harte gelbe Mark zurücklassen.
80 g Butter in einem Schmortopf zerlassen und die Zwiebelstreifen darin hellgelb rösten. Das Fleisch leicht in Mehl wenden und in dem Fett hellbraun rösten. Möhre und Sellerie hinzufügen sowie die Toma-

tenviertel. Mit Salz, frischgemahlenem Pfeffer und Rosmarin würzen. Mit dem Wein aufgießen und zugedeckt 1 Stunde schmoren lassen. Wenn nötig, etwas Wasser hinzugießen.

5 Minuten vor dem Auftragen eine Mischung von gehackter Petersilie, einer feingewiegten Knoblauchzehe, 2 gehackten Sardellen und etwas feingewiegter Zi-

tronenschale über das Fleisch geben. Auf eine vorgewärmte Platte legen. Den Bratensaft mit etwas Wasser gut aufkochen lassen und mit der restlichen Butter abrunden. Über das Fleisch gießen.

Beilage: Mailänder Risotto
Empfohlener Wein: ein trockener Rotwein wie ein Pinot nero aus der Lombardei

Kalbshaxe Mailänder Art

RINDERSCHMORBRATEN TURINER ART

Brasato al barolo

Für 6 Personen
Zubereitungszeit: 3–4 Stunden
Marinierzeit: über Nacht
Pro Portion: 595 Kalorien

1 kg Rinderschmorbraten aus der Keule
1/2 Flasche Barolo
1 Zwiebel
1/2 Selleriestange
2 Möhren
1/2 Lorbeerblatt
1 Zweiglein Rosmarin
3 Nelken
1 Stückchen Zimt
80 g Butter
50 g durchwachsener Speck
Salz
schwarzer Pfeffer
1/2 l Fleischbrühe
1 Gläschen (5 cl) Marsala

Den Braten eine Nacht in dem Wein, dem in Streifen geschnittenen Gemüse und den Gewürzen marinieren.
40 g Butter und den in Würfel geschnittenen Speck in einem Schmortopf erhitzen. Das gut abgetrocknete Fleisch darin von allen Seiten anbraten, salzen und pfeffern. Die Marinade mit den Gemüsen hinzufügen und alles zugedeckt bei leichter Hitze 3–4 Stunden schmoren lassen. Dabei immer ein wenig Fleischbrühe nachgießen, die Sauce soll sämig bleiben.
Das Fleisch aus dem Schmorsaft nehmen und diesen mit den Gemüsen durch ein Sieb passieren. Mit dem Marsala aufgießen und etwas einkochen lassen. Zum Schluß die restliche kalte Butter in Flöckchen einrühren. Das Fleisch in fingerdicke Scheiben schneiden und auf einer Platte anrichten. Mit der Sauce übergießen.

Beilage: Polenta
Empfohlener Wein: dieselbe Weinsorte, die für die Zubereitung verwendet wurde

RINDERROULADEN UMBRISCHE ART

Involtini di manzo

Zubereitungszeit: 1 Stunde 15 Minuten
Pro Portion: 755 Kalorien

8 kleine Scheiben Rindfleisch aus der Hüfte (je 80 g)
Salz
schwarzer Pfeffer
2 EL Tomatenmark
einige Basilikum- und Salbeiblätter
24 große, kräftige Spinatblätter
8 dünne Scheiben Parmaschinken
4 EL Olivenöl
1 Bund Suppengrün
2 Knoblauchzehen
1/4 l Rotwein
1 Prise Zucker

Die Rindfleischscheiben ganz dünn klopfen. Mit Salz und Pfeffer bestreuen und mit Tomatenmark bestreichen. Auf jede Scheibe ein Basilikum- und ein Salbeiblatt sowie drei Spinatblätter legen. Mit Parmaschinken belegen.
Die Scheiben zu Rouladen aufrollen und mit einem Holzspießchen verschließen.
Das Öl in einem großen Schmortopf erhitzen. Das Suppengrün waschen und kleinschneiden, die Knoblauchzehen zerdrücken. Die Rouladen in dem Öl von allen Seiten goldbraun anbraten. Das Suppengrün und den Knoblauch hinzufügen und kurz durchbraten. Mit dem Rotwein übergießen und zugedeckt bei leichter Hitze 45 Minuten schmoren.
Das Fleisch aus dem Bratensaft nehmen und warmstellen. Den Bratensaft durch ein Sieb geben, mit Salz, frischgemahlenem Pfeffer und Zucker abschmecken und die Sauce zu den Rouladen servieren.

Beilage: Spinat, Kartoffelpüree
Empfohlener Wein: ein trockener, runder Rotwein wie ein Torgiano rosso aus Umbrien

HAMMELKEULE MIT KRÄUTERN

Coscia di agnello al forno

Zubereitungszeit: 2 Stunden 30 Minuten
Marinierzeit: über Nacht
Pro Portion: 540 Kalorien

1 zarte Hammelkeule (ca. 1,5 kg)
4 EL Olivenöl
Rosmarin
Thymian
schwarzer Pfeffer
2 Knoblauchzehen
Salz
1 Glas (1 dl) Rotwein
etwas Butter

Das Olivenöl mit den getrockneten oder frischen Kräutern vermischen, frischgemahlenem Pfeffer hinzufügen und die zerdrückten Knoblauchzehen. Die Hammelkeule damit bestreichen und in Alufolie gehüllt über Nacht im Kühlschrank durchziehen lassen.
Den Backofen auf 250 °C vorheizen.
Die Keule aus der Folie nehmen, salzen und auf den Grillrost über der Bratenpfanne legen. In den Backofen schieben, 15 Minuten braten lassen, wenden, weitere 15 Minuten braten und die Hitze auf 200 °C herunterschalten. In etwa 2 Stunden gar braten, dabei hin und wieder mit dem austretenden Bratensaft begießen. Das Fleisch soll innen noch einen leicht rosa Kern haben. Das Fleisch auf eine Platte geben, im ausgeschalteten Backofen 15 Minuten ruhen lassen.
Den Bratensaft mit dem Wein ablöschen und in eine Kasserolle geben. Die Sauce etwas einkochen lassen und ein paar Flöckchen frische Butter mit dem Schneebesen unter die Sauce schlagen. Mit Salz und frischgemahlenem Pfeffer abschmecken. Die Hammelkeule in Scheiben schneiden, die Sauce getrennt reichen. Sofort sehr heiß auf vorgewärmte Teller geben.

Beilage: geschmorte Zwiebelchen, gegrillte Tomaten, in Öl gebratene Kartoffelviertel
Empfohlener Wein: ein kräftiger Rotwein wie ein Montepulciano aus den Abruzzen

HAMMELKOTELETTS MIT THYMIAN UND MINZE

Costolette di agnello al timo e menta

Zubereitungszeit: 20 Minuten
Pro Portion: 715 Kalorien

8 kleine Hammelkoteletts
2 Knoblauchzehen
schwarzer Pfeffer
1 Eßlöffelspitze zerriebener Thymian
3 EL Olivenöl
Salz
30 g Butter
1 kleines Sträußchen frische Minze

Die Knoblauchzehen halbieren und die Hammelkoteletts von beiden Seiten damit einreiben. Mit frischgemahlenem Pfeffer und Thymian von beiden Seiten bestreuen.
Das Öl in einer Pfanne erhitzen und die Hammelkoteletts darin auf der Unterseite knusprig braun braten, wenden und salzen. Die Hitze etwas herunterdrehen und auch die zweite Seite hellbraun braten und salzen. Die Koteletts aus der Pfanne nehmen und warmstellen. Das Bratfett abgießen, die Butter in die Pfanne geben und die streifig geschnittenen Minzeblätter kurz darin schwenken. Über die Hammelkoteletts gießen und jedes Kotelett mit einem Zweiglein frischer Minze garnieren.

Beilage: grüne oder weiße Bohnen, Grilltomaten
Empfohlener Wein: ein samtiger Rotwein wie ein Grignolino aus Piemont

LAMMKEULE AUF RÖMISCHE ART

Abbacchio alla romana

Zubereitungszeit: 1 Stunde 30 Minuten
Pro Portion: 1085 Kalorien

1 1/2 kg Milchlamm (das beste Stück
besteht aus Keule mit einem Teil des
Kotelettstückes verbunden)
Salz
Rosmarinblättchen
4 EL Olivenöl
6 mittelgroße Zwiebeln
4 große Kartoffeln
evtl. 3–4 EL Weißwein

Das Fleisch mit Salz und Rosmarin einreiben, man kann es sogar mit dem Rosmarin
spicken. In einem flachen, runden Bratentopf oder einem feuerfesten Steinguttopf das Öl erhitzen und die Lammkeule
darin von allen Seiten anbraten. Die abgezogenen Zwiebeln hinzufügen und diese
ebenfalls leicht bräunen.
Die Kartoffeln schälen, in Viertel schneiden und zu dem Fleisch geben. In den vorgeheizten Backofen geben und zugedeckt
bei starker Hitze (230 °C) in etwa einer
Stunde gar braten. Evtl. mit 3–4 Eßlöffeln
Wein aufgießen, wenn das Fett dunkel zu
werden droht. Das Fleisch wird im ganzen
auf einer vorgewärmten Platte angerichtet
oder in der Bratpfanne, umgeben von den
Kartoffeln.
Man kann nach der Hälfte der Bratzeit 6
über Kreuz eingeschnittene Tomaten in
den Bratentopf geben oder diese getrennt
dazu grillen.

Empfohlener Wein: ein kräftiger Rotwein
wie ein Montepulciano d'Abruzzo

LAMMRAGOUT JÄGERINNEN-ART

Agnello alla cacciatora

Zubereitungszeit: 1 Stunde 15 Minuten
Pro Portion: 725 Kalorien

1 kg Lammfleisch aus der Keule
1 Scheibe Speck
2 EL Olivenöl
2 Knoblauchzehen
Salz
schwarzer Pfeffer
Rosmarin
1/2 EL Mehl
1/2 Glas (5 cl) Weißwein
1/2 Glas (5 cl) Weinessig
1/2 Glas (5 cl) Wasser
3 gewässerte Sardellenfilets

Das Lammfleisch und den Speck in Würfel
schneiden. Das Öl in einem Schmortopf
erhitzen und die Knoblauchzehen und
den Speck darin glasig braten. Den Knoblauch wieder herausnehmen und das
Lammfleisch in dem Fett von allen Seiten
goldbraun braten. Salzen und pfeffern.
Herzhaft mit gehacktem Rosmarin würzen. Mit dem Mehl überstäuben. Mit Wein,
Essig und Wasser aufgießen und bei leichter Hitze etwa 1 Stunde schmoren lassen,
bis das Fleisch weich ist.
Inzwischen die Sardellenfilets hacken. 2
Eßlöffel Fleischsauce in einem Topf erhitzen und die Sardellenfilets darin kochen
lassen, bis sie sich aufgelöst haben. Zu dem
Lammfleisch geben und nur noch wenige
Minuten mitkochen lassen. Dieses vorzüg-
liche Ragout wird häufig noch mit getrockneten oder frischen Steinpilzen angereichert. Man kann es auch sehr gut mit
Hammelfleisch zubereiten. Dann muß
man die Flüssigkeit verdoppeln und
2–2 1/2 Stunden Schmorzeit rechnen.

Beilage: Polenta
Empfohlener Wein: ein kräftiger Rotwein
wie ein Merlot aus Südtirol

SCHWEINEROULADEN SARDINISCHE ART

Involtini di maiale alla sarda

Zubereitungszeit: 45 Minuten
Pro Portion: 670 Kalorien

8 dünne Scheiben Schweinefleisch
1/2 eingeweichtes Brötchen
100 g Schweineleber
80 g fetter Speck
1 Knoblauchzehe
4 frische Salbeiblätter
einige Myrtheblätter
1 Eigelb
Salz
schwarzer Pfeffer
8 kleine, runde Scheiben Weißbrot
Olivenöl

Das Schweinefleisch mit einem Holzklopfer vorsichtig breit schlagen. Das ausgedrückte Brötchen, die Leber- und den Speck durch den Fleischwolf drehen. Die Knoblauchzehe fein wiegen. Die Salbeiblätter fein hacken.
Die durchpassierte Leber mit Knoblauch, Salbei, Myrthe und Eigelb zu einer glatten Füllung vermischen und mit Salz und frischgemahlenem Pfeffer abschmecken. An das Ende jeder Schweinefleischscheibe einen Teelöffel Leberfüllung setzen und aufrollen. Einen Grillspieß einölen und abwechselnd eine Roulade und eine Brotscheibe auf den Spieß stecken. Mit Öl bepinseln und mit Salz und frischgemahlenem Pfeffer bestreuen. Unter den vorgeheizten Grill bei starker Hitze unter Wenden in 30 Minuten bräunen.
Man kann je 2 Rouladen und 2 Brotscheiben auch auf Portionsspießchen stecken, einölen, salzen und pfeffern und auf einer feuerfesten Platte im vorgeheizten Backofen (250 °C) in 30 Minuten gar braten, dabei sollte man die Spießchen hin und wieder wenden.

Empfohlener Wein: ein trockener sardischer Rotwein wie ein Monica di Sardegna

SCHWEINEBRATEN FLORENTINER ART

Arista alla fiorentina

Für 6 Personen
Zubereitungszeit: 2 Stunden 30 Minuten
Pro Portion: 390 Kalorien

1,5 kg ausgelöstes Schweinkotelettstück
einige Rosmarinblätter
1 Knoblauchzehe
Salz
schwarzer Pfeffer
4 Zweige frischer Rosmarin
4 Kartoffeln

Rosmarinblätter und Knoblauchzehe fein wiegen und mit Salz und Pfeffer vermischen. Das Fleisch damit von allen Seiten einreiben. 4 Rosmarinzweige der Länge nach an das Fleisch drücken und den Braten mit einem dünnen Bindfaden der Länge nach zusammenbinden.
Den Braten auf einen Spieß stecken oder, wenn dies nicht möglich ist, in eine flache Bratenpfanne geben. Die Kartoffeln schälen, in Viertel schneiden und in die Grillpfanne oder den Bratentopf geben. Mit Salz bestreuen.
Den Braten auf dem rotierenden Spieß oder in der Bratenpfanne bei starker Mittelhitze (225 °C) in etwa 2 Stunden gar braten, dabei immer wieder mit dem heraustretenden Bratenfett begießen. Das Fleisch bleibt bei dieser einfachen, jahrhundertealten Zubereitungsart besonders saftig und zart.
Den Braten in 1/2 cm dicke Scheiben schneiden und auf einer Platte anrichten. Schmeckt auch kalt vorzüglich.

Beilage: junge Erbsen, im Ofen gebackene Kartoffeln
Empfohlener Wein: ein kerniger Rotwein wie ein Cabernet aus der Toskana

KANINCHEN MIT OLIVEN

Coniglio alla toscana

Zubereitungszeit: 2 Stunden
Pro Portion: 760 Kalorien

1 junges Kaninchen
Salz
3 Tomaten
1 Möhre
100 g grüne und schwarze Oliven
7 EL Olivenöl
1 Knoblauchzehe
1 Gläschen (5 cl) Weinbrand
schwarzer Pfeffer

Das Kaninchen in Portionsstücke zerteilen, waschen und mit einem sauberen Tuch abtrocknen. Mit Salz einreiben.
Die Tomaten überbrühen, die Haut abziehen und das Fruchtfleisch in Stückchen schneiden, dabei das harte gelbe Mark zurücklassen. Die geschälte Möhre in Scheibchen schneiden, die Oliven entkernen und ebenfalls in Scheibchen schneiden.
Das Olivenöl in einer Bratpfanne erhitzen, die Knoblauchzehe darin goldgelb braten und wieder aus dem Fett nehmen. Die Kaninchenteile in die Pfanne geben und von allen Seiten goldbraun braten. Die Tomatenstückchen und die Möhrenscheibchen hinzufügen und mit anbraten.
Mit dem Weinbrand übergießen und zugedeckt 1 1/2 Stunden schmoren lassen. Nur wenn nötig, ganz wenig Wasser hinzufügen. Die Olivenscheibchen zu dem Kaninchen geben. Nochmals gut durchschmoren und mit Salz und frischgemahlenem Pfeffer abschmecken.

Beilage: im Ofen gebackene Rosmarinkartoffeln
Empfohlener Wein: ein körperreicher Rotwein wie ein Chianti Classico aus der Toskana

OCHSENSCHWANZRAGOUT RÖMISCHE ART

Coda alla vaccinara

Zubereitungszeit: 45 Minuten
Schmorzeit.: 4 Stunden
Pro Portion: 1035 Kalorien

1,5 kg Ochsenschwanz
1 Zwiebel
1 Möhre
1 Knoblauchzehe
100 g Speck
4 EL Öl
1 Stückchen rote Pfefferschote
3 EL Tomatenmark
2 Gläser (2 dl) Weißwein
Salz
1 Staude Selleriestange

Den Ochsenschwanz beim Einkauf gleich in Portionsstücke zerhacken lassen. Die Zwiebel und die Möhre in Würfel schneiden, die Knoblauchzehe fein wiegen. Den Speck ebenfalls in Würfel schneiden. Das Öl in einem Schmortopf erhitzen und Speckwürfel, Zwiebel- und Knoblauchwürfel darin glasig braten. Den Ochsenschwanz hinzufügen und in dem Speckfett bräunen.
Dann die Möhre und die Pfefferschote zu dem Fleisch geben. Das Tomatenmark, mit etwas Wasser verrührt, hinzugießen sowie den Wein. Wenn der Wein verkocht ist, etwa 1/4 l Wasser zu dem Fleisch gießen und salzen.
Zugedeckt bei leichter Hitze in etwa 4 Stunden weichkochen. Wenn nötig, etwas kochendes Wasser nachgießen.
Inzwischen den gewaschenen Stangensellerie in nicht zu kleine Stückchen schneiden. In der letzten halben Stunde der Kochzeit zu dem Ochsenschwanz geben. Das fertige Ragout noch einmal mit Salz abschmecken.

Empfohlener Wein: ein junger, einfacher Rotwein wie ein Rosso Barletta aus Apulien

Ebenso beliebte Fleischlieferanten wie Rind, Schwein und Schaf sind die *animali da cortile*, die Bewohner der Hühnerhöfe wie Geflügel, aber auch Kaninchen, Zicklein und Lämmer. Jahrhundertelang galt ausgerechnet das biedere Huhn als ausgesprochener Luxusvogel. Die berühmten Banketts der Renaissance waren ohne kunstvoll dekorierte Hühner und gemästete Kapaune gar nicht denkbar – aber auch schon vorher und noch lange nachher waren die Tafeln der Reichen und der Vornehmen immer verschwenderisch mit Geflügel bestückt. Allen voran der gebratene Pfau, der mit seinem prächtigen Federkleid geschmückt aufgetragen wurde. Aber auch mit Feigen gemästete Gänse, in Granatapfelsaft geschmorte Perlhühner, Tauben und – während der Jagdsaison – Wildgeflügel aller Art fanden großen Anklang. Die Rezepte, die uns von den Hofküchen der Renaissance erhalten blieben, berichten von den phantasievollsten Füllungen und Zubereitungsarten. Erst spät tauchte in der tausendjährigen kulinarischen Geschichte der *uccelli da tavola* – dem Tafelgeflügel – ein Newcomer auf, der Truthahn. Wieder einmal war es Kolumbus, der auch den exotischen Vogel nach Europa mitbrachte. Der *tacchino* mit seinem saftigen, wohlschmeckenden Fleisch verdrängte den schönen Pfau von der Speisekarte – die raffinierten Rezepte wurden einfach auf den Truthahn übertragen.

Die *carni alternative* vom Geflügelhof haben in vielen Stadt- und Landhaushalten Einzug gehalten, da sie mit ihrem hohen Eiweiß- und geringen Fettanteil den Erfordernissen moderner Ernährung entsprechen und wesentlich preiswerter sind als die der großen Stalltiere. Favorit ist dabei das Huhn geblieben, dessen Verbrauch trotz ständig wachsender Nachfrage fast ganz aus dem Inland gedeckt werden kann. Natürlich erfolgt die Aufzucht auch in Italien zum großen Teil in Hühnerfarmen, in denen aber Futter und Freiraum, ähnlich wie in Frankreich strengen Qualitätskontrollen unterliegen. Kochbegeisterte Hausfrauen bevorzugen jedoch nach wie vor ein *ruspante*, ein körnergefüttertes Freilandhuhn, das vor allem auf den Märkten noch überall angeboten wird. Das junge fleischige Huhn wird entweder im ganzen am Spieß gebraten oder gefüllt im Backofen zubereitet. Weit häufiger zerlegt man das Huhn jedoch in Portionsteile und schmort diese in der Pfanne oder im Backofen. Jede Provinz hat für das beliebte Geflügel eigene, delikate Rezept-Varianten. Angebraten wird fast immer mit Olivenöl, und selten fehlen ein paar Tomaten, doch dann kommen Gemüse hinzu, Pilze aus den Wäldern und Kräuter, Knoblauch oder scharfe Pfefferschoten und meistens ein Schuß von dem gleichen Wein, der später bei Tisch zu den fertigen Gerichten getrunken wird. Übrigens lassen sich fast alle diese Hühnerrezepte mit Kaninchen nacharbeiten. Ihr zartes, mageres Fleisch gilt es bei uns noch zu entdecken.

Die italienischen Feinschmecker wissen das Perlhuhn mit seinem leichten Wildgeschmack besonders zu schätzen, kennen die delikatesten Rezepte dafür.

Als Weihnachtsbraten gilt der mit Kastanien gefüllte Truthahn in ganz Italien als obligatorisch. In der Emilia ist sein zartes Fleisch so beliebt, daß das ganze Jahr über Schnitzel von Putenbrust auf der Speisekarte stehen, ob paniert, mit Schinken gefüllt oder mit Käse gebacken.

Enten werden vor allem in Venetien und in der Toskana zubereitet. Die Florentiner weisen gerne darauf hin, daß das Originalrezept für ihre *anatra all'arancia*, der Ente mit dem Duft der Orangen, von Katharina von Medici nach Frankreich gebracht und dort weltberühmt wurde.

Wildgeflügel wie Fasan, Rebhuhn, Wildenten, Wildtauben – und leider auch Singvögel – werden zur Jagdsaison noch viel geschossen, ebenso Hasen und Wildschweine. Je nach Größe und Alter kommen sie als Braten auf den Tisch oder auch als *civet*, einem langsam in Wein geschmorten, pikant gewürzten Ragout, zu dem gerne Polenta serviert wird.

Geflügel & Wild

Pollame e selvaggina

FASAN MIT TRÜFFELN

Fagiano alla crema tartufato

Zubereitungszeit: 1 Stunde
den gefüllten Fasan 1 Nacht kühlstellen
Pro Portion: 830 Kalorien

1 junger Fasan (besser eine
Fasanenhenne) mit Leber
1 schwarze Trüffel (30 g)
100 g Schinkenspeck
Salz
4 Scheiben fetter Speck
3 EL Butter
1 Zweig Rosmarin
einige Salbeiblättchen
1 Knoblauchzehe
1 Gläschen (5 cl) Grappa
1 Glas (1 dl) Weißwein
1/8 l Fleischbrühe aus Extrakt
1 /8 l Crème fraîche

Den Fasan sorgfältig waschen und abtrocknen. Die Trüffel putzen und in kleine Würfel schneiden, den Schinkenspeck fein hacken. Trüffel und Schinkenspeck miteinander vermischen.
Den Fasan innen und außen mit Salz einreiben und die Schinkenfüllung in das Innere geben. Den Fasan mit den Speckscheiben umwickeln und diese mit einem Baumwollfaden befestigen. Den Fasan in einem verschlossenen Topf eine Nacht kühlstellen, damit der Duft des Trüffels das Fleisch des Fasans ganz durchdringt.
Die Butter in einem Bratentopf erhitzen,
Rosmarin, Salbei und die abgezogene Knoblauchzehe hinzufügen und den Fasan darin von allen Seiten anbraten. Den Grappa und, wenn dieser verdampft ist, etwas Wein dazugießen.
Zugedeckt im Backofen bei mittlerer Hitze (200 °C) in etwa 40 Minuten gar braten, dabei hin und wieder mit dem Bratensaft begießen. Wenn nötig, auch noch etwas Wein nachgießen.
Den Fasan aus dem Topf nehmen und warmstellen. Die Knoblauchzehe und den Rosmarinzweig entfernen.
Die Fasanenleber fein hacken und in dem Bratensatz anbraten. Mit dem restlichen Wein und der Fleischbrühe aufgießen. Die Sauce etwas einkochen lassen, die Crème fraîche hinzufügen und erneut einkochen lassen. Es soll eine Sauce von cremiger Konsistenz entstehen.
Den Fasan in 4 Teile zerlegen und mit der Füllung auf einer Platte anrichten. Etwas Sauce darübergeben, die restliche Sauce getrennt dazu reichen.

Beilage: Kartoffelpüree
Empfohlener Wein: ein edler Rotwein wie ein Barolo aus Piemont

Die heimischen Wälder Norditaliens von Piemont bis in die Toskana liefern noch immer reichlich Fasane. Da Jagd- und Trüffelsaison dicht beieinanderliegen, wird der edle Vogel gerne mit Trüffelfüllung zubereitet oder zumindest beim Servieren mit gehobelten Scheiben von frischen Trüffeln zusätzlich parfümiert.

ENTENRAGOUT VENEZIANISCHE ART

Anatra in salmì

Zubereitungszeit: 30 Minuten
Kochzeit: 2 Stunden
Pro Portion: 1125 Kalorien

1 junge Ente (ca. 1,5 kg) mit Innereien
1 große Zwiebel
2 EL Olivenöl
2–3 Gewürznelken
einige Salbeiblättchen
1 Zweig Rosmarin
Salz
schwarzer Pfeffer
1 Gläschen (5 cl) Marsalawein
1 Gläschen (5 cl) trockener Weißwein
100 g schwarze Oliven
Saft von 1/2 Orange
1 EL Butter
4 Scheiben Weißbrot

Die Ente waschen, mit Küchenpapier abtrocknen und in 8 Stücke schneiden.
Die Entenleber und das Herz in feine Stücke schneiden, die Zwiebel in Streifen. Das Öl in einem Schmortopf erhitzen, die Zwiebel und die Innereien hinzufügen und anrösten. Dann die Entenstücke, die Nelken und Kräuter hinzugeben und das Geflügel von allen Seiten leicht anbraten.
Mit Salz und frischgemahlenem Pfeffer würzen, mit Marsala und Wein aufgießen und zugedeckt bei leichter Hitze 2 Stunden schmoren lassen, bis das Entenfleisch weich ist und sich leicht von den Knochen lösen läßt. Die Oliven und den Orangensaft hinzufügen und noch ein paarmal aufkochen lassen.
Die Butter in einer Pfanne erhitzen. Das Weißbrot in Dreiecke schneiden und in der Butter hellgelb anrösten.
Das Entenragout auf eine Platte geben und mit den Brotdreiecken garnieren.

Beilage: Reis
Empfohlener Wein: ein körperreicher, nicht zu junger Rotwein

JUNGE TAUBEN MIT SCHWARZEN OLIVEN

Piccione con olive nere

Zubereitungszeit: 30 Minuten
Pro Portion: 760 Kalorien

4 junge Tauben
Salz
2 Zwiebeln
80 g Butter
1 Glas (1 dl) getrockneter Weißwein
150 g schwarze Oliven

Die Täubchen ausnehmen, von Kopf und Füßen befreien und waschen. Mit Küchenpapier trockentupfen und innen leicht salzen.
Die Zwiebeln in feine Scheibchen schneiden. Die Hälfte der Butter in einem Schmortopf erhitzen und die Zwiebelscheiben darin glasig braten. Die Täubchen hinzufügen und unter Wenden anbraten.
Mit dem Wein aufgießen und den Topf zugedeckt in den vorgeheizten Backofen geben. Die Tauben bei mittlerer Hitze (200 °C) 15 Minuten schmoren lassen. Herausnehmen und warmstellen.
Die Oliven entkernen. Den Bratensaft durch ein Sieb in eine Kasserolle geben, die Oliven hinzufügen und die Sauce erhitzen. Zum Schluß die restliche Butter in Flöckchen unter die Sauce rühren, sie darf nun nicht mehr kochen.
Die Täubchen halbieren und auf 4 Tellern anrichten. Die heiße Olivensauce darübergeben.

Empfohlener Wein: dergleiche trockene Weißwein, der für die Zubereitung der Tauben verwendet wurde, wie ein Pinot bianco aus Friaul

GESCHMORTES HUHN MIT OLIVEN

Pollo con le olive

Zubereitungszeit: 1 Stunde
Pro Portion: 1280 Kalorien

1 junges, fleischiges Huhn
5 EL Olivenöl
2 Knoblauchzehen
einige Salbeiblätter
Salz
4 Tomaten
1 Glas (1 dl) Weißwein
100 g schwarze Oliven
schwarzer Pfeffer

Das Huhn waschen und mit Küchenpapier abtrocknen. Mit einer Geflügelschere in 10–12 Teile zerschneiden, dabei das Rückgrat herausschneiden.
Das Öl in einem Schmortopf erhitzen, die Knoblauchzehen darin hellgelb anrösten und wieder herausnehmen. Die Hühnerstücke und die Salbeiblätter in die Pfanne geben und das Fleisch von allen Seiten goldbraun braten. Salzen.
Die Tomaten mit kochendem Wasser überbrühen, abziehen und in Stückchen schneiden, dabei das harte gelbe Mark zurücklassen. Zu dem Huhn geben und andünsten. Mit etwas Wein aufgießen, wenn die Tomaten anzusetzen beginnen.
Die Oliven in Streifen schneiden und nach etwa 15 Minuten hinzufügen. Weitere 15 Minuten braten lassen und dabei hin und wieder etwas Wein hinzugießen. Das Huhn soll in der Sauce nicht schmoren, sondern die ganze Zeit leicht gebraten werden. Mit frischgemahlenem Pfeffer abschmecken.

Beilage: Wildreis
Empfohlener Wein: ein blumiger, trockener Weißwein wie ein Pomino aus der Toskana

HUHN SCHARF GEWÜRZT

Pollo all'arrabbiata

Zubereitungszeit: 1 Stunde
Pro Portion: 650 Kalorien

1 junges, fleischiges Huhn
100 g durchwachsener Speck
1 Zwiebel
1 Knoblauchzehe
4 EL Olivenöl
1 Stückchen scharfe Pfefferschote
Salz
500 g Tomaten
einige Basilikumblätter
1/8 l Fleischbrühe aus Extrakt oder trockener Weißwein

Das Huhn waschen, abtrocknen und mit einer Geflügelschere in 10–12 Teile schneiden. Den Speck und die Zwiebel in Würfel schneiden, die Knoblauchzehe abziehen.
Das Olivenöl in einem Schmortopf erhitzen und Speck- und Zwiebelwürfel, Knoblauch und Pfefferschote darin anbraten. Die Hühnerstücke hinzugeben und von allen Seiten knusprig braun braten. Salzen.
Die Tomaten mit kochendem Wasser überbrühen, abziehen und in Stückchen schneiden, dabei das harte gelbe Mark entfernen. Die Basilikumblätter mit einer Schere streifig schneiden und mit den Tomatenstückchen zu dem Huhn geben. Alles etwa 30 Minuten schmoren, dabei hin und wieder etwas Brühe oder Wein nachgießen, damit die Tomaten nicht ansetzen. Vor dem Auftragen die Knoblauchzehe und die Pfefferschote aus dem Hühnergericht herausfischen.
Die Größe der Pfefferschote richtet sich danach, wie scharf das „rabiate" Huhn sein soll.

Beilage: frisches Weißbrot
Empfohlener Wein: ein lebendiger, trockener Rotwein wie ein Freisa aus dem Piemont

Junges Huhn auf römische Art

JUNGES HUHN AUF RÖMISCHE ART

Pollo alla romana

Zubereitungszeit: 1 Stunde
Pro Portion: 1020 Kalorien

1 junges, fleischiges Huhn
6 EL Olivenöl
1 Knoblauchzehe
Salz
schwarzer Pfeffer
2 Zweige frischer Rosmarin
400 g Tomaten
1 Glas (1 dl) Weißwein
evtl. 3 Paprikaschoten

Das Huhn waschen und mit Küchenpapier abtrocknen. Mit einer Geflügelschere in 10–12 Teile zerschneiden, dabei das Rückgrat herausschneiden.
Das Öl in einer tiefen Pfanne erhitzen und die Knoblauchzehe darin anrösten. Die Hühnerstücke hinzufügen und von allen Seiten knusprig braun braten. Salzen, mit grobgemahlenem Pfeffer würzen und die Rosmarinzweige hinzufügen. Bei starker Hitze unter gelegentlichem Wenden 10 Minuten weiterbraten.
Die Tomaten mit kochendem Wasser überbrühen, abziehen und in kleine Stückchen schneiden, dabei das harte gelbe Mark entfernen. Die Tomatenstückchen zu dem Geflügel geben und in weiteren 15 Minuten gar schmoren lassen, bis sich das Hühnerfleisch leicht von den Knochen lösen läßt. Wenn die Tomaten anzusetzen beginnen, mit etwas Wein aufgießen.

Vor dem Auftragen werden die Rosmarinzweige und die Knoblauchzehe aus dem Hühnergericht herausgefischt.
Man kann noch 3 rote oder gelbe Paprikaschoten hinzufügen. Diese werden halbiert, entkernt, gewaschen und in Streifen geschnitten. Wenn die Hühnerteile angebraten sind, die Paprikastreifen hinzufügen und etwas durchrösten, bevor man die Tomaten hinzufügt.

Beilage: geviertelte, in Öl gebratene und mit Rosmarinnadeln gewürzte Kartoffeln oder frisches Weißbrot
Empfohlener Wein: ein leichter, frischer Weißwein wie ein Frascati aus Latium

Dieses Rezept ist ebenso einfach in der Zubereitet wie delikat. Wenn ich eine größere Anzahl von Gästen erwarte, verdopple ich das Rezept, brate die Hühnerteile in einer großen Eisenpfanne mit seitlichen Griffen und stelle das Gericht gleich so auf den Tisch. Das wichtigste bei der Zubereitung: immer nur mit wenig Wein aufgießen, das Hühnerfleisch soll am Ende der Bratzeit mit einer öligen Tomatencreme überzogen sein, nicht mit Sauce.
Das würzige Huhn schmeckt warm aber auch kalt sehr gut – die Italiener nehmen es deshalb auch gerne mit zu einem sommerlichen Picknick auf dem Land.
Wir nennen es zu Hause übrigens »Huhn nach der Via Appia«, weil wir dieses typisch römische Gericht dort vor 30 Jahren zum ersten Mal gegessen haben.

HUHN MIT PILZEN

Pollo alla cacciatora

Zubereitungszeit: 45 Minuten
Pro Portion: 805 Kalorien

1 junges, fleischiges Huhn
1 kleine Zwiebel
1 Knoblauchzehe
1 Stückchen Stangensellerie
1 Möhre
4 EL Olivenöl
1/2 Lorbeerblatt
Salz
einige Blättchen Rosmarin
200 g Champignons
1 Gläschen (5 cl) trockener Weißwein
schwarzer Pfeffer
1 EL gehackte Petersilie

Das Huhn waschen und mit Küchenpapier abtrocknen. Mit einer Geflügelschere in 8 Teile zerlegen, dabei das Rückgrat herausschneiden. Die Zwiebel in Würfel schneiden, die Knoblauchzehe fein hacken. Sellerie und Möhre putzen und in feine Streifen schneiden.
Das Öl in einer tiefen Pfanne erhitzen und das Gemüse darin anrösten. Die Hühnerstücke hinzufügen und von allen Seiten goldgelb braten. Salzen und die Gewürze hinzufügen.
Die Champignons einzeln unter fließendem Wasser gründlich waschen, abtrocknen und in Scheibchen schneiden. Zu den Hühnerstücken geben, kurz mit anbraten und mit dem Wein aufgießen. Das Hühnerfleisch in etwa 30 Minuten weich dünsten. Wenn der Wein verdampft ist, noch etwas Wasser nachgießen. Zum Schluß mit frischgemahlenem Pfeffer würzen und mit der Petersilie bestreuen.

Beilage: ein buntes Gemüse, gemischt aus Paprikaschoten, Zwiebeln, Tomaten und Kartoffeln
Empfohlener Wein: ein fruchtiger, reicher Weißwein wie ein Chardonnay aus Südtirol

Für das Huhn auf Jägerinnen Art gibt es in Italien die verschiedensten Rezepte. In der Emilia z.B. nimmt man noch streifig geschnittenen Speck hinzu, läßt dafür aber die Champignons weg. In Sizilien werden die Champignons durch Würfel von Auberginen ersetzt, in Umbrien dagegen durch 2 feingehackte Sardellen, Kapern und Zitronensaft.

HUHN MIT NUSSFÜLLUNG

Pollo ripieno alla trentina

Zubereitungszeit: 30 Minuten
Garzeit: 1 Stunde 30 Minuten
Pro Portion: 995 Kalorien

1 junges, fleischiges Huhn oder eine Poularde mit Leber und Herz
Salz
60 g frischgemahlene Semmelbrösel
1/8 l Milch
100 g Walnüsse oder Haselnüsse
50 g Pinienkerne
50 g Rindermark
2 Eigelb
2 EL frischgeriebener Parmesan
schwarzer Pfeffer
evtl. 50 g Butter und
1 Gläschen (5 cl) Weißwein

Das Huhn waschen und mit Küchenpapier abtrocknen. Innen und außen mit Salz einreiben. Die Semmelbrösel in der Milch einweichen.
Die Walnüsse und Pinienkerne durch die Mandelmühle drehen oder sehr fein hacken. Leber und Herz sowie das Rindermark fein wiegen. Alle Zutaten mit Eigelb und Parmesan zu einer Füllung vermi-

schen. Herzhaft mit Salz und frischgemahlenem Pfeffer abschmecken.

Die Füllung in das Huhn geben und das Huhn mit einem Baumwollfaden zunähen. In einen Topf mit Salzwasser geben und das Huhn bei schwacher Hitze in 1 Stunde 30 Minuten gar kochen.

Man kann das Huhn auch – wie auf der Farbaufnahme – im Ofen braten. Dazu 50 g Butter erhitzen und das Huhn darin von allen Seiten leicht anbräunen. Dann in den vorgeheizten Backofen geben und bei mittlerer Hitze (200 °C) in 1 Stunde knusprig braun braten. Dabei hin und wieder mit dem austretenden Bratensaft und etwas Wein begießen.

Beilage: junge Zuckerschoten und Möhrenscheiben
Empfohlener Wein: ein würziger Weißwein wie ein Traminer Aromatico aus dem Trentino

Huhn mit Nußfüllung

PERLHUHN AUF HÖFISCHE ART

Faraona all' Estense

Zubereitungszeit: 1 Stunde 15 Minuten
Pro Portion: 825 Kalorien

1 Perlhuhn (ca. 1,8 kg)
Salz
schwarzer Pfeffer
60 g Butter
1 Perlhuhnleber oder 100 g Geflügelleber
1 Markknochen
6 EL Fleischbrühe aus Extrakt
20 g kandierte Orangenschale
4 entsteinte, eingeweichte Backpflaumen
1 Zweig Thymian
1 Gewürznelke
etwas Zimt
1 Gläschen (5 cl) Grappa

Das Perlhuhn waschen und mit Küchenpapier abtrocknen. Mit Salz und frischgemahlenem Pfeffer einreiben.
Die Butter in einem Schmortopf erhitzen
und das Perlhuhn darin von allen Seiten
goldbraun anbraten. Den Topf mit einem
Deckel verschließen, zusätzlich mit Alufolie abdichten und das Perlhuhn im vorgeheizten Backofen bei mittlerer Hitze
(200 °C) in 40 Minuten gar braten.
Die Leber putzen und in kleine Stücke
schneiden, das Mark aus dem Knochen lösen und fein hacken.
Das Perlhuhn aus dem Topf nehmen und
warmstellen. Den Bratensaft mit der
Fleischbrühe aufkochen und entfetten.
Das Mark in einer Pfanne zerlassen und
die Leberstückchen darin kurz anbraten.
Die Orangenschale und die Backpflaumen
in kleine Stückchen schneiden und mit
dem Thymian und den Gewürzen in die
Pfanne geben. Wenige Minuten durchziehen lassen.
Mit Bratensaft und Grappa aufgießen und
alles kurz aufkochen lassen. In den Mixer
geben und zu einer cremigen Sauce verarbeiten. Noch einmal kurz erwärmen und
mit Salz und frischgemahlenem Pfeffer abschmecken.
Das Perlhuhn tranchieren und auf eine
vorgewärmte Platte geben. Mit der Sauce
überziehen.

Beilage: Kastanienreis
Empfohlener Wein: ein samtiger Rotwein
wie ein Carema aus Piemont

Dieses alte Rezept stammt vom Hofe der
Este-Herzöge von Ferrara und wurde
mit Pfauen zubereitet. Ein römischer Koch
bietet einmal im Jahr das Originalrezept
an – in der restlichen Zeit des Jahres begnügt auch er sich mit Perlhuhn, das, nach
dem vorliegenden alten Rezept zubereitet,
vorzüglich schmeckt.

HÜHNERRAGOUT MARENGO

Pollo alla Marengo

Zubereitungszeit: 1 Stunde
Pro Portion: 1010 Kalorien

1 junges, fleischiges Huhn
4 EL Olivenöl
Salz
1 Zwiebel
1 Knoblauchzehe
4 Tomaten
150 g Champignons
1/8 l Weißwein
2 EL entsteinte grüne Oliven
schwarzer Pfeffer
evtl. etwas Fleischbrühe aus Extrakt
Butter zum Braten
4 Scheiben Toastbrot
4 Eier

Das Huhn waschen und mit Küchenpapier abtrocknen. Mit einer Geflügelschere in 8 Teile zerlegen, dabei das Rückgrat herausschneiden.

Das Öl in einem Schmortopf erhitzen und die Hühnerstücke darin von allen Seiten goldbraun anbraten. Salzen und aus dem Topf nehmen.

Die Zwiebel in Würfel schneiden, die Knoblauchzehe zerdrücken. Die Tomaten mit kochendem Wasser überbrühen, abziehen und in Stücke schneiden, dabei das harte gelbe Mark entfernen.

Die Zwiebelwürfel und den Knoblauch in das Öl geben und glasig braten. Die Tomatenstückchen hinzufügen und 5 Minuten schmoren lassen.

Die Champignons einzeln unter fließendem Wasser waschen, die Stielenden abschneiden und die Champignons in Scheiben schneiden. Zu den Tomaten geben und bei starker Hitze 5 Minuten schmoren lassen. Die Hühnerteile wieder in den Topf geben und mit dem Wein aufgießen. Die Oliven hinzufügen und das Hühnerragout bei leichter Hitze zugedeckt in 45 Minuten gar schmoren. Mit Salz und frischgemahlenem Pfeffer abschmecken. Mit etwas Fleischbrühe aufgießen, wenn das Ragout anzusetzen beginnt.

In einer Pfanne etwas Butter erhitzen und die Brotscheiben darin goldbraun braten. Die Eier ebenfalls in etwas Butter zu Spiegeleiern braten.

Das Hühnerragout auf einer heißen Platte auf den Brotscheiben anrichten und mit den Spiegeleiern garnieren.

Empfohlener Wein: ein trockener Rotwein wie ein Barbaresco aus Piemont

Wenn das Hühnerragout Marengo besonders nobel angerichtet werden soll, gibt man noch für jeden Gast 2 gekochte Krebsschwänze an das Ragout.

GEFLÜGELLEBER MIT SCHINKEN UND SALBEI

Fegato di pollo alla toscana

Zubereitungszeit: 20 Minuten
Pro Portion: 385 Kalorien

500 g Hühnerleber
2 EL Olivenöl
3 EL Butter
einige Salbeiblätter
1 EL Mehl
Salz
schwarzer Pfeffer
60 g geräucherter Schinken
1 Gläschen (5 cl) trockener Weißwein

Die Hühnerlebern von Fett und Sehnen befreien und halbieren. Waschen und mit Küchenpapier trockentupfen.

Das Öl und 1 Eßlöffel Butter in einer Pfanne erhitzen. Die Salbeiblätter in dem heißen Fett leicht anbraten. Das Mehl mit Salz und Pfeffer auf einem Teller vermischen, die Lebern darin wenden, überflüssiges Mehl abklopfen. Die Leberstückchen in der Pfanne von allen Seiten bei starker Hitze kurz braten, sie sollen innen noch leicht rosig sein. Aus der Pfanne nehmen und warmstellen.

Den Schinken in feine Streifen schneiden und in der Pfanne leicht schwenken. Mit dem Wein aufgießen und kurz einkochen lassen. Von der Kochstelle nehmen und die restliche Butter in kleinen Flöckchen unter die Sauce rühren, sie darf nicht mehr kochen.

Die Leberstückchen auf Tellern anrichten und mit der Sauce begießen.

Beilage: Polenta
Empfohlener Wein: ein frischer, leichter Rotwein wie ein Rosso Piceno aus den Marken

GEFÜLLTE PUTE

Tacchinella ripiena con castagne

Zubereitungszeit: 2 Stunden 30 Minuten
Pro Portion: 1645 Kalorien

1 junge Babypute (ca. 1,5 kg)
Salz
schwarzer Pfeffer
150 g Butter
1 Zweig Rosmarin
einige Salbeiblätter
1 Möhre
1 Selleriestange
1 Zwiebel
1/8 l Weißwein
FÜLLUNG
200 g Putenfleisch
200 g Schweinefleisch
50 g Sahne
1/2 Eiweiß
Salz
schwarzer Pfeffer
100 g durchwachsener Speck
20 g schwarze Trüffel
30 g Rosinen
100 g glasierte Kastanien (Konserve)
etwas Butter
30 g Walnüsse
GARNITUR
16 kleine Zwiebelchen
60 g Butter
9 gekochte Kastanien
1 Prise Zucker
1 Glas Senffrüchte

Für die Füllung das Puten- und Schweinefleisch in kleine Stücke schneiden und in die Küchenmaschine geben. Die Sahne und das Eiweiß hinzufügen. Salzen und pfeffern. Alles fein pürieren und die Farce in eine Schüssel geben.

Den Speck und die Trüffel in kleine Würfel schneiden. Die Rosinen mit Wasser bedeckt einweichen, dann auf ein Sieb geben und gut abtropfen lassen.

In einer Kasserolle die Kastanien in etwas Butter erhitzen. Mit den Walnüssen, dem Speck, den Trüffeln und den Rosinen zu der Fleischfarce geben. Alles gut miteinander vermischen und durchziehen lassen.

Die Pute innen und außen waschen und mit Küchenpapier abtrocknen. Innen und außen herzhaft mit Salz und frischgemahlenem Pfeffer einreiben. Die Halsöffnung mit einem Baumwollfaden zunähen, die Füllung in die Pute geben und diese Öffnung ebenfalls zunähen.

In einem großen Bratentopf 100 g Butter erhitzen und den Rosmarinzweig und die Salbeiblätter hinzufügen. Die Pute hineingeben und von allen Seiten anbraten. Möhre, Selleriestange und Zwiebel putzen, in Streifen schneiden und hinzufügen. Kurz durchschmoren lassen und mit dem Wein ablöschen.

Den Schmortopf in den vorgeheizten Backofen stellen und die Pute bei schwacher Hitze (170 °C) 1/2–2 Stunden braten lassen. Wenn nötig, etwas Wasser nachgießen.

In der Bratzeit die Garnitur herstellen. Dafür die kleinen Zwiebeln schälen. Die Butter in einer kleinen Pfanne erhitzen und die Zwiebeln darin weich schmoren. Zum Schluß die Kastanien und eine Prise Zucker hinzufügen und Zwiebeln und Kastanien glasieren lassen.

Die Pute aus dem Topf nehmen und warmstellen. Den Bratensaft durch ein Sieb in eine Kasserolle geben und die restliche Butter in kleinen Flöckchen mit einem Schneebesen unterrühren, die Sauce darf nun nicht mehr kochen.

Die Pute tranchieren und auf einer vorgewärmten Platte anrichten. Mit den Zwiebelchen, den Kastanien und den Senffrüchten garnieren. Die Sauce getrennt dazu reichen.

Beilage: oval geschnittene, gekochte und in Butter geschwenkte Salzkartoffeln
Empfohlener Wein: ein reifer, bukettreicher Rotwein wie ein Sassella aus der Lombardei

PUTENSCHNITZEL BOLOGNESER ART

Petti di tacchino alla bolognese

Zubereitungszeit: 25 Minuten
Pro Portion: 565 Kalorien

4 Putenschnitzel (je 125 g)
Salz
1 EL Mehl
1 Ei
4 EL Semmelbrösel
4 EL Butter
1 kleine Zwiebel
4 Tomaten
einige Blättchen Rosmarin
4 dünne Scheiben roher Schinken
4 dünne Scheiben Grana oder Parmesan
schwarzer Pfeffer

Die Putenschnitzel leicht flach klopfen, mit Salz einreiben und in dem Mehl wenden, überflüssiges Mehl abklopfen. Das Ei in einem tiefen Teller gründlich mit einer Gabel verschlagen. Auf einen zweiten Teller die Semmelbrösel geben.

2 Eßlöffel Butter in einer Pfanne mit Deckel erhitzen. Die Putenschnitzel zuerst in dem Ei und dann in den Semmelbröseln wenden. In der Butter von beiden Seiten bei nicht zu starker Hitze goldgelb backen.
In der Zwischenzeit die Zwiebel in Würfel schneiden. Die Tomaten mit kochendem Wasser überbrühen, abziehen und in Stückchen schneiden, dabei das harte gelbe Mark zurücklassen.
Die restliche Butter in einer zweiten Pfanne erhitzen und die Zwiebelwürfel darin glasig braten. Die Tomatenstückchen und den Rosmarin hinzufügen und schmoren lassen, bis eine dickliche Tomatensauce entsteht.
Auf die Putenschnitzel je eine Scheibe Schinken und Käse legen. Den Deckel auf die Pfanne geben und den Käse bei leichter Hitze schmelzen lassen.
Die Schnitzel auf Teller geben und je einen Löffel der dicken Tomatensauce daraufsetzen.
In der sahnefreudigen Emilia wird die Tomatensauce auch gerne mit etwas dicker Sahne sanft eingekocht.

Beilage: junge Erbsen mit Minze
Empfohlener Wein: ein fruchtiger Rotwein wie ein Sangiovese aus der Romagna

Putenfleisch ist in der emilianischen Küche besonders beliebt, vor allem als Schnitzel für Pfannengerichte. Man kann auch zwei dünne Putenschnitzel mit je einer Scheibe Käse und Schinken zusammensetzen und dann panieren und braten.

GEMÜSE & SALATE

Verdure e insalate

Im „Land, wo die Zitronen blühen" reifen unter der südlichen Sonne auch Gemüse in einer ungewöhnlichen Vielfalt an Sorten, Farben und Geschmacksrichtungen. Sie werden auf den Märkten mit südlichem Schönheitssinn zur Schau gestellt. Kein Wunder - Gemüse spielen in der *cucina italiana* eine wichtige Rolle. Jede Sorte hat ihre Saison, wird also nur während ihrer natürlichen Reifezeit angeboten, wenn sie ihren höchsten Wohlgeschmack erreicht. Immer ist irgendwo Erntezeit. Wenn in der Provinz Treviso der letzte winterliche Radicchio geerntet wird, sind in Sizilien längst die zarten *primizie*, die Frühlingsgemüse, auf dem Markt.

Im Frühling triumphieren die kleinen violetten Artischocken aus Ligurien und Sizilien. Sie sind so zart, daß man sie nach dem Entfernen der stacheligen Spitzen, hauchdünn in Scheiben geschnitten, roh unter knackige Salatblätter mischt oder auch halbiert oder geviertelt in Olivenöl und Kräutern gar schmort. Die etwas später auf den Markt kommenden römischen Artischocken sind dicker, runder und ohne Stacheln. Sie werden im ganzen, mit Knoblauch und Petersilie gewürzt, in Öl und Wasser gegart oder in brodelndem Olivenöl ausgebacken. Artischocken gehörten zu den heimischen Delikatessen, die Katharina von Medici mit nach Frankreich brachte und die bei Hofe auf keinem Bankett fehlen durften. Die meisten der in Italien angebotenen Spargel haben grüne Köpfe und sind nicht so gerade und stramm gewachsen wie deutsche Spargel. Wer sich aber einmal an ihren herzhaften Geschmack und die Bißfestigkeit gewöhnt und sie mit in Butter geschmolzenem Parmesan übergossen und einem dotterweichen Ei serviert genossen hat, wird sie nicht mehr missen wollen. Der berühmte zarte weiße Spargel aus Bassano (Venetien) trägt an jedem Bündel ein metallenes Gütesiegel und die Bezeichnung D.O.C., mit dem sich sonst nur geprüfte Weine schmücken.

Die Erntezeit der winzigen, zarten Erbsen, der *piselli*, ist sehr kurz. Besonders delikat sind die Zuckererbsen, wenn sie mit Streifen von Parmaschinken und Butter gedünstet sind und als separater Gang auf den Tisch kommen. Nur mit ihnen kann man einen echten Risotto *risi e bisi* zubereiten. Diese Speise wurde dem Dogen von Venedig jahrhundertelang am 25. April, dem Markus-Tag, als erstem serviert.

Zu den frühlingshaften Vorspeisen gehören auch die zarten Zucchiniblüten, die, in leichten Teig gehüllt und in Olivenöl ausgebacken oder gedämpft mit einer Mascarponecreme gefüllt, serviert werden. Aber auch die Zucchini selbst sind, besonders wenn noch klein und zart, eine Delikatesse. Das ganze Jahr über beliebt ist Spinat, der fast immer als Blattspinat serviert wird. Genueser und Neapolitaner geben an das etwas bittere Gemüse gern ein paar Rosinen und Pinienkerne. Unentbehrlich ist den Ligurern der Spinat für ihre saftigen Gemüsetorten. Die grünen Bohnen werden im Sommer geerntet, solange sie noch winzig klein und knackig sind. Rot, grün und gelb leuchten die prallen Paprikaschoten auf den Wochenmärkten. Die Mehrzahl der Rezepte stammt aus dem Süden, und fast immer werden die Schoten in Olivenöl geschmort. Pikante Würze sind vor allem Sardellen und Kapern. Aus der gleichen Familie stammen die höllisch scharfen kleinen Pfefferschoten, *peperoncini*, nicht zu unrecht auch *diavoletti*, Teufelchen, genannt, die - frisch oder getrocknet einem sanften Tomatengericht beigefügt - dem Esser den Schweiß auf die Stirne treiben. Die glänzenden lilafarbenen Auberginen, die *melanzane*, die im Rohzustand fast neutral schmecken, werden in Öl ausgebacken oder gebraten zu einem delikaten Gemüse. Sie sind auch Hauptzutat so mancher delikaten Gerichte der italienischen Küche wie *parmigiana di melanzane* (überbackene Auberginen mit Parmesan und Mozzarella) oder *pasta alla Norma* (Spaghetti mit Auberginen und Ricotta).

Zur Mitte des Sommers erscheinen endlich, von Hausfrauen und Köchen gleichermaßen sehnsüchtig erwartet, die sonnengereiften Tomaten auf den Märkten. Ihr leuchtendes Rot gibt den *sughi* für die Pasta die richtige Farbe, und ihre säuerlich fruchtige Süße verleiht vielen italienischen Gerichten ihren unverwechselbaren Wohlgeschmack. Im Winter verwendet man dagegen selbst eingemachte oder eingefrorene Pürees aus Sommertomaten oder die *pelati* (geschälte Tomaten) aus der Dose. Wenn die länglichen süditalienischen Tomaten im August den richtigen Reifegrad haben, unterbricht so manche Hausfrau den Familienurlaub für ein paar Tage und eilt an den heimatlichen Herd, um die geliebten *pomodori* winterfest zu konservieren.

Zu den besonders geschätzten Gemüsen gehören in Italien die Kerne frisch geernteter Bohnen, vor allem der rötlich marmorierten Borlottibohnen und der kleinen weißen Cannellibohnen aus der Toskana. Von dort stammen auch die besten Rezepte für ihre Zubereitung - besonders beliebt *all' uccelletto* mit viel Olivenöl, Tomaten und Salbei oder *al fiasco*, d.h. mit Olivenöl und Salbei in einer verschlossenen Flasche am Kamin oder im Ofen gegart, so daß auch nicht der geringste Wohlgeschmack entweichen kann.

Unter den Kohlsorten ist vor allem Wirsingkohl im Norden des Landes beliebt - Sauerkraut gilt als leicht exotische Südtiroler Spezialität. Je südlicher man kommt, desto beliebter sind die grünen Brokkoliröschen und die *cime di rapa*, winzige geschlossene Brokkoliblüten, deren Blätter und Stiele man ebenfalls mitkocht. In Apulien, der Basilikata und in Kalabrien wächst auch manches im Norden unbekannte Wildgemüse wie die bitter-pikanten *lamposcioli*, eine besondere Art der Gemüsezwiebel. Im übrigen gibt es von Venetien bis Sizilien Zwiebeln in den verschiedensten Größen, von wild bis scharf, die nicht nur als Geschmackszutat Verwendung finden. Mariniert, geschmort, gebraten, glasiert und gefüllt sind sie als selbständiges Gemüse hochgeschätzt. Der Herbst ist die Jahreszeit der Pilze, die vor allem im Norden Italiens noch immer in großen Mengen gesammelt und auf den Märkten angeboten werden. Die Italiener sind von jeher leidenschaftliche Pilzesser gewesen. Bekanntlich war es daher im antiken Rom nicht schwer, politische Gegner mit einem vergifteten Pilzgericht aus dem Weg zu räumen. Der beliebteste Pilz ist der Steinpilz, der *fungo porcino*, der in den Herbstmonaten auf keiner Speisekarte fehlt: roh als Vorspeise, *sott'olio* und *sott'aceto*, in Öl oder Essig mariniert, in Suppen, Pasta oder Risottogerichten, zu Polenta oder als selbständiges Pilzgericht. Außerhalb der Saison sind die getrockneten Steinpilze ein sehr akzeptabler Ersatz.

Zum Schluß noch ein Loblied auf den nobelsten, den geheimnisvollsten aller Pilze - die Trüffel. Ihr Gewicht - besonders das der weißen Trüffel von Alba - wird nahezu mit Gold aufgewogen. Nur in den niedrigen Mischwäldern um Alba (Piemont) werden die weißen Trüffel nachts von speziellen Trüffeljägern mit ihren abgerichteten Hunden unter der Erde aufgespürt. Um den Duft und die nußartige Konsistenz zu erhalten, wird die kostbare weiße Trüffel stets roh mit einem speziellen Hobel in hauchdünne Scheiben über das fertige Gericht gestreut (10 g pro Kopf ist die Norm, ob es sich um Carpaccio, Salat, ein Eiergericht, Pasta, Reis oder eine Fonduta handelt). Die schwarzen umbrischen Trüffel kommen aus der Gegend um Norcia. Sie sind robuster als die weißen, daher kochfest, und kommen reichlicher vor. Sie werden an Pasteten, Pastagerichte, Fleisch- und Fischspeisen gegeben und sind im übrigen wesentlich preiswerter als die weißen Trüffel.

211

GEMÜSE

Verdure

MÖHRENGEMÜSE MIT MARSALAWEIN

Carote al marsala

Zubereitungszeit: 25–45 Minuten
Pro Portion: 165 Kalorien

750 g Möhren
60 g Butter
1/2 Glas (5 cl) Marsalawein
Salz
frische Minze

Die Möhren gründlich abschaben, waschen und in pfennigdicke Scheiben schneiden. Die Butter in einem Topf mit dickem Boden zerlassen und die tropfnassen Möhrenscheiben darin 5 Minuten unter Schütteln des Topfes anschmoren.
Den Marsalawein und Salz hinzufügen. Die Möhren im zugedeckten Topf bei leichter Hitze je nach Alter der Möhren in 15–30 Minuten gar schmoren lassen. Den Topf während des Schmorens hin und wieder schütteln. Wenn alle Flüssigkeit verdampft ist und das Gemüse anzusetzen droht, mit 1–2 Eßlöffeln Wasser aufgießen. Vor dem Auftragen mit frischgeschnittenen Minzeblättern vermischen (kleine Blätter ganz lassen, große in Streifen schneiden).

PÜREE VON GROSSEN BOHNEN

Purè de fave pugliese

Zubereitungszeit: 40 Minuten
Pro Portion: 325 Kalorien

2 kg große Bohnen
(mit der Schale gewogen)
Salz
200 g Kartoffeln
1 Zweiglein Rosmarin
Oregano
4 EL Olivenöl extravergine
schwarzer Pfeffer
frisches Fenchelgrün oder frische Minze

Die Bohnen enthülsen. Die Bohnenkerne mit reichlich Wasser bedeckt kurz aufkochen lassen. Auf ein Sieb geben und abtropfen lassen. Die Bohnen in einem hohen Topf mit frischem Wasser bedecken, salzen und die geschälten, in Stückchen geschnittenen Kartoffeln, Rosmarin und etwas Oregano zugeben. Bei leichter Hitze (damit die Bohnen nicht ansetzen) etwa 25 Minuten kochen, bis die Bohnen ganz weich sind und das Wasser fast aufgesogen ist.
Das Gemüse durch ein Sieb streichen und mit einem Holzlöffel mit dem Öl zu einem glatten Püree verrühren. Mit wenig Salz und grobgemahlenem Pfeffer abschmekken und mit gehacktem Fenchelgrün oder Minze bestreuen.

TOSKANISCHE WEISSE BOHNEN IN DER FLASCHE

Fagioli cotti al fiasco

Zubereitungszeit: 25 Minuten
Bohnen über Nacht einweichen
Garzeit: 3 Stunden 30 Minuten
Pro Portion: 645 Kalorien

600 g frische weiße Bohnen
oder 300 g getrocknete weiße Bohnen
6 EL toskanisches Olivenöl extravergine
einige Salbeiblätter
2 Knoblauchzehen
Salz
schwarzer Pfeffer
AUSSERDEM
1 große Chiantiflasche

Getrocknete Bohnen über Nacht einweichen. Von einer 2 l-Chiantiflasche das umhüllende Stroh entfernen, die Flasche von innen sorgfältig waschen und die eingeweichten oder frischen Bohnen hineinfüllen. Öl, Salbeiblätter und Knoblauchzehen hinzufügen. Soviel Wasser aufgießen, daß die Flasche nicht mehr als 2/3 gefüllt ist. Mit einem Strohpfropfen oder einem Verschluß mit einem Loch in der Mitte verschließen und in den Backofen geben.
Die Bohnen bei schwacher Hitze (190 °C) in etwa 3 1/2 Stunden gar werden lassen, die Flüssigkeit soll zum Schluß ganz von den Bohnen aufgesogen sein. In eine Schüssel geben und dann erst salzen und mit frischgemahlenem Pfeffer bestreuen. Warm oder kalt servieren.

Die weißen Bohnen in der Flasche sind die klassische Beilage zu einem echten Florentiner Steak. Die Bohnen werden in der verschlossenen Flasche ganz von dem duftenden Olivenöl und den Salbeiblättern durchdrungen. Nach dem Originalrezept werden die *fagioli al fiasco* im heruntergebrannten Holzkohlenfeuer des Kamins oder des Grills gegart, aber auch im Backofen lassen sich die Bohnen gut zubereiten.

WEISSE BOHNEN MIT SALBEI

Fagioli all'uccelletto

Zubereitungszeit: 1 1/2–2 1/2 Stunden
getrocknete Bohnen über Nacht
einweichen
Pro Portion: 660 Kalorien

600 g frische oder 300 g getrocknete
weiße Bohnen
Salz
6 EL Olivenöl
2 Knoblauchzehen
6 frische Salbeiblätter
400 g reife Tomaten
schwarzer Pfeffer

Getrocknete Bohnen am Vortag einweichen. Eingeweichte oder frische Bohnen am nächsten Tag in leicht gesalzenem Wasser weich kochen. Auf einen Durchschlag schütten und abtropfen lassen. In der Kochzeit der Bohnen das Öl in einer hochwandigen Pfanne erhitzen. Die Knoblauchzehen darin goldgelb braten und wieder herausnehmen, die Salbeiblätter in dem Öl kurz anrösten.
Die Tomaten überbrühen, abziehen und in Stückchen schneiden, dabei das harte gelbe Mark zurücklassen. Abtropfen lassen und in die Pfanne geben. 5 Minuten durchschmoren lassen und die Bohnen hinzufügen. 10 Minuten bei leichter Hitze schmoren lassen und mit Salz und grobgemahlenem Pfeffer abschmecken.
In der Toskana rührt man vor dem Auftragen noch 2 Eßlöffel bestes Olivenöl extravergine unter das Bohnengemüse.

GEFÜLLTE AUBERGINEN APULISCHE ART

Melanzane ripiene

Zubereitungszeit: 1 Stunde 45 Minuten
Pro Portion: 640 Kalorien

4 mittelgroße Auberginen
Salz
1 Zwiebel
1 Knoblauchzehe
1/8 l Olivenöl
200 g Beefsteakhack
8 EL gekochter Reis
schwarzer Pfeffer
einige Safranfäden
einige Basilikumblätter
4 EL frischgeriebener Parmesan
SAUCE
1/2 Dose (400 g) geschälte Tomaten
1 EL Butter oder Olivenöl
50 g durchwachsener Speck
1 Zwiebel
1 Möhre
1 Selleriestange
1 EL gehackte Petersilie
1 Stück rote Pfefferschote
1 Nelke
Oregano
Salz
schwarzer Pfeffer
evtl. etwas Zucker

Die gewaschenen Auberginen der Länge nach durchschneiden und mit einem Löffel das Innere herausschaben, dabei einen 1 cm breiten Rand Fruchtfleisch stehen lassen. Mit Salz bestreuen.
Die Hälfte des Fruchtfleisches fein hakken. Die Zwiebel und den Knoblauch fein wiegen. In einer Pfanne 6 Eßlöffel von dem Olivenöl erhitzen und die Zwiebel und den Knoblauch darin glasig braten, das gehackte Auberginenfleisch hinzufügen und alles durchbraten, bis die Auberginen zu bräunen beginnen. Das Hackfleisch zerpflücken und mit dem Gemüsemark vermischen.
Mit dem Reis vermischen und herzhaft mit frischgemahlenem Pfeffer, Salz und Safran würzen. Die Basilikumblätter mit einer Schere streifig schneiden und unter die Füllung mischen.
Das herausgetretene, bittere Wasser aus den Auberginenhälften abgießen und die Füllung hineingeben. Mit dem geriebenen Parmesan bestreuen und reichlich Olivenöl darüberträufeln.
Das restliche Öl in eine flache, feuerfeste Form geben und die Auberginenhälften darin entweder sternförmig oder nebeneinander anordnen. In den vorgeheizten Backofen geben und bei mittlerer Hitze (200 °C) in etwa 50 Minuten gar backen.
In der Zwischenzeit die Tomatensauce zubereiten: Die Tomaten auf einem Sieb gut abtropfen lassen, den Saft auffangen, und die Tomaten in Stücke schneiden. Butter oder Öl in einer Pfanne erhitzen. Den Speck in Würfel schneiden und in dem zerlassenen Fett glasig braten. Die kleingeschnittene Zwiebel und die Möhre sowie den in Stückchen geschnittenen Sellerie und die Petersilie in dem Fett andünsten. Die Tomaten hinzugeben.
Mit der Pfefferschote, der Nelke und etwas Oregano würzen. Mit dem Saft der Tomaten übergießen und offen 20 Minuten kochen lassen. Die Sauce mit Salz und frischgemahlenem Pfeffer abschmecken. Wenn die Tomaten sehr säuerlich sind, mit einer Prise Zucker abrunden. Die Tomatensauce getrennt zu den Auberginen reichen. Im Sommer bereitet man die Tomatensauce aus frischen Tomaten zu.

ÜBERBACKENE AUBERGINEN

Parmigiana di melanzane

Zubereitungszeit: 1 Stunde 30 Minuten
Pro Portion: 595 Kalorien

1,5 kg Auberginen
Salz
1 kg reife Tomaten
1 mittelgroße Zwiebel
4 EL Olivenöl
einige frische Basilikumblätter
schwarzer Pfeffer
Mehl
Olivenöl zum Ausbacken
150 g frischgeriebener Parmesan
1 Kugel Mozzarella (150 g)
2 hartgekochte Eier

Die Auberginen waschen und der Länge nach in Scheiben schneiden. Auf eine Platte legen, mit Salz bestreuen, mit einem Teller bedecken, diesen mit einem Gewicht beschweren und das Gemüse eine halbe Stunde ziehen lassen.
In der Zwischenzeit die Tomaten mit kochendem Wasser überbrühen, abziehen und in kleine Stückchen schneiden, dabei das harte gelbe Mark entfernen. Die Zwiebel in Würfel schneiden.
Das Olivenöl in einer Pfanne erhitzen und die Zwiebelwürfel darin glasig braten. Die Tomatenstückchen sowie die mit einer Schere streifig geschnittenen Basilikumblätter hinzufügen und 10 Minuten kochen lassen, bis eine dickliche Sauce entsteht. Mit Salz und frischgemahlenem Pfeffer herzhaft abschmecken.
Von den Auberginen den ausgetretenen bitteren Saft abgießen, die Scheiben mit Küchenpapier abtrocknen und leicht in Mehl wenden. In einer tiefen Pfanne reichlich Olivenöl erhitzen und die Auberginen darin goldgelb ausbacken. Mit einem Schaumlöffel herausnehmen und auf saugfähigem Küchenpapier abtropfen lassen.

Eine flache, feuerfeste Form mit Öl ausstreichen, eine Schicht Auberginenscheiben hineingeben, mit Parmesan bestreuen und mit Mozzarella- und Eischeiben bedecken. Einige Löffel Tomatensauce darüber verteilen. Die restlichen Zutaten in dieser Reihenfolge in die Form schichten. Den Abschluß bildet eine Schicht Tomatensauce. In den vorgeheizten Backofen geben und bei Mittelhitze (200 °C) in etwa 30 Minuten gar backen.

Empfohlener Wein: ein leichter, fruchtiger Weißwein wie ein Est! Est!! Est!!! aus Latium

Eine Backform mit *parmigiana di melanzane* steht in Italien in jedem guten Restaurant auf dem Vorspeisentisch – am besten schmecken die Auberginen, mit dem schmelzenden Parmesan überzogen, wenn man sie lauwarm genießt. Dieses klassische Gemüsegericht aus dem Süden Italiens ist so sättigend, daß es auch als Hauptmahlzeit für 4 Personen reicht.

GRÜNE BOHNEN FLORENTINER ART

Fagiolini alla fiorentina

Zubereitungszeit: 40 Minuten
Pro Portion: 250 Kalorien

1 kg zarte, kleine grüne Bohnen
500 g Tomaten
5 Eßlöffel Olivenöl
1 Zwiebel
1 Zweiglein Thymian
Salz
schwarzer Pfeffer
2 EL gehackte Petersilie

Von den Bohnen an beiden Enden die Spitzen abknipsen, wenn nötig, den Faden mit abziehen, dann waschen. Die Tomaten überbrühen, abziehen und in Stückchen schneiden, dabei das harte gelbe Mark zurücklassen.

Das Öl in einem Topf erhitzen, die in Würfel geschnittene Zwiebel darin glasig braten und die Tomaten hinzufügen. Kurz durchbraten und die Bohnen hinzugeben. Mit Thymian, Salz und frischgemahlenem Pfeffer würzen. Bei leichter Hitze zugedeckt schmoren lassen.

Nach 10 Minuten eine halbe Tasse Wasser zu dem Gemüse geben und in weiteren 10 Minuten gar kochen lassen. Mit der Petersilie bestreuen.

RADICCHIOGEMÜSE MIT SPECK

Radicchio rosso con pancetta

Zubereitungszeit: 40 Minuten
Pro Portion: 320 Kalorien

1 kg festgeschlossene Radicchioköpfe
1 Zwiebel
80 g durchwachsener Speck
3 EL Olivenöl
Salz
schwarzer Pfeffer

Den Radicchio von den welken, äußeren Blättern befreien und den Strunk am unteren Ende etwas abschneiden. Gut waschen und sorgfältig trocknen lassen. Die Salatköpfe halbieren.

Die Zwiebel und den Speck in Würfel schneiden. Das Öl in einem Topf erhitzen und Zwiebel und Speck darin glasig braten. Die Radicchiohälften in den Topf geben, salzen und bei leichter Hitze in 20 Minuten weich schmoren. Hin und wieder wenden.

Bei zugedecktem Topf wird das Gemüse weich, ohne Deckel bekommt es eine appetitliche Knusprigkeit. Vor dem Auftragen mit frischgemahlenem Pfeffer bestreuen.

GRÜNE BOHNEN MIT PARMESAN

Fagiolini trifolati

Zubereitungszeit: 35 Minuten
Pro Portion: 240 Kalorien

750 g zarte, kleine grüne Bohnen
Salz
60 g Butter
1/2 Knoblauchzehe
1 Zwiebel
1 EL gehackte Petersilie
schwarzer Pfeffer
3 EL frischgeriebener Parmesan

Von den Bohnen an den beiden Enden die Spitzen abknipsen, wenn nötig den Faden mit abziehen und das Gemüse waschen. 1/2 l Wasser mit einem Teelöffel Salz zum Kochen bringen und die Bohnen hineingeben. In 10-15 Minuten gar kochen. Die Bohnen sollen nicht zu weich werden und ihre grasgrüne Farbe behalten.

In der Kochzeit der Bohnen die Butter in einer Kasserolle zerlassen, die feingewiegte Knoblauchzehe und die in Würfel geschnittene Zwiebel darin glasig braten. Mit 5 Eßlöffeln Bohnenkochwasser aufgießen und etwa 10 Minuten kochen lassen, bis die Zwiebel weich und das Wasser wieder verdunstet ist. Die abgetropften Bohnen mit der Zwiebelbutter und der Petersilie vermischen und mit frischgemahlenem Pfeffer würzen. Die noch sehr heißen Bohnen mit dem Parmesankäse bestreuen und sofort auftragen.

BROKKOLIGEMÜSE APULISCHE ART

Broccoli alla pugliese

Zubereitungszeit: 30 Minuten
Pro Portion: 270 Kalorien

1 kg Brokkoli
Salz
2 Knoblauchzehen
1 Stückchen scharfe rote Pfefferschote
4 gewässerte Sardellen
5 EL Olivenöl
40 g Pinienkerne

Vom Brokkoli die harten Blätter entfernen und das Gemüse in einzelne Röschen zerlegen. Den harten Strunk zurücklassen (man kann ihn aber auch schälen und den weichen Innenteil in Scheiben geschnitten zu dem Gemüse geben).
Salzwasser (10 g Salz pro 1 l Flüssigkeit) in einem hohen Topf zum Kochen bringen und die Brokkoliröschen darin 10 Minuten kochen lassen.
Den Knoblauch in Scheiben schneiden, die entkernte Pfefferschote in Streifen. Die Sardellen fein hacken. 4 Eßlöffel Olivenöl in einer hochwandigen Pfanne erhitzen und Knoblauchscheiben und Pfefferschotenscheiben bei leichter Hitze unter Schütteln der Pfanne anbraten, aber nicht bräunen. Die Sardellen hinzufügen und während des Bratens mit einer Gabel zerdrücken.
Den Brokkoli auf einem Sieb gut abtropfen lassen. Zu dem Öl in der Pfanne geben und 2 Minuten unter gelegentlichem Wenden ganz mit dem Öl vermischen. Mit Salz abschmecken.
Das restliche Öl in einer kleinen Pfanne erhitzen und die Pinienkerne unter Rühren hellgelb rösten. Den Brokkoli auf einer Platte anrichten und mit den Pinienkernen bestreuen.

Wer das Gemüse weniger scharf liebt, kann Knoblauchzehen und Pfefferschote im ganzen an das Öl geben und wieder herausfischen, bevor der Brokkoli mit dem Olivenöl vermischt wird.

JUNGE ERBSEN MIT SCHINKEN

Piselli al prosciutto

Zubereitungszeit: 35 Minuten
Pro Portion: 480 Kalorien

1,5 kg ganz junge italienische Erbsen
(in der Schote)
1 kleine Zwiebel
150 g roher Schinken (1 dicke Scheibe)
50 g Butter
Salz
1 Prise Zucker
knapp 1/8 l Fleischbrühe aus Extrakt

Die Erbsen enthülsen, die Zwiebel in kleine Würfel schneiden. Denn Fettrand des Schinkens ebenfalls in Würfel schneiden, den mageren Fleischteil in feine Streifen. Die Hälfte der Butter in einem Topf zerlassen. Schinkenfett und Zwiebel darin glasig braten und die Erbsen hinzufügen. Salz, Zucker und ein paar Eßlöffel Fleischbrühe zu den Erbsen geben. Bei leichter Hitze kochen lassen, dabei immer mit etwas Brühe nachgießen. Die Schinkenstreifen an die Erbsen geben und noch einmal einige Minuten kochen lassen. Zum Schluß die restliche Butter unter die Erbsen geben.
Erbsen, die größer sind als die italienischen Zuckererbsen, haben eine längere Garzeit. Dieses Gericht läßt sich auch mit tiefgekühlten Erbsen zubereiten.

ARTISCHOCKEN AUF RÖMISCHE ART

Carciofi alla romana

Zubereitungszeit: 45 Minuten
Pro Portion: 320 Kalorien

8 schöne, fleischige Artischocken
Saft von 2 Zitronen
3 Knoblauchzehen
einige Minzeblättchen
2 EL gehackte Petersilie
Salz
schwarzer Pfeffer
6 EL Olivenöl

Die trockenen Blätter der Artischocken sowie die harten Spitzen der übrigen Blätter mit einem spitzen Messer abschneiden. Das holzige Ende der Stiele entfernen. Die Artischocken waschen und in eine Schüssel mit reichlich Wasser und dem Zitronensaft legen.

Die Artischocken nacheinander aus dem Wasser nehmen, mit Küchenpapier abtrocknen und die Blätter etwas lockern, so daß kleine Hohlräume entstehen.

Die Knoblauchzehen fein wiegen, die Minzeblätter mit einer Schere in feine Streifen schneiden, Knoblauch, Minze und Petersilie vermischen und das Gemisch in die Hohlräume drücken. Die Artischocken mit Salz und frischgemahlenem Pfeffer einreiben.

Das Olivenöl in einem großen Topf erhitzen, die Artischocken mit den Stielen nach oben hineingeben und mit Wasser aufgießen, bis die Artischocken halb bedeckt sind. Den Topf zudecken und die Artischocken ca. 30 Minuten dünsten.

Die Artischocken mit einem Schaumlöffel herausnehmen und auf eine Platte legen. Mit etwas Kochwasser übergießen und warm oder erkaltet servieren.

Empfohlener Wein: ein leichter Weißwein wie ein Frascati aus Latium.

Artischocken auf römische Art

FENCHELGEMÜSE MIT FONTINA

Finocchi alla fontina

Zubereitungszeit: 1 Stunde
Pro Portion: 530 Kalorien

4 Knollen Fenchel (ca. 1 kg)
Salz
100 g durchwachsener Speck
100 g Fontinakäse
150 g Butter
schwarzer Pfeffer
3 EL Fleischbrühe

Die Fenchelknollen von den harten Außenblättern befreien, waschen, dann halbieren und in Streifen schneiden. Das Gemüse in leicht gesalzenem, kochendem Wasser blanchieren und mit einem Schaumlöffel herausholen. Den Speck und den Fontina in Streifen schneiden.
Den Backofen auf 250 °C vorheizen.
Eine flache Auflaufform mit Deckel mit etwas Butter einfetten und die Hälfte des Fenchelgemüses hineinschichten. Mit Salz und grobgeriebenem Pfeffer bestreuen und die Hälfte der Buttermenge in Flöckchen darauf setzen. Das restliche Fenchelgemüse darüberschichten und erneut leicht salzen und mit Pfeffer bestreuen. Mit der Fleischbrühe übergießen und die Speckstreifen über dem Gemüse verteilen. Die restliche Butter in Flöckchen auf das Gemüse setzen. In den Backofen schieben.
Bei starker Hitze (250 °C) 10 Minuten garen lassen, dann die Hitze auf 190 °C herunterdrehen, die Form zudecken, das Gemüse weitere 10 Minuten backen lassen.
Die Fontinastreifen auf das Gemüse legen und das Gemüse noch einmal 5–6 Minuten überbacken, bis der Käse geschmolzen ist. Vor dem Auftragen wenige Minuten in dem ausgeschalteten Backofen ruhen lassen.

SPINAT MIT ROSINEN UND PINIENKERNEN

Spinaci alla genovese

Zubereitungszeit: 40 Minuten
Pro Portion: 220 Kalorien

1 kg frischer, junger Spinat
50 g Rosinen
2 EL Olivenöl
50 g Butter
1 Knoblauchzehe
50 g Pinienkerne
Salz
Muskatnuß

Den Spinat sorgfältig verlesen und mehrmals waschen. Bei großen Spinatblättern die Rippen entfernen. Den tropfnassen Spinat in einen Topf geben und dämpfen, bis die Spinatblätter zusammenfallen. Auf ein Sieb geben und gut abtropfen lassen. Die Spinatblätter grob hacken. Die Rosinen in etwas lauwarmem Wasser einweichen.
Öl und Butter in einer Pfanne erhitzen, den Knoblauch darin hellgelb rösten und wieder herausnehmen. Den Spinat gut ausgedrückt in die Pfanne geben, die abgetrockneten Rosinen und die Pinienkerne unter den Spinat mischen und 5 Minuten schmoren lassen. Mit Salz und frischgeriebener Muskatnuß abschmecken.

Gut schmecken auch in Öl geschmorte Spinatblätter mit geriebenem Parmesankäse bestreut und kurz im Backofen gratiniert.

GEFÜLLTE ZUCCHINI

Zucchini ripieni

Für 4–6 Personen
Zubereitungszeit: 1 Stunde
Pro Portion: 410 Kalorien

---

6 mittelgroße Zucchini
1 reife, mittelgroße Tomate
1 Zwiebel
1 Knoblauchzehe
6 EL Olivenöl
250 g Beefsteakhack
100 g frischgeriebener Parmesan
2 EL Semmelbrösel
1 Eigelb
Salz
schwarzer Pfeffer

Die Zucchini waschen und die Haut mit einem scharfen Messer leicht abschaben, am Stielende ein kleines Stück abschneiden. Die Zucchini der Länge nach halbieren und mit einem Teelöffel das kernige Mark herausschaben. Das Gemüsemark fein wiegen. Die Tomate überbrühen, abziehen und in Stückchen schneiden, dabei das harte gelbe Mark entfernen. Zwiebel und Knoblauchzehe in Würfel schneiden.
3 Eßlöffel Öl in einer Pfanne erhitzen und Zwiebel- und Knoblauchwürfel darin glasig braten. Die Zucchini hinzufügen und die Tomatenstückchen. Unter gelegentlichem Umrühren 5 Minuten schmoren lassen. In eine Schüssel geben und mit dem Hackfleisch, der Hälfte des Parmesans, den Semmelbröseln und dem Eigelb gründlich vermischen. Mit Salz und frischgemahlenem Pfeffer abschmecken.
Die Zucchinihälften mit der Fleischfarce füllen und in eine mit Öl ausgefettete Form setzen. Mit dem restlichen Öl beträufeln und mit dem restlichen Parmesan bestreuen. Im vorgeheizten Backofen bei mittlerer Hitze (200 °C) in 30 Minuten gar backen.

PILZE MIT SARDELLEN

Funghi in tegame

Zubereitungszeit: 30 Minuten
Pro Portion: 310 Kalorien

---

1 kg Steinpilze oder Champignons
1 Zwiebel
1 Knoblauchzehe
4 gewässerte Sardellenfilets
1 EL gehackte Petersilie
6 EL Olivenöl
4 große, reife Tomaten
Salz
schwarzer Pfeffer
einige Blätter frische Minze

Die Pilze einzeln unter fließendem Wasser sorgfältig waschen, abtrocknen, die Stielenden abschneiden und die Pilze in Scheiben schneiden. Zwiebel, Knoblauch und Sardellen fein hacken. Mit der Petersilie vermischen.
Das Öl in einer Pfanne erhitzen und das Knoblauch-Sardellen-Gemisch darin anbraten. Die Pilze hinzufügen.
Die Tomaten überbrühen, abziehen und in Stücke schneiden, dabei das harte gelbe Mark zurücklassen. Die Tomatenstückchen zu den Pilzen geben, 10 Minuten bei leichter Hitze schmoren lassen und mit Salz und frischgemahlenem Pfeffer abschmecken. Die Minzeblätter mit einer Schere streifig schneiden und unter die Pilze geben. Wenn die Pilze anzusetzen drohen, mit etwas Fleischbrühe aufgießen. Anstelle der Tomaten werden für dieses Rezept auch häufig 4 Eßlöffel Brühe mit 4 Eßlöffeln Wein vermischt verwendet.

Bunter Gemüsetopf

BUNTER GEMÜSETOPF

Caponata alla siciliana

Zubereitungszeit: 1 Stunde 15 Minuten
Pro Portion: 395 Kalorien

1 kg mittelgroße Auberginen
Salz
1 rote oder gelbe Paprikaschote
8 EL Olivenöl
1 Zwiebel
500 g reife Tomaten
schwarzer Pfeffer
1/8 l Weinessig
2 EL Zucker
100 g grüne oder schwarze Oliven
1 EL Kapern
2 Selleriestangen

Die Auberginen waschen, die Haut vorsichtig abschaben und das Gemüse in Scheiben schneiden. Auf eine Platte geben, mit Salz bestreuen, mit einem Teller bedecken und einem Gewicht beschweren. 30 Minuten stehen lassen. Danach das herausgetretene, bittere Wasser abgießen und die Auberginenscheiben in daumengroße Stückchen schneiden. Die entkernte Paprikaschote in Streifen schneiden.

Das Olivenöl in einer Pfanne erhitzen und die Auberginenstückchen darin portionsweise hellbraun braten. Aus dem Öl nehmen und auf saugfähigem Küchenpapier abtropfen lassen. Zuerst die Paprikaschoten in dem Öl weich dünsten. Die Zwiebel in Würfel schneiden, die Tomaten überbrühen, abziehen und in Stückchen schneiden, dabei das harte gelbe Mark zurücklassen. Die Zwiebelwürfel zu den Paprika geben, glasig braten und die Tomatenstückchen hinzufügen. 15 Minuten unter Umrühren schmoren lassen. Mit Salz und frischgemahlenem Pfeffer würzen.

In der Zwischenzeit den Essig mit dem Zucker in einem kleinen Topf zum Kochen bringen und die Oliven, Kapern und die in Stückchen geschnittenen Selleriestangen darin 10 Minuten kochen lassen.

Die Tomatensauce mit den Auberginen, Oliven, Kapern und Sellerie vermischen, dabei einen Teil des Essigsuds mit hinzugeben. Bei leichter Hitze weitere 15 Minuten kochen lassen. Noch einmal mit Salz und reichlich Pfeffer abschmecken.

SPINAT MIT SARDELLEN

Spinaci alle acciughe

Zubereitungszeit: 40 Minuten
Pro Portion: 195 Kalorien

1 kg Spinat
80 g Butter
4 gewässerte Sardellenfilets
1 Knoblauchzehe
Salz
schwarzer Pfeffer

Den Spinat sorgfältig verlesen und mehrmals waschen. Bei sehr großen Spinatblättern die Rippen entfernen. Den tropfnassen Spinat in einen Topf geben und dämpfen, bis die Spinatblätter zusammenfallen. Auf ein Sieb geben und gut abtropfen lassen. Die Spinatblätter grob hacken und in Streifen schneiden.

Die Butter in einer Pfanne zerlassen. Die gehackten Sardellenfilets und den ausgedrückten Spinat hinzufügen und 5 Minuten durchschmoren lassen. Mit Salz und frischgemahlenem Pfeffer abschmecken.

GEFÜLLTE PILZKÖPFE

*Teste di funghi ripiene
alla ligure*

Zubereitungszeit: 1 Stunde
Pro Portion: 390 Kalorien

8 mittelgroße Steinpilze
1 Knoblauchzehe
einige Basilikumblätter
Salz
50 g in Milch eingeweichte,
frischgeriebene Semmelbrösel
120 g frischgeriebener Parmesankäse
1 Ei und 1 Eigelb
4 EL Olivenöl extravergine
schwarzer Pfeffer

Die Pilze einzeln unter fließendem Wasser waschen, die Stiele abdrehen und die Pilzköpfe mit einem feuchten Tuch von der leicht etwas schleimigen Oberhaut befreien. Mit Küchenpapier abtrocknen.
Die Stiele der Pilze putzen, waschen, abtrocknen und in Stücke schneiden. Mit der in Stückchen geschnittenen Knoblauchzehe, den grob zerschnittenen Basilikumblättern und Salz im Mörser fein zerstampfen und die ausgedrückten Semmelbrösel hinzufügen (oder diese Zutaten in der Küchenmaschine nicht zu fein zerkleinern). Den Parmesan, die verquirlten Eier und einen Eßlöffel Olivenöl hinzufügen und, wenn die Masse zu dick ist, noch 1–2 Eßlöffel Milch. Mit frischgemahlenem Pfeffer und, wenn nötig, mit etwas Salz abschmecken.
Die Pilzköpfe leicht salzen und das Innere der Pilzköpfe mit der Masse füllen. Die Füllung mit einem nassen Messer glattstreichen.
Eine feuerfeste Platte reichlich mit Olivenöl ausstreichen, die Pilze nebeneinander in die Form setzen und mit dem restlichen Olivenöl beträufeln.
Bei schwacher Mittelhitze (190 °C) im Backofen in 25 Minuten gar backen. In der Form servieren.

GRATINIERTE TOMATEN – ART VON BARI

*Pomodori gratinati
alla barese*

Zubereitungszeit: 30 Minuten
Pro Portion: 280 Kalorien

4 große oder 8 kleine, feste Tomaten
1 Knoblauchzehe
1 Bund Petersilie
einige Basilikumblätter
einige Minzeblätter
50 g frischgeriebener Parmesan
oder Pecorino
4 EL Semmelbrösel
Salz
schwarzer Pfeffer
evtl. 2 Eigelb und 4 EL Milch
4 EL Olivenöl

Die Tomaten waschen und quer zur Blüte in 2 Hälften schneiden.
Knoblauch, Petersilie, Basilikum und Minze fein hacken und in eine Schüssel geben. Den Parmesan und die Semmelbrösel hinzufügen, alles vermischen und mit Salz und frischgemahlenem Pfeffer würzen. Eventuell 1 Eigelb und 2 Eßlöffel Milch an die Füllung geben. Sie wird dann weniger knusprig, aber saftiger.
Die Tomatenhälften dick mit der Kräuter-Brösel-Mischung bestreichen und auf eine geölte, feuerfeste Platte setzen. Die Tomaten vorsichtig mit Olivenöl beträufeln, bis die Semmelbrösel durch und durch mit Öl getränkt sind. In den vorgeheizten Backofen geben und bei starker Mittelhitze (225 °C) backen, bis sich eine goldbraune Kruste gebildet hat.
Kalt als Vorspeise oder warm als Gemüsebeilage servieren.

PIKANTES PAPRIKASCHOTENGEMÜSE

Peperoni capricciosi

Zubereitungszeit: 35 Minuten
Pro Portion: 230 Kalorien

3 rote und 3 gelbe Paprikaschoten
4 EL Olivenöl
2 EL Kapern
50 g schwarze entsteinte Oliven
Salz

Die Paprikaschoten auf ein Backblech legen und unter Wenden im sehr heißen Backofen oder unter dem Grill backen, bis die harte Haut dunkel wird und platzt. Die Schoten schälen, am Stielende ein Stückchen abschneiden und die Kerne aus dem Inneren entfernen. Die Paprikaschoten der Länge nach halbieren oder in Streifen schneiden.

Das Öl in einem Topf erhitzen und die Paprikastreifen darin anbraten. Den Deckel auf den Topf geben. Bei leichter Hitze in 20 Minuten weich dünsten.

Die Kapern und die in Scheiben geschnittenen Oliven hinzufügen und noch ein paar Minuten durchdünsten. Mit Salz abschmecken.

Anstelle von Kapern und Oliven kann man auch 4 feingehackte Sardellen und 2 in Scheiben geschnittene Knoblauchzehen mit den Paprikaschoten dünsten. Die »kapriziösen Paprika« sind sowohl warm als Gemüse wie kalt als pikanter Vorspeisensalat ein Genuß.

Pikantes Paprikaschotengemüse

GEFÜLLTE ZWIEBELN PIEMONTESISCHE ART

Cipolle ripiene

Zubereitungszeit: 1 Stunde 30 Minuten
Pro Portion: 275 Kalorien

8 große süße Zwiebeln
Salz
200 g Beefsteakhack
60 g frischgeriebener Parmesan
3 gewässerte Sardellenfilets
schwarzer Pfeffer
einige Minzeblätter
1 Ei
1 EL Semmelbrösel
Butter für die Form und für Flöckchen

Die Zwiebeln abschälen, in kochendes Salzwasser geben und 10 Minuten kochen lassen. In der Mitte quer durchschneiden und aus der Mitte etwas Zwiebelfleisch herausnehmen. Das Zwiebelfleisch fein hacken und mit Hackfleisch, Parmesan, feingewiegten Sardellen, Salz, frischgemahlenem Pfeffer, feingeschnittener Minze, Ei und Semmelbrösel zu einer glatten Füllung vermischen.
Eine feuerfeste Form mit Butter ausstreichen. Die Zwiebelhälften mit der Fleischmasse füllen, mit Butterflöckchen bedecken und im vorgeheizten Backofen bei mittlerer Hitze (200 °C) in etwa 40 Minuten gar backen.
Nach einem anderen piemontesischen Rezept vermischt man das Hackfleisch anstelle von Semmelbröseln mit Amarettibröseln und schmeckt mit Grappa ab.

GRATINIERTER SPARGEL MIT PARMESAN

Asparagi al gratin

Zubereitungszeit: 40 Minuten
Pro Portion: 350 Kalorien

2 kg weißer oder grüner Spargel
Salz
1 Stück Zucker
120 g Butter
100 g frischgeriebener Parmesan

Den Spargel waschen, die holzigen Enden bis zum grünen Ansatz abschneiden, die weißen Spargel vorsichtig bis zu den Köpfen schälen, der grüne Spargel bleibt ungeschält. Auf gleiche Länge schneiden. Mit einem Baumwollfaden bündeln und aufrecht in einem schmalen, hohen Topf stellen. Wasser in den Topf füllen, bis es zu den Spargelköpfen reicht. Salz und Zucker hinzufügen und den Spargel zugedeckt je nach Dicke in 10–15 Minuten gar kochen. Die Spargelstangen aus dem Wasser nehmen, gut abtropfen lassen und die Fäden lösen.
Den Backofen auf 250 °C erhitzen. Eine feuerfeste Platte mit etwas Butter einstreichen. Den gekochten Spargel stufenweise auf die Platte geben, damit möglichst viele Spargelköpfe freiliegen. Die Spargelköpfe mit dem Parmesan bestreuen und mit der restlichen zerlassenen Butter übergießen. 2–3 Minuten in den heißen Backofen geben und gratinieren, bis der Parmesan zu schmelzen beginnt.

Für dieses Rezept werden eigentlich nur die fingerlangen grünen Spargelköpfe verwendet, man kann aber auch die ganzen Spargelstangen leicht schälen und nur das Ende abschneiden. Dazu wird dann die mit Parmesankäse vermischte geschmolzene Butter und für jeden Essensteilnehmer ein verlorenes Ei gereicht, das man auf dem Teller mit der Butter vermischt. Die Spargelstangen werden in die Hand genommen, in die Eimasse getaucht und der Spargel genüßlich ausgelutscht.

Die gleiche liebevolle Sorgfalt, mit der die Italiener ihre Gemüse zubereiten, widmen sie auch den Salaten. Selten wird nur eine Salatsorte serviert, es sei denn, es handelt sich um reine Vorspeisensalate – etwa um einen Tomaten- Zwiebel- oder einen Olivensalat –, die zusammen mit weiteren Vorspeisen angeboten werden. Hier aber soll von dem Salat die Rede sein, der die tägliche Mahlzeit begleitet und der so viel abwechslungsreicher präsentiert wird als bei uns. Da findet der Gast die ganze Palette jahreszeitlicher Salate auf dem Teller, und reizvolle Kontraste in Farben, Formen und Geschmack erhöhen den Appetit. Die Auswahl ist riesengroß: knackiger römischer Salat, Endivien mit zart gefiederten Blattenden, gelblicher Löwenzahn, lilarote Radicchioköpfchen aus Verona und lanzettförmige Radicchiopflanzen aus Treviso, süße Tomaten und junge Zwiebeln, in Streifen geschnittene rote, grüne und gelbe Paprikaschoten, Fenchelknollen, auch sie feinstreifig geschnitten. Dazu die vielerlei würzigen, dunkel- bis hellgrünen Salatblättchen, rund, oval, spitz, zart, bitter oder süßlich, die die Gemüsefrau beim Einkauf liebevoll zusammensucht und deren Namen uns nicht immer geläufig sind. Nur die leicht gewellten, länglichen Blätter der Rauke, der *rucola*, mit ihrem leicht bitteren, an Meerrettich erinnernden Geschmack haben auch hierzulande regelrecht Karriere gemacht. Die pikanten Salatblätter bieten ungemein viele Kombinationsmöglichkeiten – auch mit Zutaten wie Fisch, Scampi oder Fleisch. Sie wachsen im Süden überall am Wegesrand und auf unbebauten Feldern, schmecken wild intensiver als gezüchtet, und römische Feinschmecker behaupten, daß die allerbesten zwischen den Ruinen der Ewigen Stadt gedeihen. Überhaupt werden die Salate, je weiter man in Richtung Süden hinunterfährt, immer würziger, vor allem durch die vielen *erbe selvatiche*, die wildwachsenden Kräuter, die man hinzufügt.

Der Salat wird sofort nach dem Einkauf in den Kühlschrank gegeben und erst unmittelbar vor dem Anmachen (er sollte noch am gleichen Tag verbraucht werden!) gewaschen und gründlich trockengeschleudert. Wer einen Hauch Knoblauch mag, reibt die Salatschüssel mit einer halbierten Knoblauchzehe aus. Dann wird entweder etwas Essig in die Schüssel gegeben – aber nicht ein beliebiger, sondern ein guter alter Weinessig –, oder auch Zitronensaft. Hin und wieder kann man die Marinade auch durch einen Löffel *aceto balsamico* verfeinern, einen besonders edlen, in Fässern gereiften, milden, leicht süßlichen Essig aus Modena. In vergangenen Jahrhunderten brachten sich die Damen der Gesellschaft dort gegenseitig alten *aceto balsamico* in kleinen geschliffenen Karaffen als Geschenk mit. Er mußte mindestens 60 Jahre gereift sein, hatte aber oft auch die doppelte Lagerzeit hinter sich. Mit dem Essig wird etwas Salz vermischt – *poco, poco* –, das mit der Gabel solange verrührt wird, bis es sich ganz aufgelöst hat. Wer's mag, nimmt noch etwas Senf dazu. Zu pikant-bitteren Salatblättern passen auch 2 feingewiegte Salzsardellen. Dann kommt in dünnem Strahl unter ständigem Rühren das Olivenöl hinzu – *molto* – aber wieder nicht irgendein beliebiges Öl! In jedem italienischen Haushalt ist für die Salatsauce ein besonders feines, kaltgepreßtes Olivenöl - extravergine – reserviert. Da es sehr teuer ist, gibt die Hausfrau zum Strecken häufig ein wenig neutrales Öl aus Maiskeimen, Erdnuß- oder Sonnenblumenkernen hinzu, der feine Olivenölduft bleibt dennoch erhalten. Jetzt werden noch die mit der Schere kleingeschnittenen Kräuter an die Marinade gegeben und schließlich die vorbereiteten Salate. Beim Durchmischen sollte man sich Zeit lassen, bis alle Blätter gründlich mit der Marinade überzogen sind.

Wegen der Säure trinkt man in Italien übrigens keinen Wein zum Salat, vor allem, wenn er als eigener Gang serviert wird.

BUNTE SALATE

Insalate miste

TOMATENSALAT MIT BASILIKUM

Insalata di pomodori

Zubereitungszeit: 10 Minuten
Pro Portion: 230 Kalorien

500–750 g reife Tomaten
Salz
schwarzer Pfeffer
6 EL bestes Olivenöl extravergine
Oregano
einige frische Basilikumblätter

Die Tomaten waschen, abtrocknen und quer zur Blüte in Scheiben schneiden, kleine Tomaten werden in Viertel geschnitten. In eine Schüssel geben, mit Salz und frischgemahlenem Pfeffer bestreuen und mit dem Öl übergießen. Wenig Oregano und viel mit einer Schere streiffiggeschnittene Basilikumblätter (kleine Blätter ganz lassen) über die Tomaten streuen.

Der sommerliche Tomatensalat wird im Süden Italiens in der Erntezeit der Früchte aus den kleinen, süßen Tomaten zubereitet, deren feine Säure keinerlei Hinzugabe von Essig braucht. Gut passen zu dem Tomatensalat frische Raukeblätter.

TOMATENSALAT MIT ZWIEBELN UND OLIVEN

Insalata di pomodori alla siciliana

Zubereitungszeit: 10 Minuten
Pro Portion: 290 Kalorien

4 feste, reife Tomaten
4 mittelgroße Zwiebeln (nicht zu scharfe)
50 g schwarze Oliven
6 EL Olivenöl extravergine
Salz
schwarzer Pfeffer
Oregano

Die gewaschenen Tomaten abtrocknen und quer zur Blüte in Scheiben schneiden, die Zwiebeln in Ringe. Tomatenscheiben, Zwiebelringe und Oliven in einer Salatschüssel miteinander vermischen.
Das Öl mit dem Salz gründlich verrühren, bis sich das Salz auflöst. Mit frischgemahlenem Pfeffer abschmecken. Über die Salatzutaten gießen. Sparsam mit Oregano bestreuen.
Am besten paßt zu diesem Salat frischer Oregano, aber auch Basilikum, frische Minze oder Raukeblätter sind eine gute Würze.

WINTERLICHER GEMISCHTER SALAT

Insalata mista invernale

Zubereitungszeit: 20 Minuten
Pro Portion: 280 Kalorien

1 Kopf grüner Endiviensalat
1 Kopf Radicchio »Rosso de Treviso«
2 Möhren
1 Knolle Fenchel
3 Selleriestangen
MARINADE
1 Knoblauchzehe
4 gewässerte Sardellenfilets
8 EL Olivenöl extravergine
Salz
1–2 EL Weinessig
schwarzer Pfeffer
evtl. Kapern

Von dem Endiviensalat die welken Blätter entfernen, die einzelnen Blätter ablösen und waschen, auf ein Sieb zum Trocknen geben oder trockenschleudern. Den Salat in feine Streifen schneiden. Die Blätter des Radicchio ablösen, waschen, auf einem Sieb gut abtropfen lassen und trockenschleudern. Die Möhren putzen und auf der feinen Seite der Rohkostreibe raffeln. Die Fenchelknolle von den welken Stellen befreien, waschen, das Grün abschneiden, die Knolle halbieren und längsseitig in hauchdünne Streifen schneiden. Alle Salatzutaten in einer großen Schüssel miteinander vermischen.
Für die Marinade Knoblauch und Sardellen zusammen in einem Mörser zu einer Paste zerstampfen oder ganz fein wiegen. Das Olivenöl mit dieser Mischung, wenig Salz, dem Essig und frischgemahlenem Pfeffer verrühren. Die Marinade über die Salatzutaten gießen und alles gründlich vermischen.

FRÜHLINGSSALAT

Insalata mista primavera

Zubereitungszeit: 10 Minuten
Pro Portion: 145 Kalorien

100 g Raukeblätter
1 kleiner Bund Kresse
einige Stengel Kerbel
100 g schöne, kleine Champignons
1 Knoblauchzehe
1 EL Weinessig oder Saft von 1/2 Zitrone
Salz
schwarzer Pfeffer
4 EL Olivenöl extravergine

Die Raukeblätter, die abgezupften Kresseblätter und die Kerbelstiele waschen und in einer Salatschleuder trockenschleudern. Die Champignons putzen, waschen und mit Küchenpapier trockentupfen, dann in Scheiben schneiden. Eine Salatschüssel mit der durchgeschnittenen Knoblauchzehe ausreiben und die Salatzutaten hineingeben.
Den Weinessig oder Zitronensaft in einer Schüssel mit dem Salz verrühren, bis sich das Salz ganz aufgelöst hat. Frischgemahlenen Pfeffer und das Öl zugeben. Alles mit einem kleinen Schneebesen gründlich zu einer glatten Vinaigrette verrühren und über die Salatblätter gießen. Gut vermischen und den Salat sofort servieren.

In Italien gibt es auf den Märkten im Frühling alle Arten von wilden Kräutern, die unter den Salat gemischt werden – auch junge Spinatblätter, Löwenzahn oder Radieschenblätter passen dazu.

ZUCCHINISALAT MIT MINZE

Insalata di zucchini e menta

Zubereitungszeit: 30 Minuten
Pro Portion: 105 Kalorien

750 g kleine Zucchini
Olivenöl zum Ausbacken
2 Knoblauchzehen
Salz
1/8 l Weinessig
einige frische Minzeblätter

Die Zucchini waschen, abtrocknen und am Stielende ein Stückchen abschneiden, dann in Scheiben oder in kurze, bleistiftstarke Streifen schneiden. Reichlich Olivenöl in einer Pfanne erhitzen und die Zucchinischeiben darin hellbraun braten. Die Zucchinischeiben in eine Schüssel legen, den in feine Scheibchen geschnittenen Knoblauch und Salz dazugeben. Den Essig erhitzen und über die Zucchini gießen. Falls nicht alle Zucchini bedeckt sind, wird mehr Essig verwendet. Mit den streifiggeschnittenen Minzeblättern vermischen. Einen Tag durchziehen lassen.

In Rom und in den Abruzzen kocht man in dem Essig ein Stückchen scharfe rote Pfefferschote (*reperoncino*) mit. Man kann die Zucchini auch in Streifen geschnitten in Salzwasser weichkochen und dann mit Zitronensaft und Öl marinieren.

SOMMERLICHER GEMISCHTER SALAT

Insalata mista estiva

Zubereitungszeit: 20 Minuten
Pro Portion: 260 Kalorien

1 Kopf grüner Salat oder
1/2 Kopf römischer Salat
1 Handvoll Rauke (Rucola)
2 Möhren
3 Tomaten
einige Radieschen
frische Kresse
1/2 Salatgurke
100 g kleine, gekochte grüne Bohnen
(im ganzen lassen)
oder 100 g in Scheiben geschnittene,
al dente gekochte Zucchini
SAUCE
1–2 EL bester Weinessig
Salz
schwarzer Pfefferkörner
8 EL Olivenöl extravergine
einige frische Basilikumblätter

Die Salat- und die Raukeblätter gründlich waschen, abtropfen lassen und in einem sauberen Tuch oder einer Salatschleuder trockenschleudern. Dann in Stückchen zerreißen oder in zweifingerbreite Stückchen schneiden. Möhren, Tomaten und Radieschen putzen und in Scheiben bzw. Achtel schneiden. Die Kresse gut waschen und ausschwenken, sie kann, im Gegensatz zu den Salatblättern, etwas feucht bleiben. Die Salatgurke schälen und in Scheiben schneiden.
Alle Salatzutaten, einschließlich Bohnen oder Zucchini, miteinander in einer Salatschüssel vermischen.
Für die Sauce den Essig in einer kleinen Schüssel mit dem Salz verrühren, bis sich das Salz aufgelöst hat. Die Pfefferkörner im Mörser grob zerstoßen und hinzufügen. Nach und nach unter Rühren mit einem Schneebesen das Öl hinzufügen, die Sauce soll eine cremige Konsistenz bekommen.

RADICCHIOSALAT

Insalata di radicchio

Zubereitungszeit: 10 Minuten
Pro Portion: 140 Kalorien

500 g Radicchio rosso
80 g fetter Speck
2 EL Weinessig
1 TL scharfer Senf
Salz
schwarzer Pfeffer

Den Salat von den welken Blättern befreien und den Strunk abschneiden, so daß die einzelnen Blätter auseinanderfallen. Gründlich waschen, auf einem Sieb abtrocknen lassen und trockenschleudern. In eine Salatschüssel geben.
Den Speck in kleine Würfel schneiden und in einer Pfanne ohne Fett hellgelb braten. Mit dem Essig aufgießen und kurz aufkochen lassen. Mit Senf, Salz und frischgemahlenem Pfeffer abschmecken und heiß über den Salat gießen. Sofort auftragen.
Anstelle von Speck kann man den Radicchiosalat auch mit einer Vinaigrette aus einem Eigelb, Weinessig, Olivenöl, Senf, 2 feingehackten Sardellen und einer feingewiegten Knoblauchzehe anmachen.

Blumen, die man essen kann, nennen die Venetianer ihre kleinen roten Salatköpfe, den *radicchio*, der jedem Salat einen bunten Farbtupfer gibt.

SPINATSALAT MIT SPECKSTREIFEN UND SEMMELBRÖSELN

Insalata di campo

Zubereitungszeit: 20 Minuten
Pro Portion: 380 Kalorien

200 g junger Spinat
2 Handvoll Löwenzahn
80 g durchwachsener Speck
1 EL Butter
2 EL Semmelbrösel
1 TL scharfer Senf
1 EL Weinessig
Salz
1 EL Walnußöl
3 EL Sonnenblumenöl
schwarzer Pfeffer
1 Knoblauchzehe

Spinat und Löwenzahn sorgfältig verlesen und mehrfach waschen. Bei sehr großen Blättern die Rippen herausschneiden. Auf einem Sieb abtropfen lassen und trockenschleudern.
Den Speck in kleine Würfel schneiden. Eine Pfanne erhitzen und den Speck darin ohne Fett anbraten. Aus der Pfanne nehmen, die Butter in die Pfanne geben und erhitzen. Die Semmelbrösel darin hellgelb anrösten.
In einer kleinen Schüssel Senf, Essig und Salz miteinander vermischen, bis sich das Salz aufgelöst hat. Nach und nach unter Rühren beide Öle hinzufügen, bis die Sauce eine cremige Konsistenz hat. Mit frischgemahlenem Pfeffer würzen.
Eine Schüssel mit der durchgeschnittenen Knoblauchzehe ausreiben. Darin den Spinat und den Löwenzahn mit der Salatsauce gründlich vermischen. Auf 4 Teller geben und die Speckwürfel und die angerösteten Semmelbrösel darauf verteilen.

DESSERTS

Dolci

Ein Korb, mit den schönsten Früchten des südlichen Sommers gefüllt, ist für die meisten Italiener der genußvollste Abschluß einer Mahlzeit und kann von keinem noch so ausgeklügelten Dessert übertroffen werden. Allerdings müssen es die Früchte der jeweiligen Saison sein, in der Sonne ausgereift, von saftiger Süße und herrlichem Duft. So wird man im *cestino della frutta* im Februar keine Erdbeeren und im April keine Weintrauben finden. Erdbeeren kann man mit Orangen- oder Zitronensaft mariniert bestellen, Pfirsiche werden zuweilen mit etwas Likör aromatisiert. Gerne genießt man auch eine reife Birne, einige Nüsse oder ein paar Weintrauben zum Käseteller.

Aber das heißt natürlich nicht, daß es in der italienischen Küche nicht auch zauberhafte Desserts gibt. Die hunderterlei verschiedenen *gelati* allerdings, die in aller Welt so beliebten italienischen Eisspezialitäten, gehören strenggenommen nicht zu den Nachspeisen. Man geht viel lieber einmal zwischendurch in die Gelateria als genußreiche, kleine Unterbrechung des Alltags.

Eine der üppigsten und dekorativsten Süßspeisen ist die *zuppa inglese*. Biskuitscheiben mit Likör getränkt (am liebsten mit dem rötlichen Alchermeslikör aus der Toskana), schichtweise mit Eiercreme und kandierten Früchten belegt und aufeinandergesetzt. In Rom wird diese klassische Süßspeise kuppelförmig angerichtet, mit einer Baisermasse bestrichen und kurz gratiniert, dann kommt die *zuppa inglese* bis zum Auftragen in den Kühlschrank. In der Emilia wird sie nicht überbacken, sondern mit Sahne garniert, und in Neapel gibt es eine Ricottacreme als Füllung.

Kuppelförmig präsentiert sich auch der toskanische *zuccotto*, der mit einer köstlichen Creme aus Sahne, Schokolade, Mandeln und Nüssen gefüllt ist. Und wer sich unter einer sizilianischen *cassata* eine Art Eisbombe vorstellt, wird überrascht sein - es handelt sich nämlich um eine gekühlte, erfrischende Biskuittorte mit Ricottacreme, die mit kandierten Früchten, Nüssen und Schokoladenstückchen vermischt ist.

Der *tiramisù* galt nur hierzulande jahrelang als das italienische Dessert schlechthin. Südlich von Rom wird sicher kein Restaurant mehr den Namen kennen. Aber der sahnige *mascarpone* für den *tiramisù* stammt ja auch aus der Lombardei und wird dort oft, nur mit etwas Zucker und ein paar Früchten vermischt, als Nachspeise genossen.

Neuerdings ist die *panna cotta*, eine alte, ursprünglich bäuerliche Süßspeise aus eingekochter Sahne »in«. Keine modische Erscheinung ist dagegen der *zabaione* – er galt schon immer als edles Dessert der bürgerlichen Küche. Vielleicht begnügt man sich auch mit ein paar toskanischen harten Mandelkeksen als Dessert, *biscotti di Prato* genannt, die vor dem Genuß in süßen *vin santo* oder einen anderen Dessertwein getaucht werden.

In der Kunst des Kuchenbackens liegen Turin, Neapel und Sizilien an der Spitze. In Turin gibt es noch die bezaubernden altmodischen Kaffeehäuser, in denen man all das feine Schokoladen- und Mandelgebäck an Ort und Stelle genießen kann. Das häusliche Backen ist an die kirchlichen Feiertage gebunden. Weihnachten, Karneval, Allerheiligen und die Festtage vieler Heiligen werden häufig mit in Öl ausgebackenem Spezialgebäck gefeiert. Torten bestehen meistens aus einem Biskuitboden, dem *pan di Spagna*, der mit Likör oder anderem hochprozentigem Alkohol getränkt wird, bevor man ihn mit Früchten, einer Creme oder Sahne verziert. Oder der Boden der Torte ist aus Mürbeteig und wird mit einer dicken Schicht Konfitüre oder Früchten belegt - das ist dann eine *crostata*. Aus Mandeln, Nüssen, Kastanien und Schokolade werden ganz ausgezeichnete Torten gebacken, von denen Sie die besten in diesem Kapitel finden.

DESSERTS

Dolci

TOSKANISCHE BISKUITBOMBE

Zuccotto alla toscana

Zubereitungszeit: 1 Stunde 30 Minuten
Kühlzeit: 3 Stunden
Pro Portion: 1640 Kalorien

1 Biskuitkuchen
(Rezept Seite 247 oder fertig gekauft)
80 g Mandeln
100 g Haselnüsse
150 g bittere Schokolade
50 g Baiser (fertig gekauft)
3/4 l eisgekühlte Sahne
1 Gläschen (5 cl) süßer Likör (Alchermes, Grand Marnier, Maraschino)
1 Gläschen (5 cl) Cognac
150 g Puderzucker
Puderzucker und etwas Kakao
zum Bestreuen

Man braucht für den *zuccotto* eine kuppelförmige Kuchenform oder Schüssel wie z.B. für eine Eisbombe.
Den Biskuitkuchen einmal waagrecht auseinanderschneiden. Die eine Hälfte in 12 Tortenstücke schneiden. Die Mandeln und die Haselnüsse im Ofen rösten, bis die Schale springt und sich abreiben läßt. Mandeln und Nüsse grob hacken. Die Schokolade reiben, Baiser grob zerkrümeln.

Die Hälfte der Sahne mit der geriebenen Schokolade einmal aufkochen und unter Rühren erkalten lassen. Kurz in den Kühlschrank stellen.
Die Biskuitstücke und den -boden abwechselnd mit Likör und Cognac tränken und den Boden der Form mit den tortenförmig geschnittenen Stücken mit der Spitze nach unten vollständig auslegen. Die restliche, eisgekühlte Sahne sehr steifschlagen und mit dem Puderzucker sowie den Mandeln und Nüssen vermischen. Die Hälfte der Kuppel damit füllen. Die Schokoladensahne ganz locker aufschlagen, mit dem Baiser vermischen und ebenfalls in die Form geben. Mit dem Biskuitboden bedecken.
Mindestens 2–3 Stunden in den Kühlschrank geben, der *zuccotto* muß eisgekühlt sein, bevor er gestürzt wird. Die gestürzte Biskuitbombe entweder mit Puderzucker und Kakao vermischt bepudern oder abwechselnd sternförmig mit weißem Puderzucker und braunem Kakao mit Hilfe einer zurechtgeschnittenen Schablone garnieren.

Der köstliche *zuccotto* ist eine der besten Süßspeisen der italienischen Küche. In der Toskana werden die Biskuitstreifen mit dem rötlichen Alchermes der Region getränkt, aber auch andere süße Liköre sind geeignet.

KASTANIENCREME MIT SAHNE

Monte bianco

Für 6–8 Personen
Zubereitungszeit: 1 Stunde
Pro Portion: 445 Kalorien

500 g Eßkastanien (Maronen)
1/2 l Milch
1 EL echter Vanillezucker
50 g Butter
100 g Puderzucker
50 g Kakao
1 Glas (1 dl) Cognac
1/2 l steifgeschlagene Sahne
glasierte Maronen zum Garnieren

Die Kastanien leicht einschneiden und im Backofen so lange backen, bis sie aufspringen. Aus der Schale lösen, die Haut abziehen und mit der Milch und dem Vanillezucker bei leichter Hitze weich kochen. Noch warm durch ein Drahtsieb treiben oder durch den Fleischwolf drehen.
Die zerlassene Butter mit dem Zucker, dem Kakao und dem Cognac verrühren und mit dem Kastanienpüree vermischen. Etwas Schlagsahne hinzugeben, damit ein zusammenhängendes, festes Püree entsteht.
In einen Spritzbeutel mit schmaler Tülle füllen und bergartig auf eine Platte spritzen. Die restliche Schlagsahne in einen Spritzbeutel mit breiter Tülle füllen und den Kastanienberg damit streifenförmig garnieren. Mit glasierten Maronen besetzen.

Sehr beliebt ist es, die Kastaniencreme als Füllung für Baisers zu verwenden. Zwei Baiserhälften werden mit Schlagsahne zusammengesetzt und die Kastaniencreme wird durch einen Spritzbeutel in Schlangenlinien darübergespritzt.

WEINSCHAUMCREME MIT MARSALAWEIN

Zabaione al marsala

Zubereitungszeit:15 Minuten
Pro Portion: 105 Kalorien

4 Eigelb
5 EL Zucker
8 EL Marsalawein

Alle Zutaten in eine Porzellanschüssel geben und mit dem elektrischen Rührgerät gründlich verrühren. Die Schüssel in einen Topf mit Wasser hängen und unter ständigem Weiterrühren erhitzen, bis die *zabaione* dickschaumig ist.
Sofort in 4 Gläser füllen und zartes Gebäck dazu reichen. Soll die Creme kalt serviert werden, muß sie bis zum Erkalten geschlagen werden.

Das Rezept für die *zabaione* stammt vom Leibkoch von Carlo Emanuele I. aus dem 16. Jahrhundert. Die Süßspeise bekam ihren Namen nach dem Heiligen der Köche und Konditoren: San Giovanni di Bayon. Ursprünglich mit Madeira hergestellt, wird sie seit Garibaldis Landung in Sizilien höchst patriotisch nur noch mit Marsala zubereitet.

GEFÜLLTE MELONE MIT FRÜCHTEN

Melone ripieno

Für 6 Personen
Zubereitungszeit: 40 Minuten
Kühlzeit: 2 Stunden
Pro Portion: 90 Kalorien

1 schöne, reife Melone (1,5 kg)
2 reife Pfirsiche
1 kleine blaue Traube oder 150 g frische
Erdbeeren
3 EL Zucker
1 Gläschen (5 cl) Maraschino

Von der Melone einen kleinen Deckel abschneiden, die Kerne entfernen und das Melonenfleisch mit einem Löffel herausholen, dabei einen fingerbreiten Rand vom Fruchtfleisch stehenlassen.
Das Melonenfleisch in Stückchen schneiden. Die Haut der Pfirsiche abziehen (evtl. dazu eine Sekunde in kochendes Wasser tauchen) und die Pfirsiche ebenfalls in Stückchen schneiden. Die Trauben halbieren und entkernen (man kann sie, wenn der Fruchtsalat besonders zart sein soll, noch enthäuten), kleine Erdbeeren nur waschen, trocknen und entstielen, größere halbieren oder vierteln. Besonders gut passen kleine Walderdbeeren zu den Melonen.
Das Melonenfleisch auf einem Sieb abtropfen lassen, den Saft auffangen. Alle vorbereiteten Früchte in einer Schüssel mit dem Zucker vermischen und den Maraschino hinzufügen. In die Melone füllen und den Melonensaft hinzugeben. Den abgeschnittenen Deckel wieder auf die Melone geben und im Kühlschrank mindestens 2 Stunden vor dem Auftragen durchziehen lassen.
Man kann die Früchte variieren: Birnen, Apfelsinen, Bananen, frische Ananas passen ebenfalls ausgezeichnet zu diesem Rezept.

ORANGEN MIT EIS ÜBERBACKEN

Arance gelate

Zubereitungszeit: 35 Minuten
Gefrierzeit: 1 Stunde
Pro Portion: 255 Kalorien

4 Orangen oder große Mandarinen
4 Löffelbiskuits
2 EL Grand Marnier oder Likör
1 Packung Vanilleeis (400 g)
Schale von 1 unbehandelten Orange
2 Eiweiß
2 EL Zucker

Von den Früchten am runden Ende (also entgegengesetzt vom Stielansatz) kleine Deckelchen abschneiden. Das Fruchtfleisch vorsichtig mit einem Löffel herausholen, so daß die Schale der Orangen unzerstört bleibt.
Die Löffelbiskuits in kleine Stückchen zerbröckeln und mit dem Likör tränken. In die Fruchtschalen geben.
Das Vanilleeis etwas weich werden lassen und mit der abgeriebenen Orangenschale vermischen. Das Eis in die Früchte geben. In das Gefrierfach des Kühlschrankes oder in den Tiefkühlschrank geben. Eine Stunde völlig hart werden lassen.
10 Minuten vor dem Auftragen die Eiweiß ganz steif schlagen und den Zucker hinzugeben. Weiter schlagen, bis eine cremige Baisermasse entstanden ist.
Den Backofen vorheizen. Die Baisermasse auf die Früchte häufen und auf eine kalte, feuerfeste Platte geben. Bei leichter Hitze (175 °C) kurz überbacken, bis die Baisermasse hellgelb ist.

TURINER SCHOKOLADEN-PUDDING

Budino di cioccolata

Zubereitungszeit: 30 Minuten
Kochzeit: 1 Stunde 15 Minuten
Pro Portion: 560 Kalorien

100 g Butter
60 g Zucker
1 EL echter Vanillezucker
6 Eier (getrennt)
100 g bittere Schokolade
1 gehäufter EL Kakao
50 g geriebene Mandeln
1 EL feingemahlenes Kaffeepulver
abgeriebene Schale
von 1/2 unbehandelten Orange
Butter und Semmelbrösel für die Form

Butter, Zucker und Vanillezucker mit dem elektrischen Rührgerät sahnig rühren und nach und nach unter ständigem Weiterrühren die Eigelb unter die Creme ziehen.
Die Schokolade fein reiben und mit dem Kakao, Mandeln, Kaffeepulver und Orangenschale an die Schaummasse geben. Eiweiß steifschlagen und unter den Teig ziehen.
Eine Puddingform und den Deckel der Form gut einfetten und mit Semmelbröseln ausstreuen. Den Teig bis zweifingerbreit unter den Rand in die Form füllen und diese fest verschließen.
Die Form in einen hohen Topf auf einen umgedrehten Teller in ein Wasserbad stellen (Wasser bis zur Hälfte der Form) und den Topf fest mit dem Deckel verschließen. Darüber noch ein feuchtes Tuch legen, damit der Pudding gleichmäßige Hitze bekommt.
Bei leichter Hitze 1 1/4 Stunden kochen und vor dem Stürzen 5 Minuten ruhen lassen. Den Pudding vorsichtig stürzen und sofort auftragen.

Beigabe: *Zabaione* (Rezept Seite 238)

WALDERDBEEREN AUF VIELERLEI ART

Fragoline di bosco a piacere

Zubereitungszeit: 10 Minuten
Kühlzeit: 30 Minuten
Pro Portion mit Vanilleeis: 220 Kalorien
Pro Portion mit Sahne: 240 Kalorien

500 g Walderdbeeren
2 Orangen oder 1 Zitrone
80 g Zucker
evtl. 4 Kugeln Vanilleeis
oder 1/8 l Sahne

Fragoline di bosco – in Rom *fragoline di Nemi* – sind duftende Walderdbeeren, die es im Sommer überall auf den Märkten in kleinen Körbchen, höchst appetitlich in Feigenblättern verpackt, zu kaufen gibt. Sie sind sehr aromatisch und sehr süß, aber ein klein wenig trocken. Darum werden sie auf die verschiedensten Arten angerichtet. Die Walderdbeeren sorgfältig verlesen und ebenso sorgfältig waschen (sie werden wegen ihrer Kostbarkeit und Empfindlichkeit häufig in Wein gewaschen). Gut abtropfen lassen und in 4 Schälchen geben. Den Saft der Orangen oder Zitrone auspressen. Die Erdbeeren mit dem Zucker bestreuen und mit dem ausgepreßten Fruchtsaft übergießen. Bis zum Auftragen in den Kühlschrank stellen. Man kann noch eine Kugel Vanilleeis in die Mitte der Erdbeeren setzen oder auch geschlagene Sahne. Oder einen Teil der Walderdbeeren zerdrücken, mit Zitronensaft und Zucker vermischen und mit geschlagener Sahne und den restlichen Erdbeeren vermischen. Bei dieser Zubereitungsart sollten die Erdbeeren leicht angefroren werden. Beliebt sind auch eingezuckerte Walderdbeeren mit Marsalawein oder Weißwein übergossen. Natürlich kann man diese Rezeptvorschläge auch mit möglichst kleinen, reifen Gartenerdbeeren zubereiten.

BAYERISCHE CREME MIT ERDBEEREN

Bavarese di fragole

Zubereitungszeit: 1 Stunde
Kühlzeit: 8 Stunden
Pro Portion: 460 Kalorien

750 g schöne, reife Erdbeeren
Saft von 1 Zitrone
200 g Zucker
6 EL Wasser
10 g gemahlene Gelatine
1/4 l Sahne
Zucker für die Form
etwas Sahne zum Garnieren

12 schöne Früchte zum Garnieren beiseite legen. Die restlichen Erdbeeren waschen, entstielen und auf einem Küchentuch gut abtrocknen lassen. Im Mixer zu Püree verarbeiten und den Zitronensaft hinzufügen. Mit einem Holzlöffel durch ein Sieb streichen, damit die Kerne zurückbleiben. Den Zucker mit dem Wasser zu Sirup kochen, bis er große Blasen bildet. Mit dem Fruchtpüree vermischen. Die kalt eingeweichte, warm aufgelöste Gelatine durch ein Sieb hinzugeben und alles gut verrühren.
Die Fruchtmasse unter gelegentlichem Umrühren erkalten lassen und, wenn sie gerade anfängt zu gelieren, die steifgeschlagene Sahne darunterziehen.
In eine kalt ausgespülte, mit Zucker ausgestreute Form füllen – es kann eine Puddingform aus Kupfer, eine kunststoffbeschichtete Ringform oder eine Napfkuchenform sein, die nicht rostet. Die Form zwischen den Händen schnell etwas drehen, damit sich die Creme gleichmäßig setzt. Mit einem geölten Bogen Alufolie bedecken und in die kälteste Stelle des Kühlschranks stellen. Mindestens 6 Stunden, am besten über Nacht, erstarren lassen. Zum Stürzen wenige Sekunden in kochendes Wasser tauchen und auf eine runde Platte stürzen. Mit Schlagsahne garnieren und die zurückbehaltenen Früchte da-

zwischensetzen. Man kann die Form zuerst noch mit etwas gesüßter Sahne, die mit Gelatine gebunden wird, ausgießen, bevor die Fruchtcreme hineinkommt. Dann hat sie ein dekoratives weißes Köpfchen.

Die Bayerische Creme ist in Italien ebenso populär wie in Frankreich und steht auf der Speisekarte jedes guten Restaurants – je nach Jahreszeit mit frischen Früchten oder mit Schokolade zubereitet.

BISKUITSPEISE MIT CREME UND FRÜCHTEN

Zuppa inglese

Für 8 Personen
Zubereitungszeit: 1 Stunde
Pro Portion: 400 Kalorien

1 Biskuitboden (Rezept Seite 247 oder fertig gekauft)
Florentiner Alchermes oder Kräuterlikör
Rum
CREME
3 Eigelb
80 g Zucker
abgeriebene Schale 1 unbehandelten Zitrone
50 g Mehl
1/2 l Milch
200 g kandierte Früchte oder in Würfel geschnittene Kompottfrüchte
BAISERMASSE
2 Eiweiß
90 g Zucker

242

Der Biskuitboden wird in 1/2 cm dicke Scheiben geschnitten – die Hälfte der Scheiben mit Alchermes oder Kräuterlikör getränkt, die andere Hälfte mit Rum.

Für die Creme die Eigelb mit dem Zucker und der Zitronenschale in einem dickwandigen Topf mit Hilfe eines elektrischen Rührgerätes zu einer dickschaumigen Creme verrühren. Nach und nach das gesiebte Mehl und die Milch hinzufügen. Diese Creme auf dem Herd bei schwacher Hitze unter ständigem Rühren zum Kochen bringen, von der Kochstelle nehmen und rühren, bis sie kalt ist. Auf eine feuerfeste Platte zuerst etwas Creme in die Mitte geben und dann mit den mit Alchermes getränkten Biskuitscheiben belegen. Darauf wieder Creme füllen und die gewürfelten, kandierten Früchte darübergeben. Mit den mit Rum getränkten Biskuitscheiben bedecken. Es sieht besonders appetitlich aus, wenn die Speise in Form einer Kuppel angerichtet wird.

Für die Baisermasse die Eiweiß sehr steifschlagen, den Zucker hinzufügen und weitere 3 Minuten schlagen, bis die Masse baiserartig ist. Mit einem Spritzbeutel mit breiter Tülle auf die Speise spritzen. Im vorgeheizten Backofen bei schwacher Hitze kurz überbacken, bis die Baisermasse hellgelb ist. Eisgekühlt servieren.

M an kann die *zuppa inglese* auch statt mit Baisermasse mit Schlagsahne füllen, mit kandierten Früchten garnieren und ungebacken eisgekühlt servieren.

CASSATA-EIS MIT KANDIERTEN FRÜCHTEN

Cassata di gelato

Für 6–8 Personen
Zubereitungszeit: 30 Minuten
Gefrierzeit: 5 Stunden
Pro Portion: 465 Kalorien

1 Packung Vanilleeis (500 g)
100 g gemischte kandierte Früchte
1 Gläschen (5 cl) Kirschwasser
1/2 l gekühlte Sahne
50 g Puderzucker
100 g geriebene Zartbitter-Schokolade

Eine halbkugelförmige, spezielle Cassata-Form oder eine Eisbombenform in das Gefrierfach stellen, damit sie kalt wird.

Das Vanilleeis etwas weich werden lassen, in eine Schüssel geben und durchrühren. Dann in einer zweifingerbreiten Schicht in die Cassata-Form streichen (die Wände sollen fast bis zum Rand bedeckt sein), die Mitte muß freibleiben. Eine Stunde im Tiefkühlgerät gefrieren lassen.

Die kandierten Früchte in kleine Würfel schneiden und in einer kleinen Schüssel mit dem Kirschwasser tränken. Die Sahne sehr steifschlagen, den Puderzucker, die abgetropften kandierten Früchte und die geriebene Schokolade hinzufügen und alles gründlich miteinander vermischen. In die Form mit dem Vanilleeis füllen. Die Oberfläche glattstreichen und die Cassata mindestens 4 Stunden in das Tiefkühlgerät stellen.

Die Form kurz in heißes Wasser tauchen und die Cassata auf einen schönen Teller stürzen. Wie eine Melone in 6–8 Portionen schneiden.

WEINSCHAUM-HALBGEFRORENES

Zabaione semifreddo

Für 6 Personen
Zubereitungszeit: 25 Minuten
Gefrierzeit: 2 Stunden 30 Minuten
Pro Portion: 210 Kalorien

———————

3 Eigelb
4 EL Zucker
6 EL Marsalawein
2 Eiweiß
1/4 l Sahne

Eigelb, Zucker und Marsala in eine Porzellanschüssel geben und mit dem elektrischen Rührgerät gründlich verrühren. Die Schüssel in einen Topf mit Wasser hängen und unter ständigem Weiterrühren erhitzen, bis die Creme dickschaumig ist.
Aus dem Wasserbad nehmen und weiterrühren, bis sie erkaltet ist. Eiweiß und Sahne getrennt sehr steif schlagen. Erst den Eischnee und zuletzt die Sahne unter die Eimasse rühren. In Eisschälchen (ohne Einsatz) füllen und in das Tiefkühlfach des Kühlschrankes stellen. Alle halbe Stunde mit einem Holzspachtel umrühren.
Nach 2–2 1/2 Stunden ist das Eis fest. Es wird in Gläser gefüllt. Man kann eine flüssige Schokoladensauce darübergießen oder das Halbgefrorene mit Schokoladenraspeln bestreuen.

TOSKANISCHE MANDELBISKUITS

Biscottini di Prato

Zubereitungszeit: 1 Stunde
Gesamtmenge: 1320 Kalorien

———————

200 g Mandeln
500 g Weizenmehl
1/2 Päckchen Backpulver
500 g Zucker
4 Eier
Butter und Mehl für das Backblech

Die Mandeln überbrühen, abziehen und kurz im Backofen (200 °C) trocknen, ohne zu bräunen. Dann in breite Streifen schneiden oder sehr grob hacken.
Das Mehl mit dem Backpulver vermischen und mit dem Zucker in eine Schüssel geben. Gut vermischen. In die Mitte eine Vertiefung drücken, die Eier zuerst über einer Tasse aufschlagen und dann in die Mehlmulde geben.
Alles miteinander mit Hilfe eines elektrischen Rührgerätes (Knethaken) gründlich vermischen, dann die Mandeln unter den Teig geben. Den Teig mit den Händen durchkneten, teilen und zu zwei zweifingerbreiten Rollen formen.
Ein Backblech mit Butter einfetten, leicht mit Mehl bestäuben und die Teigrollen darauf geben. Im Backofen bei schwacher Mittelhitze (150 °C) in 15 Minuten goldgelb backen. Aus dem Ofen nehmen und erkalten lassen.
Die Rollen in fingerdicke Scheiben schneiden und diese auf das mit Backpapier ausgelegte Blech legen. Bei schwacher Hitze (150 °C) in weiteren 15 Minuten trocknen lassen. Nach dem Erkalten in einer verschlossenen Blechdose aufheben.

MASCARPONECREME

Tiramisù

Zubereitungszeit: 20 Minuten
Kühlzeit: 2 Stunden
Pro Portion: 160 Kalorien

2 Eiweiß
1 Eigelb
2 EL Zucker
2 EL Marsalawein
100 g Mascarpone
8 Löffelbiskuits
6 TL sehr starker Kaffee
6 TL Kirschwasser

Die Eiweiß zu steifem Schnee schlagen. Eigelb, Zucker und Marsala in eine Porzellanschüssel geben und mit dem elektrischen Rührgerät gründlich verrühren. Die Schüssel in einen Topf mit Wasser hängen und unter ständigem Weiterrühren erhitzen, bis die Creme dickschaumig ist. Die Schüssel aus dem Wasser nehmen und die Creme unter Rühren etwas abkühlen lassen.

Den Mascarpone in eine Schüssel geben und mit der Weinschaumcreme vermischen. Den steifgeschlagenen Eischnee unterziehen.

Den Boden von vier Glasschalen mit den in Stücke gebrochenen Löffelbiskuits belegen. Diese zuerst mit dem Kaffee und dann mit dem Kirschwasser beträufeln. Die Mascarponecreme darauf verteilen und mindestens 2 Stunden in den Kühlschrank geben. Gut gekühlt servieren.

Dieses Rezept ist eine zarte Version des so beliebten *tiramisù*. Für eine schnellere, aber schwerere *tiramisù* vermischt man den Mascarpone nur mit schaumig gerührtem Eigelb und Zucker, ohne diese auf dem Wasserbad aufzuschlagen. Für diese Zubereitung nimmt man die doppelte Menge Mascarpone.

Mascarponecreme

Neapolitanische Blätterteigtaschen

Sfogliatelle

Zubereitungszeit: 1 Stunde
Pro Gebäckstück: 940 Kalorien

2 Pakete tiefgekühlter Blätterteig
(je 300 g)
3/8 l Wasser
1 Prise Salz
125 g Grieß
150 g frischer Ricotta oder trockener
Quark (20 % F. i.Tr.)
150 g Puderzucker
1/2 EL echter Vanillezucker
1 Messerspitze Zimt
1 Ei
80 g kandierte Früchte,
in kleine Würfel geschnitten
Puderzucker zum Bestreuen

Den Blätterteig 20 Minuten auftauen lassen. Wasser mit Salz zum Kochen bringen und unter ständigem Rühren den Grieß langsam hineinschütten. Unter ständigem Weiterrühren 5 Minuten kochen lassen und dann zum Abkühlen in eine Schüssel geben. Ricotta oder Quark mit Puderzucker, Vanillezucker, Zimt und Ei verrühren und die kandierten Früchte hinzugeben. Mit dem abgekühlten Grieß vermischen und verrühren, bis eine glatte Masse entstanden ist.
Von dem Blätterteig (pro Packung) 10 Kugeln formen und jede zu einem Oval ausrollen. Auf die Mitte etwas Füllung setzen und das Oval übereinanderschlagen. An der einen runden Seite mit dem Messer eine Rundung wegschneiden, so daß eine Art Tüte entsteht (das kann man aber auch unterlassen, die Güte des Gebäcks bleibt dabei unverändert). Die Ränder fest andrücken, damit nichts von der Füllung heraustreten kann. Das Gebäck 15 Minuten stehen lassen. Ein Backblech mit kaltem Wasser abspülen und die *Sfogliatelle* auf das Blech legen. Im vorgeheizten Backofen bei starker Mittelhitze (225 °C) in etwa 20 Minuten goldgelb backen. Nach dem Backen mit Puderzucker bestreuen. Dieses Rezept ergibt 20 Stück.

S*fogliatelle* sind ein typisches neapolitanisches Gebäck, das aus Blätterteig oder Mürbeteig, hergestellt mit Schweinefett, zubereitet wird und mit einer Füllung aus Ricotta, Grieß und Trockenfrüchten besteht. Mit tiefgekühltem Blätterteig läßt es sich schnell nacharbeiten.
Und hier sind die Zutaten für den echten neapolitanischen Blätterteig:

200 g feinstes Weizenmehl,
10 g Salz,
150 g Wasser,
150 g frisches Schweineschmalz.

Und für den echten neapolitanischen Mürbeteig:
500 g Weizenmehl,
80 g Zucker,
80 g Schweineschmalz,
3 EL Wasser.

Die Füllung ist immer die gleiche wie bei dem hier vorliegenden Rezept.

BISKUITTORTE

Pan di Spagna

Für 8 Personen
Zubereitungszeit: 40–60 Minuten
Pro Portion: 185 Kalorien

4 Eigelb
4 EL heißes Wasser
150 g Zucker
abgeriebene Schale 1/2 unbehandelten
Zitrone
100 g Weizenmehl
60 g Stärkepuder
1/2 TL Backpulver
4 Eiweiß
Butter für die Form oder das Blech

Die Eigelb mit Wasser, Zucker und Zitronenschale mit Hilfe des elektrischen Rührgeräts zu einer dickschaumigen Masse schlagen. Mehl, Stärke und Backpulver vermischen und durch ein Sieb an die Schaummasse geben. Zuletzt den sehr steifgeschlagenen Eischnee unter den Teig ziehen.
Eine Springform (24 cm Ø) oder ein kleines Kuchenblech nur am Boden fetten und den Biskuitteig hineingießen. Im vorgeheizten Backofen bei mittlerer Hitze (200 °C) in 40 Minuten eine Torte oder einen Biskuitkuchen auf dem Backblech in 12–15 Minuten backen.
Den Kuchen sofort nach dem Backen zum Abkühlen auf ein Kuchengitter geben. Die *pan di Spagna* ist Grundlage vieler italienischer Süßspeisen und Torten.
Die *Pasta genoise* wird nach dem gleichen Rezept zubereitet, nur fügt man dem fertigen Teig noch 50 g flüssige Butter hinzu.

KIRSCHTORTE

Crostata di visciole

Für 12 Personen
Zubereitungszeit: 1 Stunde 30 Minuten
Kühlzeit: 1 Stunde
Pro Portion: 315 Kalorien

250 g Weizenmehl
125 g Zucker
120 g Butter
abgeriebene Schale 1/2 unbehandelten
Zitrone
3 Eigelb
Butter für die Form
400 g Sauerkirschmarmelade
1 verquirltes Ei
50 g Puderzucker

Das Mehl in eine Schüssel sieben, den Zucker hinzufügen sowie die Butter in Flöckchen. Zitronenschale und Eigelb zu dem Mehl geben und alle Zutaten zu einen glatten Teig verkneten. Den Teig eine Stunde kaltstellen.
Eine Tortenform leicht mit Butter ausstreichen.
Die Hälfte des Mürbeteigs auf einem leicht bemehlten Brett ausrollen und den Boden einer Springform (26 cm Ø) damit auslegen. Den restlichen Teig halbieren. Aus der einen Hälfte eine Rolle formen und als Rand an die Tortenform drücken, die andere Hälfte ausrollen und in Streifen radeln.
Die Kirschmarmelade glattrühren und auf die Torte streichen. Die Teigstreifen gitterförmig auf die Füllung legen. Rand und Gitter der Torte mit dem verquirlten Ei bestreichen. In den vorgeheizten Backofen schieben. Bei starker Mittelhitze (220 °C) in etwa 25 Minuten goldbraun backen. Nach dem Backen reichlich mit gesiebtem Puderzucker überstreuen. Auf einem Teiggitter abkühlen lassen.

GEFÜLLTE PFIRSICHE ÜBERBACKEN

Pesche ripiene

Zubereitungszeit: 35 Minuten
Pro Portion: 265 Kalorien

4 schöne, reife Pfirsiche
50 g Amaretti (italienische Mandelmakronen, mit bitteren Mandeln vermischt)
30 g abgezogene süße Mandeln
50 g Zucker
2 EL Sahne
1 EL Kakao
1 Glas (1 dl) Muskatellerwein

Die Pfirsiche waschen, halbieren und entkernen. Die Kerne mit einem Hammer aufklopfen (dazu in einen alten Lappen hüllen) und fein hacken. Die Früchte in der Mitte etwas mit einem Teelöffel aushöhlen, damit mehr Platz für die Füllung entsteht. Das Fruchtfleisch fein hacken. Die Amaretti fein zerbröckeln, von den Mandeln 4 zur Seite legen und den Rest fein hacken. Die gehackten Pfirsichkerne, Amaretti und gehackten Mandeln sowie das Fruchtfleisch mit 40 g Zucker und der Sahne vermischen. Die Paste in die 8 Pfirsichhälften füllen, mit dem restlichen Zucker bestreuen und in die Mitte je eine halbe Mandel geben. Die Pfirsichhälften nebeneinander in eine flache Auflaufform setzen und den Wein dazugießen. Im vorgeheizten Backofen (175 °C) 15–20 Minuten überbacken, bis die Füllung eine goldbraune Kruste hat.
Beigabe: Man kann ein halbes Rezept *zabaione* (Rezept Seite 238) dazu reichen.

Nach einem anderen Rezept werden die ausgehöhlten Pfirsiche mit einer Baisermasse aus 2 Eiweiß und 3 Eßlöffeln Zucker, mit 30 g geriebenen Mandeln vermischt, gefüllt und in Wein überbacken. Das Rezept läßt sich sehr gut mit Kompottpfirsichen zubereiten, die Backzeit beträgt dann nur 10 Minuten.

SAHNEFLAN MIT FRÜCHTEN

Panna cotta con frutti

Für 6 Personen
Zubereitungszeit: 30 Minuten
Kühlzeit: 12 Stunden
Pro Portion: 380 Kalorien

1/2 l Sahne
70 g Zucker
1 EL echter Vanillezucker
etwas Rum
4 Blätter Gelatine
1/2 unbehandelte Limette
1/8 l Dessertwein (Vin Santo oder Marsala)
2 EL Zucker
3 frische blaue Feigen
150 g Himbeeren

Die Sahne mit dem Zucker und dem Vanillezucker bei leichter Hitze 10 Minuten kochen lassen. Den Rum hinzufügen.
Inzwischen die Gelatineblätter in etwas kaltem Wasser einweichen. Die Sahne von der Kochstelle nehmen und die ausgedrückte Gelatine darin auflösen. Durch ein Sieb in 6 kleine Förmchen gießen und über Nacht im Kühlschrank erstarren lassen.
Die Schale der Limette in dünne Streifen schneiden und kurz in kochendem Wasser blanchieren. Den Dessertwein mit dem Zucker zu Sirup kochen, die abgetropften Limettenschalenstreifen hineingeben.
Die Förmchen kurz in heißes Wasser tauchen und auf Portionsteller stürzen. Mit dem Weinsirup übergießen. Die gut gewaschenen, abgetrockneten Feigen in Scheiben schneiden. Die *panna cotta* mit den Feigenscheiben und den verlesenen Himbeeren garnieren.

Sahneflan mit Früchten

SCHOKOLADENTORTE CAPRI

Torta di cioccolato caprese

Für 8 Personen
Zubereitungszeit: 1 Stunde 40 Minuten
Pro Portion: 735 Kalorien

250 g Butter
250 g Zucker
5 Eier
250 g gemahlene Mandeln
150 g geriebene bittere Schokolade
75 g Weizenmehl
Butter und Semmelbrösel für die Form

Die Butter und den Zucker schaumig rühren und nach und nach die ganzen Eier unter ständigem Rühren hinzufügen. Löffelweise Mandeln und Schokolade zu der Schaummasse geben sowie das Mehl. Eine Springform (26 cm Ø) mit Butter ausstreichen und mit Semmelbrösel ausstreuen. Den Teig hineinfüllen und im vorgeheizten Backofen bei schwacher Mittelhitze (175 °C) in 75 Minuten gar backen.

Die Torte wird ohne Guß serviert, vielleicht deshalb, weil der Schokoladenguß unter der südlichen Sonne Capris sowieso schmelzen würde.

Schokoladentorte Capri

TORTE ST. HONORATIUS

Torta Santo Onorato

Für 12 Personen
Zubereitungszeit: 2 Stunden
Pro Portion: 500 Kalorien

1 Paket tiefgekühlter Blätterteig (300 g)
BRANDTEIG
1/8 l Wasser
40 g Butter
1 Prise Salz
75 g Weizenmehl
3 kleine Eier
Fett und Mehl für das Blech
CREME
1/2 l Milch
1 Prise Salz
1 EL echter Vanillezucker
75 g Zucker
75 g Weizenmehl
3 Eigelb
FÜLLUNG
1/2 l Sahne
8 EL Zucker
100 g geriebene Schokolade
KARAMEL
150 g Zucker
5 EL Wasser
1 EL Essig

Den Blätterteig 20 Minuten auftauen lassen, ausrollen und einen runden Tortenboden herausschneiden. Den Boden einer Springform kalt abspülen und den Tortenboden darauflegen. Im vorgeheizten Backofen bei mittlerer Hitze (200 °C) in 15 Minuten gar backen. Sofort aus der Tortenform nehmen und auf einem Kuchengitter abkühlen lassen.
Für den Brandteig 1/8 l Wasser mit dem Fett und Salz zum Kochen bringen. Das ganze Mehl auf einmal in die Flüssigkeit schütten und mit einem Holzlöffel so lange rühren, bis es sich vom Topfboden löst. Von der Kochstelle nehmen und sofort ein ganzes Ei unter den Teig rühren. Die restlichen Eier nach und nach unter den etwas abgekühlten Teig geben.
Mit 2 Teelöffeln nußgroße Teighäufchen auf ein gefettetes, gemehltes Blech setzen. Im vorgeheizten Backofen bei starker Mittelhitze (220 °C) in etwa 25 Minuten goldbraun backen. Erkalten lassen.
Für die Creme Milch, Salz, Vanillezucker, Zucker, Mehl und Eigelb verrühren und in einem dickwandigen Kochtopf unter Rühren zum Kochen bringen. Von der Kochstelle nehmen und unter gelegentlichem Rühren erkalten lassen. Die fertigen Windbeutel mit einer Schere aufschneiden. Die Hälfte der Creme in einen Spritzbeutel geben und die Windbeutel damit füllen.
Für die Füllung die Sahne steifschlagen, mit dem Zucker vermischen und die Hälfte der Schlagsahne mit der geriebenen Schokolade verrühren. Den Blätterteigboden zu einem Drittel mit der verbliebenen Vanillecreme, zu einem weiteren Drittel mit der Schlagsahne und zum letzten Drittel mit der Schokoladensahne bestreichen. An den Rand der Torte die kleinen Windbeutel setzen.
Für den Karamel Wasser, Zucker und Essig 10–12 Minuten kochen lassen, bis der Zucker Fäden zu ziehen beginnt und hellgelb wird. Über die Windbeutel gießen. Der Zucker erstarrt sofort.
Wenn man Blätterteig und Windbeutel fertig kauft, ist die appetitliche Torte relativ schnell zubereitet.

EISKAFFEE ITALIENISCHE ART

Granita di caffè

Für einen Eiskaffee auf italienische Art wird ein sehr starker schwarzer Kaffee mit Zuckersirup vermischt und in den Eiswürfelschälchen des Tiefkühlfaches zum Erstarren gebracht. Die Eiswürfel gibt man kurz danach durch die Deckelöffnung des Mixers auf das laufende Messer, damit kleine Eisstückchen entstehen. Diese werden in Kelchgläser gefüllt und mit Sahnetupfern und einem kandierten Veilchen garniert.

GRATINIERTE FEIGEN MIT SAHNE

Fichi gratinati

Zubereitungszeit: 20 Minuten
Pro Portion: 305 Kalorien

16 schöne, reife Feigen
1 EL Butter
60 g Puderzucker
1/4 l eisgekühlte Sahne

Die Feigen waschen und auf Küchentuch völlig abtropfen lassen. Die Früchte von oben kreuzweise einschneiden und leicht auseinanderziehen.

Eine feuerfeste Form mit der Butter ausstreichen, die Feigen hineinsetzen und dick mit dem Puderzucker bestreuen. Vom Rand der Form her 8 Eßlöffel Wasser hinzugießen. Unter dem vorgeheizten Grill oder im vorgeheizten Backofen bei starker Hitze (250 °C) in 10 Minuten grillen bzw. backen, dabei soll der Zucker leicht zu karamelisieren beginnen. Sofort heiß auftragen.

Die eisgekühlte, flüssige Sahne ungesüßt separat dazu servieren.

KASTANIENPARFAIT

Semifreddo di castagne

Für 6 Personen
Zubereitungszeit: 1 Stunde
Gefrierzeit: 4 Stunden
Pro Portion: 760 Kalorien

150 g Zucker
1/8 l Wasser
4 Eigelb
1 EL echter Vanillezucker
250 g Kastanienpüree (aus der Dose)
2 cl Grappa
1 Eiweiß
1/2 l steifgeschlagene Sahne
1 unbehandelte Orange
Schokoladenraspel

100 g Zucker mit dem Wasser in einer kleinen Kasserolle unter Rühren so lange kochen lassen, bis er sirupartig ist und Fäden zieht.

Die Eigelb und den Vanillezucker mit einem elektrischen Handrührgerät gründlich vermischen. Den Zuckersirup unter ständigem Schlagen in dünnem Strahl hinzufügen.

Die Schüssel auf ein Wasserbad setzen und die Masse unter ständigem Weiterschlagen zu einer dicklichen Creme verrühren. Das Kastanienpüree hinzufügen und den Grappa. Das Eiweiß mit dem restlichen Zucker steif schlagen und mit der Kastaniencreme vermischen. Zuletzt die steifgeschlagene Sahne mit dem Schneebesen unter die Kastaniencreme ziehen, sie soll ganz mit der Masse verbunden sein.

Eine Kastenform oder eine Eisbombenform mit Klarsichtfolie auslegen und die Kastaniencreme hineinfüllen. In den Gefrierschrank geben und mindestens 4 Stunden lang frieren lassen. Auf eine Platte stürzen und in Scheiben oder in Tortenstücke schneiden. Auf 6 Desserttellern anrichten. Die Orange waschen, dünn schälen und die Schale mit einem scharfen Messer in feine Streifen schneiden. Das Kastanienpüree mit den Zitrusstreifen und mit Schokoladenraspeln bestreuen.

ITALIENISCHES REZEPTVERZEICHNIS

DEUTSCHES REZEPTVERZEICHNIS